U0894218

折射集
prisma

照亮存在之遮蔽

哲学与流行文化丛书

丛书主编 [美] 威廉·欧文(William Irwin)

顾问 张一兵

《奇异博士》与哲学

另一本禁忌之书

DOCTOR STRANGE

AND PHILOSOPHY

Mark D. White

[美] 马克·D. 怀特 主编

仇舒一 译

The Other Book of Forbidden Knowledge

南京大学出版社

目　录

作者简介：至尊哲人们

菲利普·伯格霍夫（Philipp Berghofer）是奥地利格拉茨大学的在读博士生、讲师，奥地利科学院博士助学金的获得者。他的主要研究方向为现象学、认识论和物理哲学，专注于钻研明证（evidence）的概念。最近，他在当地一家礼品店入手了一只阿戈摩托之眼，自那之后便多次展开"谈判"。

阿蒙·布德罗（Armond Boudreaux）是东乔治亚州立大学唯一的英语助理教授，其办公室墙上挂着美国队长的盾牌。他出版过三部作品，包括与科里·拉塔合作完成的《泰坦众神——超级英雄如何助我们理解极化世界》（*Titans: How Superheroes Can Help Us Understand a Polarized World*）。阿蒙经常跟四个孩子说自己年轻时是个超级英雄，给他们讲那时的故事——孩子们相信他讲的每一个字。真的。

马修·威廉·布拉克（Matthew William Brake）是瑞金大学的神学硕士，目前正在乔治梅森大学攻读哲学和跨学科研究双硕士学位。

他在阿什盖特出版的《克尔凯郭尔研究——来源、接受、资源》（*Kierkegaard Research*：*Sources*，*Reception*，*Resources*）15～18 卷中发表了不少文章，并活跃在 www. popularcultureandtheology. com 博客平台上。他像卡玛泰姬门前的斯特兰奇一样，在编辑马克·怀特的门前敲了几个小时才得以让自己的文章出现在这本书里。

斯凯·C. 克利里（Skye C. Cleary）在哥伦比亚大学巴纳德学院和纽约城市学院任教。她是《存在主义与浪漫爱情》（*Existentialism and Romantic Love*）的作者，美国哲学协会官方博客的执行编辑，以及“思维战略会”的顾问委员会成员。她的作品刊载于 *TED-Ed*、《洛
ix 杉矶书评》、《万古》、《赫芬顿邮报》、《对话》、《商业内幕》、《新共和》、《新哲学家》、《哲学家杂志》等平台。斯凯最羡慕奇异博士能够偷偷进入图书馆借书而完全不用登记，不过如果能让她拥有折叠时间和空间的能力也是极好的，在截稿日的压力像黑暗维度似的压迫着她的时候，这念头变得格外强烈。

保罗·迪戈里奥（Paul DiGeorgio）在匹兹堡杜肯大学兼职教授，研究和写作方向是存在主义与现象学。他对于卡玛泰姬 Wi-Fi 密码改动一事感到非常难过。

莎拉·K. 多诺万（Sarah K. Donovan）是纽约市瓦格纳学院的哲学副教授，教学和研究兴趣包括社区化、女性主义、社会、道德和大陆哲学（continental philosophy）。她曾经是奇异博士新图书管理员的有力候选者，但由于没有用科学锻造自己的哲学而被淘汰。泽尔玛·斯坦顿（Zelma Stanton）最终获得了这份工作。

乔治·A. 邓恩（George A. Dunn）是哲学和流行文化领域的作家。除了为威利-布莱克威尔（Wiley-Blackwell）众系列丛书供稿外，

他还主编或合编了六本关于哲学和流行文化的书籍，最近的一本是与杰森·埃博尔(Jason Eberl)合作完成的《克里斯托弗·诺兰的哲学》(*The Philosophy of Christopher Nolan*)，2017年由列克星敦出版社出版。乔治和奇异博士的共同点在于他们都到访过珠穆朗玛峰，只不过乔治最远也就到了大本营，还是坐着一辆旧货车抵达那里的。货车破旧得可怜，喜马拉雅蜿蜒山路上的砾石让车子颠簸了一路，他一直在后悔为什么偏偏没有带上自己的悬戒。

克里斯托弗·P. 克罗夫特(Christopher P. Klofft)是美国圣母升天学院的神学副教授，著有《爱情故事——现代社会的天主教道德》(*Living the Love Story*:*Catholic Morality in the Modern World*)(Alba House, 2008)，也开设了许多讲座，内容涉及天主教与婚姻、家庭、性伦理等文化问题。他的个人博客是 www. christopherklofft. com。比起《维山帝之书》(Book of the Vishanti)，克里斯托弗更喜欢《神学大全》(*Summa Theologiae*)，但他估计乐意用自己的论文换一本《黑暗神书》(Darkhold)。

迪恩·A. 科瓦尔斯基(Dean A. Kowalski)教授在威斯康星大学沃基肖分校教授宗教哲学、亚洲哲学和伦理学。他是《经典问题与当 x
代电影》(*Classic Questions and Contemporary Film*)(2016年第2版)和《电影中的道德理论》(*Moral Theory at the Movies*)(2012年)的作者，《大爆炸理论与哲学》(*The Big Bang Theory and Philosophy*)(2012年)、《〈X档案〉中的哲学》(*The Philosophy of The X-Files*)修订版(2009年)、《史蒂文·斯皮尔伯格与哲学》(*Steven Spielberg and Philosophy*)(2008年)的主编，并合编了《乔斯·韦登的哲学》(*The Philosophy of Joss Whedon*)(2011)。他惊

叹于所有能通过星灵形态阅读到的经典巨著，不过他（面露窘迫）坦承自己可能只会去看更多的漫威电影。

科里·拉塔（Corey Latta）是一位作家、教师和演讲者，曾撰写过关于C. S. 刘易斯、哲学以及宗教和文学共通之处等主题的文章。科里拥有宗教和英语硕士学位以及20世纪文学的博士学位，著有《C. S. 刘易斯和写作的艺术》（*C. S. Lewis and the Art of Writing*）、《当永恒得以遇见——C. S. 刘易斯、T. S. 艾略特和W. H. 奥登作品中的柏格森时间神学》（*When the Eternal Can Be Met*：*The Bergsonian Theology of Time in the Works of C. S. Lewis*, *T. S. Eliot*, *and W. H. Auden*），并与阿蒙·布德罗合作了《泰坦众神——超级英雄如何助我们理解极化世界》。科里现在是卡玛泰姬的驻场作家，但他拒绝告诉保罗·迪戈里奥新的Wi-Fi密码。

桑德·H. 李（Sander H. Lee）在新罕布什尔州基尼州立学院担任哲学教授。他出版过《伍迪·艾伦的焦虑——关于伍迪·艾伦严肃电影的哲学评论》（*Woody Allen's Angst*：*Philosophical Commentaries on his Serious Films*）（McFarland，2013），并于近期在《大屠杀与种族灭绝研究》（*Holocaust and Genocide Studies*）期刊上发表了文章《普里莫·莱维的灰色区域：对大屠杀之后伦理学的影响》（"Primo Levi's Gray Zone：Implications for Post—Holocaust Ethics"）。他还撰写了大量关于美学、伦理学、大屠杀研究、社会哲学和形而上学等问题的论文。他拥有奇异博士的坚韧个性，可惜却丝毫没有对方的那种神秘能力。

迈克尔·莱昂斯（Michael Lyons）在都柏林圣三一学院攻读博士学位。他主要研究伦理学，关注更理论和基础的问题。看过2016

年的电影《奇异博士》后，他一直希望能说一句“王得到了一根瓦图姆魔杖”①。

丹尼尔·P. 马洛伊（Daniel P. Malloy）在科罗拉多州格里利的埃姆斯社区学院教哲学。他出版了许多关于哲学和流行文化共通之处的文章，内容涵盖了蜘蛛侠、复仇者、钢铁侠、蝙蝠侠、绿灯侠和死侍等人物。他意图加入“霍格斯上古之躯”（Hoary Hosts of Hoggoth），但是没有成功。 xi

图马斯·W. 曼宁（Tuomas W. Manninen）于 2007 年获得了爱荷华大学哲学博士学位，目前是亚利桑那州立大学的高级讲师，教授批判性思维、心灵哲学、政治哲学等相关课程。虽然他不认为自己知晓世界运转的原理，不过他已经明白了一点，万事万物并不一定都有其道理。图马斯不太热衷于违反自然法则，不过他着实认为，掌握星灵形态将极大地提升他批改作业和打分的效率。

卡丽娜·帕佩（Carina Pape）在德国弗伦斯堡大学任教，撰写了许多关于道德哲学的文章，尤其聚焦性别与种族、愤慨（indignation）、多样性和教育哲学。她没有去加德满都拓宽自己的眼界，改变自身，而是作为访问学者去了日本京都大学研究文化多样性。她与四个表兄弟和一个亲兄弟一起长大——从他那儿抢来了自己的第一本漫画书——并且很早就意识到女性也能成为非常优秀的战士。她的榜样是苏格拉底、银河护卫队的卡魔拉、《杀死比尔》（*Kill Bill*）的石井莲（O-Ren Ishii），当然还有（女版）古一。

康士坦丁·巴甫利奥（Konstantin Pavliouts），哲学博士，目前就

---

① 因为“Wong won a Wand of Watoomb”押头韵。——译者注

职于俄罗斯克拉辛莫斯科国立职业学校。他对时空哲学比较感兴趣，发表了关于时空问题的另类解读以及西方哲学中社会空间和时间范畴哲学基础的作品，同时也关注托尔斯泰和陀思妥耶夫斯基文学作品中的哲学思想。他希望体验斯特兰奇医生作为哲学家在卡玛泰姬体验的那种精神转变，但不愿成为地球的巫师至尊。幸好。

爱德华多·佩雷斯(Edwardo Pérez)是德克萨斯州赫斯特塔兰特学院东北校区英语系的副教授。不上课时，他就写写论文、博客、故事、诗歌，偶尔创作一曲管弦乐。不写作时，他就思考关于哲学、修
xii 辞、政治和多元宇宙的无限可能性。闲暇的时候，爱德华多都在研究《维山帝之书》，时不时摆弄一下安加卢姆斯之斧(Axe of Angarruumus)、乌木之刃(Ebony Blade)和龙牙魔法剑(Dragonfang)(魔法武器谁都不嫌多)。

尼古拉斯·理查德森(Nicholas Richardson)是纽约瓦格纳学院物理科学系的教授，教授通用化学、先进无机化学和药物化学。他也是奇异博士图书馆新管理员职位的三个有力候选人之一，也是因为没有用哲学来锻造科学而遭拒。最后是泽尔玛·斯坦顿获得了这份工作。

布伦丹·谢伊(Brendan Shea)在明尼苏达州罗切斯特社区和技术学院教授哲学，同时也是明尼苏达科学哲学中心的驻校研究员。他的教学和研究方向主要是科学哲学、生物医学伦理学、逻辑学和宗教哲学。他为流行文化和哲学相关的书籍撰写了十多篇文章，涉及的流行文化作品包括《爱丽丝梦游仙境》《公主新娘》和《安德的游戏》。布伦丹非常用心钻研奇异博士的故事，以期能窥视到一些法术的奥秘，但他的法术天赋(截至目前)仅限于让自己的袜子消失。

查德·威廉·蒂姆(Chad William Timm)是爱荷华州印第安诺拉市辛普森学院的教育学副教授,开设有关教育的历史和哲学的课程,并专门研究如何利用流行文化来教授复杂概念。他的作品也发表在威利-布莱克威尔出版的关于《龙纹身的女孩》《权力的游戏》《安德的游戏》和《饥饿游戏》等主题的书中。在为这本《奇异博士》撰稿期间,他试图表现出奇异博士身上的苏格拉底式英勇气概,结果总是在课堂上脱口而出:“以霍格斯上古之躯之名!”或者“以月神蒙诺波神秘月之力!”不出所料,他从学生们那里得到了自己有史以来最高的课程评价。

安德鲁·T. 温克(Andrew T. Vink)是威斯康星州马凯特大学的哲学和神学硕士,目前在波士顿学院攻读系统神学(systematic theology)博士学位。他的研究领域包括哲学神学、政治神学、解放神学(liberation theology)和伯纳德·罗纳根(Bernard Lonergan)的思想。当不用埋头在卡玛泰姬图书馆的书海中苦读的时候,安德鲁 xiii
就会耐心坐着,捧着爆米花,等下一部的漫威宇宙电影放映。

马克·D. 怀特(Mark D. White)是纽约市立大学史坦顿岛学院的哲学系主任,教授哲学、经济学和法律的相关课程。他主编或合编了布莱克威尔哲学与流行文化系列的其他六卷书,其中包括钢铁侠和复仇者等主题,为其他系列供稿的数量更多。此外,他还出版了关于美国队长与内战的书籍。他希望有一天能找到一个身着克莉同款紧身裤的女人,因为到那时,他就知道自己找到了对的人。

布鲁斯·怀特(Bruce Wright)是不列颠哥伦比亚大学岛屿医学项目的区域副院长,也是维多利亚大学医学科学系主任。他对医学教育颇有兴趣,已经发表了 50 多篇同行评议文章探讨医学生的职业选择和医学院的课程开发。多年来他斩获了许多教学奖项，其中最喜欢的还是那些由医学生所评选的奖。他接受过家庭医学培训，尤其关心老年病学。他渴望成为奇异博士那样的人，而不仅仅只满足于"奇异"这一项——很多人似乎就是这样的想法——而后蓄个完美的奇异博士同款胡子。

E. 保罗·泽尔(E. Paul Zehr)是维多利亚大学的科学宣传员、教授、作家和武术家，获得过许多奖项。他的科普读物《成为蝙蝠侠》(*Becoming Batman*)、《创造钢铁侠》(*Inventing Iron Man*)、《呈现超级英雄》(*Project Superhero*)和《追逐美国队长》(*Chasing Captain America*)使用超级英雄作为探索科学的隐喻。2015 年，他获得了神经科学学会的科学教育者奖，而《呈现超级英雄》获得了北美独立图书卖家协会颁发的青少年小说银奖。他其实很希望现实生活中有一个至圣所，这样他就可以和王一起训练了。

致 谢:
以绝顶盖世的感谢之心!

我要感谢威利-布莱克威尔的希安·琼斯(Sian Jones)将这本书从雪山之巅引入热闹的出版界;感谢至尊丛书编辑威廉·欧文(William Owen),还好他比较迟钝,不然我可不敢称他为“古一”;还要感谢这卷书的各位撰稿人,如果没有他们,本书就只是我周六晚上在镜子里剃山羊胡子时想出来的一堆傻乎乎的法术清单。

诚挚地感谢所有创造了这个迷人角色和奇异世界的天才人物们,你们是最富有创造力的,斯坦·李(Stan Lee)、史蒂夫·迪特科(Steve Ditko)、罗伊·托马斯(Roy Thomas)、吉恩·科兰(Gene Colan)、史蒂芬·恩格尔哈特(Steve Englehart)、弗兰克·布伦纳(Frank Brunner)、P. 克雷格·罗素(P. Craig Russell)、彼得·B. 吉利斯(Peter B. Gillis)、布莱恩·K. 沃恩(Brian K. Vaughan)、马科斯·马丁(Marcos Martin)、布莱恩·迈克尔·本狄斯(Brian Michael Bendis)、乔纳森·希克曼(Jonathan Hickman)、德文·格雷森(Devin Grayson)、罗比·汤普森(Robbie Thompson)、哈维尔·罗德里格斯(Javier Rodriguez)、杰森·亚伦(Jason Aaron)和克里斯·巴查洛

(Chris Bachalo)。也感谢所有参与制作 2016 年《奇异博士》电影的人们，谢谢你们将这个奇妙的世界展现出来，谢谢斯科特·德瑞克森(Scott Derrickson)、凯文·费奇(Kevin Feige)、乔·斯派茨(Jon Spaihts)、C. 罗伯特·卡吉尔(C. Robert Cargill)、本尼迪克特·康伯巴奇(Benedict Cumberbatch)、蒂尔达·斯文顿(Tilda Swinton)、本尼迪克特·王(Benedict Wong)、切瓦特·埃加福特(Chiwetel Ejiofor)、瑞秋·麦克亚当斯(Rachel McAdams)，以及台前幕后所有其他才华横溢的人们。

引　言：开启《维山帝之书》

1963年，漫画界传奇人物斯坦·李和史蒂夫·迪特科给不断扩张的漫威宇宙又添了一个独特的角色——奇异博士。作为曾经的神经外科圣手，后来的至尊法师，他独自抵抗来自奇异维度的神秘力量，保护地球不受其威胁（这两位笔下的其他角色，比如蜘蛛侠，都还只是小打小闹）。斯坦·李喜欢稀奇古怪的咒语——"以月神蒙诺波神秘月之力！"——迪特科善于打造奇幻的视觉效果，奇异博士因此散发出别样的魅力。此外，他的设定格外不同于其他漫威英雄，其中展现了不少前沿的科学元素，也表现出了对放射现象的恐惧。

奇异博士自此成为漫威宇宙的常驻代表、实力战将，这个安排很符合奇异博士孤僻冷漠的个性，不过他身边有忠心耿耿的王跟着，偶尔也和捍卫者联盟、复仇者联盟及克莉、巫毒兄弟等神秘英雄并肩作战。他展现的是迷人的成熟和可靠性，给到处都是年轻超能力英雄、鲁莽北欧众神和伽马射线造就的易怒怪物的漫威世界带去了不一样的气质。

2016年，电影版《奇异博士》问世，许多没有看过漫画系列的观

众也得以欣赏到这个故事。主角由本尼迪克特·康伯巴奇担纲，其
余演员包括本尼迪克特·王、切瓦特·埃加福特、瑞秋·麦克亚当
斯，蒂尔达·斯文顿饰演高深莫测的古一法师。迪特科大胆的平行
宇宙设想以炫目的色彩和 3D 形式冲击眼球，斯坦·李的傲慢医生
2 在大荧幕上生动再现，饱受打击，继而“重生”，蜕变成自我奉献的神
圣英雄。

五十余载的漫画和电影，《奇异博士》带给我们的不只是奇幻神秘主义和自我奉献的英雄故事，更是无数哲学灵感。奇异博士如何在神秘训练过程中动摇了曾经坚定的科学信念？在对古一法师说大家不过是“这宇宙中一粒微小而无关紧要的尘埃罢了”时，他想表达什么？他又错在哪儿？他的星灵形态又代表怎样一种灵魂和躯体的关系？为何他如此孤僻？一批来自我们维度的“至尊哲人”已经准备好为你解答问题。

何不披上你的悬浮斗篷，点燃法尔汀之火，与我们一道前往神秘惊奇的魔法、奇幻和……哲学世界！（虽然副标题是“另一本禁忌之书”，但我们保证书中没有任何禁忌的内容！）

第一部分

『你也不过是这宇宙中一粒微小而无关紧要的尘埃罢了』

1

追求永生与时日无多：医学、尼采与奇异博士

乔治·A. 邓恩

对现代医学来说，死亡是败笔——2016年上映的《奇异博士》电影在开篇就说明了，主角史蒂芬·斯特兰奇（Stephen Strange）不喜欢这种失败。要不是车祸悲剧性地葬送了这位神经外科医生辉煌的职业生涯，斯特兰奇医生确实从未败过。他“履历完美”，比利请他帮忙救治一位“罹患晚期脑胶质瘤的68岁女士”时，他就是这么自夸的，不过要救这位女士并不容易，很可能会毁了他完美的记录，所以他拒绝了。但他也不喜欢医治没有挑战性的病例，因而又拒绝了一个“35岁，在某种实验装甲中压伤脊柱的空军上校”，理由是这手术跟过家家一样简单：“我当然可以治好他，但其他人照样可以。”①

因此，在被那场灾难性的事故毁了双手之后，他的世界就这么崩塌了。物理治疗永远无法把这双手恢复原样，其他掌握先进实验疗法的医生为了确保自身声誉也拒绝接受他这个病例，而“我得为自己

① 所有引用对话均来自2016年电影《奇异博士》。

的名誉着想”正是史蒂芬曾用来拒绝病人的理由，何其讽刺。史蒂芬
的整个医生生涯——除此之外他似乎也不剩什么了——都在救死扶
6 伤：他专注于研究促进中枢神经系统的神经发生，修复受损神经组
织，这成果有望拯救数千条生命；手术室里，他把病人从死亡边缘拉
回，并不止一次抢回已宣告脑死亡的患者。若说死亡对史蒂芬来说
是败笔，活着也并不见得是件好事，因为车祸虽然没有带走他的生
命，但毁掉了他的双手，无异于终结了他活下去的唯一意义。

去向东方

“这不是世界末日，还有其他事情可以给你的生命带来意义。”他的好友和同事克里斯汀·帕尔默(Christine Palmer)劝他，但他愤然反问道：“比如什么？你？”看着史蒂芬徒劳执着于医治那双无法康复的手，克里斯汀想劝他放弃，认清“有些事情他是无能为力的”。可他无法想象失去事业后的生活，所以紧抓住过去不放——过去再也回不来了，他也就愈发绝望、愤怒。走投无路之下，他去了尼泊尔，到那喜马拉雅山的高处寻觅奇迹。他找到卡玛泰姬(Kamar-Taj)，成为古一法师(Ancient One)的门徒，本想学习治愈双手的奥秘，后来却学会了从对过去的执拗中觉悟，迎接转变和死亡。其实这正是克里斯汀想要告诉史蒂芬的，只是，或许他注定得先去世界的另一边，去到东方大陆，在最绝望的时候遇见那位身着藏黄僧袍的法师，由她讲述同样的道理，如此才能真正听进去。

至少从 19 世纪起，就有一种惯例把包括印度次大陆、喜马拉雅

区域，尤其是远东（Far East）在内的“东方”视作智慧和灵性的土地，而认为西方则充斥着没有灵魂的物质主义（materialism），科学知识不断增长，浅薄的智慧却无法将其运用自如。在人们的认识里，西方就是这样一个精神贫瘠的地方，而史蒂芬在很多方面就是这种形象的缩影。他自负、自我，自以为掌控着全局，只相信自己的感觉，只相信理性和科学，像个孤儿一样活在自己的世界里，那里单纯如白纸，上面只有人类涂抹上的色彩。“人类是物质的，仅此而已，”他用科学物质主义的信条反驳古一法师，说道，“你也不过是这宇宙中一粒微 7
小而无关紧要的尘埃罢了。”

显然，不是所有西方人都认同这种世界观，因为它低估了人们面临的生存困境，而且过于崇拜科学、技术、医学，以为只要有了这些，人类就可以随心改造冰冷宇宙的这一隅。不过这的确反映了西方固有的一种态度，那便是只关注科技发展后人类获得的巨大力量，以此来为科学物质崇拜辩驳。影片开头向我们展示了这种力量，我们看到史蒂芬运用高端的医学技术和熟练的技巧挽救了病人的生命，可是在卡玛泰姬，古一法师却忠告他“你靠自己的聪明才智获得了成功，但到此为止了”，并指导他“放下你的自我（ego）”。若说西方是超理性主义者（hyper-rationalist）的天下，轻视自然的力量，那大众想象中的东方就是灵慧之地，人们去那里学习如何放弃掌控，学会接受理性的无能为力，从而求得智慧。

卡玛泰姬承载着西方人理想中的独特亚洲文化，由东方研究者提取各个传统中的要素拼凑而成，它们不相协调，从多方面展现神秘、开悟的东方。古一法师不是佛教徒，但穿着佛教僧侣的藏黄僧袍，给史蒂芬看的书中画有印度“脉轮”（chakras，坦陀罗体系中人体的精神能量中心）和中国针灸图像；卡玛泰姬的学徒们则着日本款式服装，接受武术训练，而法师如智者般正容亢色，传授一些神秘箴言（“在现实的源头，精神和物质相连，思想雕琢了现实”）。古一法师显然不是亚洲出身——影片交代她是凯尔特人（Celtic），如此一来，她就与新纪元（New Age）的玄秘智慧和基督诞生前的西方对自然的亲近微妙地联系起来。凯尔特人在大众想象中就像东方智慧在西方的遥远映射，很早之前就随着基督教轰轰烈烈的发展而式微。影片虚构了这样一个充满喻义、多元混杂的亚洲国度，并非用来刻画亚洲文明的现实，而是传递一种意识：在成就西方科学技术的路上，我们丢失了一些关键的东西，不过它依然存在于别处。正如史蒂芬回医院时对克里斯汀说的：“发现西方医学没什么指望后，我就去向东方。”

8 “物质，仅此而已”

史蒂芬说的是“西方医学”（Western medicine），但也许用“现代医学”（modern medicine）更为确切，因为他从事的这种医学，与17世纪时伴随科学革命诞生的一系列有关人类地位与自然界的思考有紧密关联。引领这场革命的有两位哲学大师，弗朗西斯·培根（Francis Bacon，1561—1626）和勒内·笛卡尔（René Descartes，1596—1650），他们创设了后人所称的“培根计划”（Baconian Project）（起名为“培根”是因为他在其中居主导地位）。

这项计划源于减少人类苦难的迫切需要——正如培根所说“征服人的需求，克服人的苦难”——也源于发展科技，征服自然，扩张人类自由国度的需要。① 它既塑造了西方文明，又极大影响了日益突显的全球现代文明。笛卡尔更加直接，他称该计划的目的是通过自然科学发展新技术，从而让人类成为“自然界的主人和所有者”。如此，

> 我们不仅拥有了无限的工具，能更加便捷地利用自然资源，享受丰收果实，更重要的是，我们的健康得到了保障，这是头等好事，也是享受生活中其他好事的前提。②

笛卡尔将延长生命的无限可能性视作现代科学做出的最大贡献。他曾写道：“一直以来，我研究的首要目的就是延年益寿。”③现代以前，医学工作者在致力于救死扶伤的同时也清楚，治疗可能无用，死亡不可避免；但在“培根计划”里，人类力量遭遇的任何壁垒都意味着对人类自主性的损害，因此人类必须一起攻克这个难关，获得对自身存在的控制权。对笛卡尔来说，死亡就是必须征服的敌人——对斯特兰

---

① Francis Bacon, *The Philosophical Works of Francis Bacon* (New York: Routledge, 2011), 251.

② René Descartes, *Discourse on Method and Meditations on First Philosophy*, 4th ed., trans. Donald A. Cress (Indianapolis: Hackett Publishing, 1999), 35. 这两个目标，即减轻劳动的痛苦和征服死亡，就相当于在试图克服《圣经》中上帝将亚当和夏娃从伊甸园中驱逐出来时给予人类的两种诅咒(Genesis 3: 17-19)。

③ René Descartes, *The Philosophical Writings of Descartes*, Vol. Ⅲ: *The Correspondence*, trans. Anthony Kenny (Cambridge: Cambridge University Press, 1991), 275.

奇医生来说亦如此。①

当代哲学家（兼物理学家）杰弗里·毕晓普（Jeffrey Bishop）指出，“培根计划”视人的身体为无生命的肉体，而不是活生生的、既富有生机又受过苦难的躯体，也看不到其所有者有着各自的身份、阅历，各有所求，亦有所惧，也有所爱。② 这就有些讽刺了。这不仅是
9 说，大部分外科医学生在学习手术技巧时的“第一个病人是死人（尸体），是真真正正的解剖刀下的人”③，更是在说要像对待机器一样研究和操纵人类高度复杂而精细的躯体，还要像机师修理死气沉沉的仪器一样对其进行修复。史蒂芬认为人莫过于物质而已，便是折射出医学对待人类身体的这一态度。

城市综合医院里，全身麻醉躺在史蒂芬手术台上的那个病人实际上无异于一具尸体——也几乎要像一具尸体那样被摘除器官了，就算他的心脏还在跳动。幸亏史蒂芬没有听信主治医师关于其“脑死亡”的错误诊断。医院就是这样的地方，拥有无数高科技设备，进行无数高效手术，用高超的技巧修补人体这种东西的内部零件，以实现预期效果。医学的艺术刻意将鲜活的躯体化为被动对象，不然便无法把握、预测和掌控这台“机器”。毕晓普认为：“生命处在不停变化之中，而我们很难把握运动物体和变化着的躯体的真理规律，因此

---

① 更多有关医学伦理的“培根计划”的讨论，参见 Gerald McKinney, *To Relieve the Human Condition: Bioethics, Technology, and the Body* (Albany, NY: SUNY Press, 1997), 25 - 38。

② Jeffrey Bishop, *The Anticipatory Corpse: Medicine, Power, and the Care of the Dying* (Notre Dame, IN: University of Notre Dame Press, 2011), 14 - 23.

③ 同上，14。

生命不是我们打造真正医学的基础。”①

超越死亡

比起鲜活的生命体，医生固然更倾向于把病人的身体看作亟待修复的机器，但他们并非不关心这些病人——克里斯汀·帕尔默医生就很关注急诊室的病人。在某种程度上，因为医学只关注身体这台机器，而不在乎身体的主人，所以倒显得极合乎道德，不偏不倚，众人平等。与史蒂芬不同，克里斯汀从不认为救治他口中“带枪的醉汉蠢货”或“人类渣滓”是屈尊的工作，医生的使命就是挽救生命，不是评价他人生命的价值，后者已然超出了他们的能力范围——让人健康长寿或许不在话下，但，活着的意义为何？何时该优雅地并充满感激地放任生命逝去？这些问题他们无法回答。时至今日，人类的追 10
求已不是寿终正寝，毕竟“培根计划”言明所有自然约束就是让我们去克服的，所以我们向往更长的寿命，越长越好，比如古一法师从黑暗维度（Dark Dimension）窃得了数百年的生命，直至被外力击溃。对现代医学来说，死亡就是败笔，代表医学无法实现其治愈的奥义。

这也是“培根计划”的问题之一。我们的文明一旦开始过分追求征服自然，便很难为其设定合理的界限，结果就是，我们难免过分相信医学，过度自信于人类的力量和天赋。当人们相信宇宙万物都应

① Jeffrey Bishop, *The Anticipatory Corpse: Medicine, Power, and the Care of the Dying*, 14.

顺从人类意愿时，任何力所不能及之事都变得痛苦而不可容忍，这正是史蒂芬听说最先进的治疗手段也无法恢复双手时的感受——不啻为晴天霹雳，这不仅击毁了他苦心营造的外科圣手的生涯名誉，更深深动摇了他的培根世界观，致其搁浅在严酷现实的坚硬浅滩上。

古一斥其“过度自我膨胀”，戳穿他“妄想掌控生死万物”，但这点“恐怕就连技艺超群的史蒂芬·斯特兰奇医生也做不到”。她的话看似是在针对史蒂芬并不讨喜的性格，却又何尝不是在针对“培根计划”——史蒂芬遭遇车祸并绝望前的世界观，甚至整个现代西方世界背后的主流世界观？不知史蒂芬是否意识到，摆脱失败的“培根计划”就是他整个东方之行的核心。

“这个世界还没有回到正轨”

想寻找对现代西方野心的批判，无须去东方，不妨看看哲学家尼采（Friedrich Nietzsche，1844—1900），他用犀利的言语驳斥“培根计划”的推崇者，指出计划中想要“征服需求，克服苦难”，消除磨难和阻
11 止死亡的目标都是不合理的空谈。他认为，人类只有经历痛苦并面对生命的原始需求，才可能让人生变得有价值。

尼采是如此饱受苦难。他一生健康状况欠佳，消化疾病、视力问题和严重的偏头痛长久折磨着他，迫使他早早辞去了瑞士巴塞尔大学古典语文学教授的职位。可以说，尼采的经历与史蒂芬有相似之处，后者的辉煌生涯也是断送于身体残病；但他们又不一样。哪怕造化弄人，惨遭不公，尼采也没有向命运愤怒咆哮。一次习以为常的疾

病发作过后，他写道：

> 我想知道更多作为美的必要条件，那样我就能成为创造美的人了。命运之爱(Amor fati)，从今以后让它成为我的爱吧！我不想向丑宣战，我也不想去指责，甚至不想去指责那些做出指责的人。当我持否定意见时，我只会转移视线。总而言之，大体上看，我仅仅希望有一天我能成为一个肯定者(Yes-sayer)！①

尼采相信，重要的不是按照我们的喜好改变世界，而是学着爱它原本的样子，包括经受苦难和接受死亡。

尼采认为，成为肯定者就意味着站在西方宗教和哲学主流传统的对立面，而宗教和哲学，在他看来，都诞生自对生命暗含的敌意，因为它们都厌恶生命中的那些苦难、折磨和拘束——用今天的话说，人生就是在死前不停遭罪。但是人们不想遭罪，因此虚构了一个永恒不变的形而上领域，在那里，时间停止流转，伤痕得以治愈，眼泪被轻柔拭去，是天堂一般的地方。尼采称这些人"背后世界论者"(hinterworldly)——"Hinterweltler"是他自创的德语单词，字面意思即"信仰此世界背后的那个世界的人"——并指出，"是人的痛苦和无能创造出了背后世界"。②

---

① Friedrich Nietzsche, *The Gay Science*: *With a Prelude in German Rhymes and an Appendix of Songs*, trans. Josefine Nauckhoff and Adrian Del Caro (Cambridge: Cambridge University Press, 2001), 276 (Section Ⅳ. 276).

② Friedrich Nietzsche, *Thus Spoke Zarathustra*: *A Book for All and None*, trans. Adrian Del Caro (Cambridge: Cambridge University Press, 2006), 21 (Section Ⅰ. 3: "On the Hinterworldly").

12 叛出古一师门的大反派卡西利亚斯(Kaecilius)也想建立一个“超越时间和死亡的世界”，人们作为其中的一部分，会享有永恒的生命。但与尼采提到的背后世界不同，卡西利亚斯想要召唤到地球上的多玛姆的永恒空间(至少按照漫威电影宇宙所呈现的画面)真实可怖。虽然尼采不相信永恒世界，但是他绝对会赞同，电影中的永恒空间之主多玛姆是个贪婪的反派角色，用“永恒生命”的承诺掩盖了其空间吞噬生命的事实——他降临地球之后，时间停滞，人们停止了活动，变成了毫无生机的雕像。尼采肯定会说，多玛姆以及召唤多玛姆的恐怖后果表明，永生的希望是建立在对生命的憎恨上的。卡西利亚斯真的应该读完这本书(“警告应该放在咒语之前”①)，或至少读读尼采，看他字里行间如何警告大家不要去信仰背后世界。

背后世界何去何从?

到了现代世界，科学物质主义不断发展(最典型的口号就是“人类是物质的，仅此而已”)，对背后世界的信仰因此日渐动摇，难以为继。但消失的仅仅是这种信仰，其所隐含的对生命的憎恶感依然存在，只是改为依托“培根计划”来消除这个世界的苦难，毕竟，我们只是“这宇宙中一粒微小而无关紧要的尘埃”，无法再信仰另一个世界作为安慰，帮助我们承受痛苦。

---

① 此处借用了奇异博士的台词，他因尝试书中的时间咒语而被王和莫度警告后，抱怨道：“警告应该放在咒语之前。”——译者注

当然，这是史蒂芬对古一法师说的话，他认为人类是被宇宙遗弃的存在。令他惊讶的是，卡西利亚斯也说了同样的话。可见，这两个看似对立的人有相当一部分世界观是重合的——至少，在卡西利亚斯和那个刚刚抵达卡玛泰姬的史蒂芬之间是如此，因为那时候的史蒂芬还怨愤着命运的不公，极度渴望恢复过去的生活。当时，古一认为他太过“固执、傲慢”，太“有野心”。莫度（Mordo）说史蒂芬让法师 13
想起了过去的徒弟卡西利亚斯，还提醒说，卡西利亚斯的堕落是由于过度追求“力量”，想要战胜外在的“敌人”，而不是合理利用力量以打败内心的“恶魔”，像莫度说自己所做的那样，而这前车之鉴也有可能成为史蒂芬的未来。借用尼采的观点，卡西利亚斯是背后世界论者，而刚入门的史蒂芬·斯特兰奇是“培根计划”的支持者，他们有着一样的敌人和恶魔要对付。

他们的共同敌人是时间，内心的恶魔则是尼采所说的对时间的复仇精神。卡西利亚斯说：“这个世界还没有回到正轨。人们渴望永生，想要超越时间，因为我们都是时间的奴隶。时间是对人类的侮辱。死亡是最大的耻辱。”时间流逝会带走我们珍爱的事物，从而带来悲痛，而随着我们不可避免地走向各自的终点，时间更会夺走我们的最爱，那就是生命。“时间消灭一切。”卡西利亚斯哀叹道。命逝去，生别离，万物流转，光阴不可逆转，失去的不可挽回，这些都是人类痛苦和悲哀之源。

史蒂芬跟卡西利亚斯这个背后世界论者不同，作为培根的信徒，他的野心是控制现实，而不是超越时间，毕竟他没有想要躲去另一个世界。不过，他的确受着时光流逝带来的痛苦，沉溺于消除伤害、恢复过去的幻想之中，最终散尽了家财，穿越半个地球到了卡玛泰姬。

导致他这么做的原因不外乎拒绝接受过去已去的现实。用尼采的话说，史蒂芬和卡西利亚斯都病态地执着于向时间“复仇”。尼采对于复仇心切的人类意志(human will)的描述，与折磨着史蒂芬的魔鬼的形象相符合，“它对过去的一切无能为力，只是一个愤怒的旁观者”。① 我们必须克服复仇精神，克服这种不愿接受时间和过往的想法，只有这样我们才能拥有“命运之爱”。尼采认为，这是快乐不可分割的一部分。②

“痛苦是我的老朋友”

尼采认为，人们为了阻止时间流逝和事物变易所做出的努力不过是无用功，但是这也不是让我们愤恨有限的生命，或屈服于摆脱尘
14 世之躯壳、进化成没有死亡和腐朽的更高存在形式的虚妄幻想的借口。我们必须明白，万物变易乃至死亡这种终极变动，只是存在之自然起落中的应有之义。世事无常是人类社会的特点，本身不存在任何不合理性，若是与多玛姆的所谓“救赎”对比就更加明显，因为多玛姆降临后的世界是一片静止和死寂。

对尼采来说，向时间复仇是一种不可取的精神，而解药就是他提出的“永恒轮回”(eternal return)，这是他在宣布了自己的“命运之

---

① Friedrich Nietzsche, *Thus Spoke Zarathustra: A Book for All and None*, trans. Adrian Del Caro (Cambridge: Cambridge University Press, 2006), 111 (Section Ⅱ. 20, “On Redemption”).

② 同上。

爱”后，于同一部作品中首次作为思想实验（thought experiment）引入的概念。

> 如果某天或某晚，一个恶魔偷偷潜入你内心最孤寂阴暗的角落，对你说：“你这辈子，这么些年，到头来还得再活一遍，两遍，三遍，无数遍。”你难道不会瘫倒在地，然后咬牙切齿地诅咒说话的这个恶魔？或者，你有没有一瞬间激动地想说：“我的神啊，再没有比这棒的话了。”又或者，你会不会对自己格外满意，满意到你觉得再没有比得到恶魔确认可以永远做自己更好的事了？①

满足于现实，愿意永远地重复经历一模一样的人生，接受其中的痛苦折磨、沮丧失落和避无可避的衰弱死亡，这就是尼采说的征服了复仇精神的命运之爱的真谛。但是，很多人无法完全接受衰老和死亡，认为那样不够完美，“没有回到正轨”，所以他们绝对忍受不了活在这样的永恒“时间轮回”之中。

尼采相信，永恒轮回是某些人之砒霜，某些人之甘露，可以用来对付那些反抗有限生命的人，比如卡西利亚斯，也比如成为奇异博士之前的史蒂芬。史蒂芬当然不见得读过尼采，否则就可以在横遭变故后自我宽慰，而不是变卖东西，到东方寻求解答，不过他确实在卡玛泰姬接触到了“时间循环”，也足够聪明，自己摸索出了如何运用时间循环对付多玛姆——对无常现实的敌意的最高化身。

---

① Nietzsche, *The Gay Science*, 194 (Section Ⅳ. 341).

15 进入多玛姆的黑暗维度后，史蒂芬站在一个巨球表面喊道："多玛姆，我来谈条件了。"多玛姆跟他"谈"了，结果显而易见，一口能量就把史蒂芬给分解了。但是就像尼采的"永恒轮回"似的，相同的场景一遍遍循环，每次都会回到谈判的这一刻，史蒂芬一次次死而复生，又一次次被愈发暴躁的空间主宰给杀死。对着愤怒而困惑的多玛姆，史蒂芬解释了他的目的：

> 奇异博士：正如你把自己维度的能量给了卡西利亚斯，我也从我那带了些来，就是时间，无限循环的时间……现在就是这样，你和我困在这同一时刻里，永远循环。
>
> 多玛姆：那你就这么无数次死去吧。
>
> 奇异博士：没错，可地球上的人可以活下来。
>
> 多玛姆：那你就得受苦了。
>
> 奇异博士：痛苦是我的老朋友。
>
> 多玛姆：你不会赢的。
>
> 奇异博士：大概，但我输得起，就一直这么输吧，永远输下去。

最后，多玛姆被迫放弃侵略地球，并终止诱捕全人类进入无生机永恒监狱的计划。不知道多玛姆有没有牙齿，若是有，可以想象它是如何咬牙切齿（像尼采思想实验的第一个实验者似的），恐惧于受困在无限的时间之中，正如我们害怕永远被囚禁在黑暗维度之中一样。

奇异的领悟

更令人惊讶的是这场谈判中史蒂芬的态度转变。过去，这个自负的医生把死亡看作人生的败笔（而他着实厌恶失败）；现在，他自愿接受折磨和死亡，不停地重复失败，因为他是至尊法师了，他的使命就是保护地球不受神秘力量侵袭。过去，他对既定的现实充满无力的怨愤，徒劳幻想着改变现状；现在，他对过往充满感激，把它们当作“老朋友”——我们已经了解到，好朋友也会是好老师。

尽管知道生命中必有一死，当拨给我们的时日耗尽，我们得将生 16
命双手奉还，但是既然我们活着，就要爱惜生命，也不愿轻易死去。古一在临死前向史蒂芬坦白：“我还没有准备好。没有人准备好。我们左右不了自己的时间。”她还说：“死亡赋予生命意义，让你知道时间短暂，去日无多。”我们需要死亡，如此我们的存在才显得更加珍贵，我们的选择也有了更多的重要性和紧迫感。死亡不是“侮辱”，而是我们深深爱着生命的理由。

17

2

死亡赋予生命意义：马丁·海德格尔与史蒂芬·斯特兰奇的相遇

桑德·H. 李

人终有一死，对此你怎么看？反派法师卡西利亚斯认定时间和死亡是人类真正的敌人，因为固有的死亡结局让生命失去意义，只有进入黑暗维度，才能征服死亡并实现永生。奇异博士和伙伴莫度对此嗤之以鼻，但很快他们就发现，自己的老师古一居然一直在利用黑暗和非自然力量窃取生命。她告诉奇异博士这是必要之举，因为除她以外没有人的力量足以捍卫人类。不过在意识到斯特兰奇可以接手这个使命后，她便不再拒绝死亡。与卡西利亚斯相反，她相信死亡赋予了生命意义。

哲学家们当然也不会错过这些话题。本章，我们将聚焦于马丁·海德格尔（Martin Heidegger，1889—1976），他认为人们在意识到死亡必将来临，并体验到由这种真切恐惧带来的畏（angst）之前，对生命充满了“冷漠感”(indifferent)。① 畏可能来自方方面面，如濒临死亡(例如斯特兰奇医生遭遇的车祸)，或挚爱去世，甚至只是受到艺术品——就比如《奇异博士》这部电影——的冲击。只要经历过这种畏，就再也不会保持原来的漠然，而是要么保持本真(authentically)，要么戴上虚假的面具，隐藏真我(inauthenticity)。海德格尔称这种经历为“呼唤”(the Call)。② 不是每个人都会被呼唤，但是只要像奇异博士那样体验过一回，人生就将随之改变。

出类拔萃的斯特兰奇 18

斯特兰奇医生很像其饰演者本尼迪克特 · 康伯巴奇(Benedict Cumberbatch)扮演的另一个角色，夏洛克 · 福尔摩斯，同样恃才傲物且缺乏耐心[福尔摩斯的作者柯南 · 道尔(Arthur Conan Doyle)——他本人也是医生——把自己的导师、医学博士约瑟夫 · 贝尔(Dr. Joseph Bell)作为人物原型，这可绝非偶然]。斯特兰奇理论知识扎实，手术水平也远超他人，甚至能在进行高难度的手术时回

---

① Martin Heidegger, *Being and Time*, trans. Joan Stambaugh (New York: State University of New York Press, 2010)；另见 Hubert Dreyfus, *Being-in-the-World: A Commentary on Heidegger's Being and Time, Division I* (Cambridge, MA: MIT Press, 1990), 289。关于“畏”，见 Steven Luper, *Existing: An Introduction to Existential Thought* (Palo Alto, CA: Mayfield Publishing Co., 2000), 203 - 206。

② William Lawhead, *The Voyage of Discovery: A Historical Introduction to Philosophy*, 4th ed. (Stamford, CT: Cengage Learning, 2015), 553 - 555.

答出助手的音乐小问答。① 再来认识一下他的前女友克里斯汀·帕尔默，同样是位优秀的医生，并认可他的杰出能力。有一次，她认为同事韦斯特医生(Dr. West)过早断定她的病人脑死亡，就找上她唯一相信能解决问题的斯特兰奇，后者很快判定病人还有救，并“直接上手”进行子弹取出手术——根据电影的表现，这显然是个难度极大的操作。其间，他还对韦斯特医生进行了反讽，可见他就像福尔摩斯一样，忍受不了别人丝毫的嘲弄。

想要更好地了解斯特兰奇这类人，我们可以参考海德格尔关于实体(ontic)和本体(ontological)的分类。② “斯特兰奇”们关注实体的生活，像中立的科学观察者般看待这个世界，将其他人都视为客观对象，疾病也只是有趣的研究课题。这位斯特兰奇医生就从不把病人看作像自己一样实际的人(actual persons)，救治他们也只是为了给自己的名誉锦上添花。海德格尔则呼吁我们不要把自己和周围事物分割开来，要关注本体生活，而不只是从旁观者的角度观察世界，如此我们才能入世成为其中的一分子，融入生活，关怀他人，一起塑造更美好的世界。

海德格尔认为，恐惧或(真切濒临死亡而导致的)畏给我们提供了本真或非本真两个选项。③ 保持本真的人会坚持自己关怀他人的本性，即便那意味着暴露自身弱点，而且可能因此遭受他人粗暴的对

---

① 奇异博士这个角色与1991年电影《再生之旅》(*The Doctor*)的主角杰克·麦基医生(Doctor Jack MacKee)非常相像。他们在影片初期都表现出傲慢、冷漠的个性，麦基医生在手术时也会和同事开玩笑，做些音乐游戏，而他在确诊癌症后也同样经历了畏，成了更懂得关怀他人的人。

② Dreyfus, *Being-in-the-World*, 20.

③ Lawhead, *Voyage of Discovery*, 552 - 554.

待；选择了非本真的人会把真实的本质隐藏在面具后，用面具的表象避开他人的请求，同时也避免将真实的自我暴露在他人的窥探之下。

斯特兰奇曾经的生活只关注实体，否认自身行为的本体意义。他斩断自己与世界的关联，并将大家（包括他自己）都定义为拒绝在彼此之间建立真正的、持续的联系的人。他小心藏好面具背后的真实感 19
受，典型的体现就是他对韦斯特医生错误诊断所给出的反应，以及他在所救男患者的亲属试图拥抱他以示感谢时表现出的拒绝态度。

斯特兰奇靠自己的才智挣得了奢华的生活，但他高高在上、自命不凡的个性却最终让自己损失惨重。车祸前，他正开着超级跑车风驰电掣，同时打着语音电话问比利有什么病例适合他救助。他拒绝了一个可能救不回来的病人，因为担心自己的"完美履历"被毁。病人在他眼里并不是值得关心的人，只是有待解决的问题。他追求成功也不是为了帮助他人，而是为了给自己的名声添加筹码。就像莱恩医生对他说的："这个世界都在围着你转。"

车祸事故与卡玛泰姬

很快就发生了改变斯特兰奇人生轨迹的那场车祸，让他感受到了海德格尔所谓的畏——除了畏死之外，还畏惧自我消亡，因为车祸毁了他的双手神经，等同于毁了他的职业生涯。现实不允许他再做之前那个恃才傲物、冷漠待人的奇迹医生了。为了恢复双手的灵活性，他穷极传统治疗方法，也请求了一位同僚，可是对方就像从前的他，不想冒这个增添败笔的风险。无奈之下，斯特兰奇找上一度瘫痪在床的乔纳森·潘伯恩(Jonathan Pangborn)，这个人物曾在亚洲的卡玛泰姬修行神秘术法，从而奇迹般地恢复了行走能力。

根据潘伯恩的提示，他一路跋涉至卡玛泰姬，见到了古一法师和她的徒弟莫度法师。即便处于绝望之中，斯特兰奇面对神秘力量的第一反应仍是试图否定，不相信这居然不仅仅是滑稽的迷信观念。作为医生和科学工作者，他拒绝接受精神治疗这种说法，将之视作小贩向不愿动脑的无知大众兜售的无稽之谈，还嗤称古一给他看的图是旅游礼品店的垃圾。古一问他，为什么明明一直渴求知识，如今却不愿意让看向现实本质的孔洞更大一些，当时他回答：

20 我拒绝是因为我不相信什么脉轮或能量的童话故事，也不相信什么信念的力量。根本不存在灵魂！人类是物质的，仅此而已。你也不过是这宇宙中一粒微小而无关紧要的尘埃罢了。①

但凡斯特兰奇坚持物质主义信念，认定这个冷漠世界不存在真实意义，就永远不可能治好双手。电影后期，我们听到卡西利亚斯也说了类似的话。这些物质主义者们坚信，所有的存在都是可以用我们的感官感知和度量的，任何精神或神秘信仰对他们来说，无异于一群弱小蠢货可悲的胡言乱语。听了斯特兰奇的回答，古一的反应是直接将其灵体打出了肉体。可即便如此也依然无法令他信服，他甚至怀疑喝过的茶里加了 LSD 之类的致幻剂，于是古一把他整个扔进了星灵维度，在那里灵魂独立于肉体而存在，然后问他：

---

① 所有引用对话均来自 2016 年电影《奇异博士》。

什么是真？在你所感知的背后，还藏着怎样的奥秘？在存在的源头，精神与物质相连。思想雕琢了现实。此间宇宙只是万千宇宙中的一个。世界是无限的。有的美好，生机勃勃；有的邪恶，充满杀戮。在那些黑暗的地方，蛮荒之力贪婪地蛰伏着，伺机等待。在这多元宇宙之中，斯特兰奇先生，你是谁？

斯特兰奇终于接受了这一切，他请求古一教他这些神秘法术，但遭到了拒绝并被扔出门外。后来还是莫度说服古一，称斯特兰奇将会是对抗卡西利亚斯的有生力量，古一才同意训练他（但她也担心斯特兰奇可能变成下一个卡西利亚斯）。我们看到他逐渐掌握力量，证明自己在法术领域跟曾经在医学领域一样如鱼得水。他意识到必须舍弃自我，不争风头，学会跟随存在之流前进。他经历了海德格尔所说的"良心的呼唤"①，人一旦经历过这种呼唤，就不再对生命万物报以冷漠之心，而是必须做出选择，要么掩藏真实思想，要么接受挑战，展现自己的脆弱。

无情宇宙中的微小尘埃

斯特兰奇第一次见图书管理员王（Wong）的时候，开了个玩笑，询问"王"是不是就叫"王"，就像歌星"阿黛尔"（Adele）或"碧昂斯"（Beyoncé）用真名做艺名一样。他或许还提到了哲学家亚里士多德

---

① Lawhead, *Voyage of Discovery*, 553 - 554.

21 (Aristotle，公元前384—前322)，著名的自然秩序论的提出者，并提倡人们应该依靠美德实现个人的潜能，从而维持这个秩序。①

亚里士多德将美德分为德美(moral virtue)和智美(intellectual virtue)。前者即遵从理性行动，否定不理性的行为。每个人都有能力培养德美，只是有些人抛弃了道德，自愿堕向邪恶，比如卡西利亚斯。与之相反的是，亚里士多德相信只有或许很少一部分人能同时拥有智美，能够做出理性的指示，拥有实际的智慧，从而更好地理解现实，走出道德困境。对应到电影中，莫度和王两个法师便是一心维护自然秩序的人，积极对抗卡西利亚斯和多玛姆等追求力量和永生的自然秩序破坏者。

在纽约至圣所打斗间隙，卡西利亚斯被奇异博士的悬浮斗篷困住，他借此机会为自己的意图辩解，试图说服对手加入黑暗面②……不好意思，笔者指的是黑暗维度。他告诉奇异博士，这只是“由多变少，由少归一”的开始，人类可以突破自然法则，不受时间限制。

> 卡西利亚斯：这个世界无须灭亡，医生。它可以像许多其他世界一样，成为多玛姆的一部分，非常美丽的一部分，这才是它该在的地方。我们可以永存……生命，永恒的生命。人们思考着善与恶，而真正的敌人是时间，时间消灭一切。
>
> 奇异博士：那你消灭了的那些人呢？

---

① Aristotle, *Nicomachean Ethics*, 350 BCE, trans. W. D. Ross，可见 http://classics.mit.edu/Aristotle/nicomachaen.html。

② 原文为“Dark Side”，作者或许借用了《星球大战》当中非常著名的原力黑暗面以及黑暗面引诱绝地武士堕落的“梗”开了个玩笑。——译者注

> 卡西利亚斯：微不足道，他们只是无情宇宙中的微小尘埃……这个世界还没有回到正轨。人们渴望永生，想要超越时间，因为我们都是时间的奴隶。时间是对人类的侮辱。死亡是最大的耻辱。医生，我们并非想统治世界，而是想拯救世界，交由万物之主多玛姆来处理一切，因为它代表了万灵的意愿。

请注意，卡西利亚斯与斯特兰奇的用词一致，形容大家只是“无情宇宙中的微小尘埃”，说明这两人曾经拥有同样悲观、聚焦实体的生命观。

那么，奇异博士会加入卡西利亚斯的阵营，反抗自然法则并追求永生吗？卡西利亚斯就像尼采一样相信自己能“超越善与恶”①，他
坚称时间带来死亡，所以时间才是真正的敌人。面对畏，他选择放弃 22
本真，让自己相信人类可以战胜死亡。由于他拒不接受死亡作为生命的自然结局，将之看作“侮辱”，所以他不但不认为多玛姆是“世界毁灭者”，反而视其为仁慈的救世主，期盼它将追随者带入天堂国度，即黑暗维度，并赐下永恒生命。②

---

① Friedrich Nietzsche, *Beyond Good and Evil: Prelude to a Philosophy of the Future*, trans. Walter Kaufmann (New York: Vintage, 1989).

② 此处他引用了“美国原子弹之父”J. 罗伯特·奥本海默（J. Robert Oppenheimer）的话。在见证第一颗原子弹爆炸后奥本海默告诉记者，这场景让他想起了印度教经典《薄伽梵歌》（*The Bhagavad Gita*）的一句话，“我正化身死亡，世界的毁灭者”。该句话引自《薄伽梵歌》第 11 章，第 32 节，可参见英语版 http://www.bhagavad-gita.org/index-english.html。更多关于奥本海默与梵歌的信息，可参见 Kai Bird and Martin Sherwin, *American Prometheus: The Triumph and Tragedy of J. Robert Oppenheimer* (New York: Vintage, 2006) 以及 James Hijiya, “The *Gita* of J. Robert Oppenheimer,” *Proceedings of the American Philosophical Society* 144(2000): 123 - 167。

黑暗力量

海德格尔和卡西利亚斯一样，也曾屈从于邪恶力量的诱惑。20世纪30年代初，海德格尔公开支持阿道夫·希特勒(Adolf Hitler)和纳粹党(Nazi Party)。1933年，他被任命为弗莱堡大学校长，背叛了他的导师埃德蒙·胡塞尔(Edmund Husserl)(就像卡西利亚斯背叛了古一法师)。1934年，海德格尔辞去了职位，不过他从未退出纳粹党，也从未为自己的行为道歉。① 几十年来，哲学家一直为他与纳粹势力的暧昧关系争论不休，有些人因此认为应该抵制他的哲学作品。

类似地，奇异博士发现古一法师一直在汲取黑暗维度的力量以延续生命，正如卡西利亚斯跟他说的："我们都是来疗伤的，可是只有她自己修炼真正的法术。你不好奇她是怎么活这么久的吗?"②奇异博士前去质问古一，同时对己方的使命也开始抱有疑问，而古一则交代他必须继续对抗卡西利亚斯。彼时他质疑道，自己是医生，医生应该救人而不是杀人，可不久前的战斗却逼得他不得不杀人。不过古一看透了斯特兰奇自我膨胀的状态，她点破了这一点，说："你想回到你的妄想中，掌控一切，甚至死亡。没人能掌控死亡，恐怕就连伟大

---

① Lawhead, *Voyage of Discovery*, 546.

② 这就解释了为何卡西利亚斯在电影开头的伦敦之战中称古一为"伪君子"。

的史蒂芬·斯特兰奇医生也做不到。”

斯特兰奇随后将古一言行不一的做法告知莫度：“她从黑暗维度中汲取能量，从而获得永生。”莫度在确认了古一违背自然法则的行径后便开始抗拒她，因为他是个讲究原则的人，生性固执，不懂变通。但斯特兰奇灵活多变，在古一的点拨下，他明白了这是个远比非黑即白更加复杂的世界。

临终前，古一法师以星灵形态和斯特兰奇进行了最后一次对话，
说道“你傲慢，害怕失败，导致你对最简单也最重要的事情一无所 23
知”，那就是“生命的意义不在于你”。她解释说：“我厌恶从黑暗维度汲取力量，但你知道，有时人总得打破常规，追求更高的理想。”因为无人强大到能够顶替她的位置，所以古一认为自己有必要活下去，保护这世界不受诸多敌人的侵害。她利用了黑暗维度之力，却并非因为像卡西利亚斯那样畏惧死亡，而是为了在找到接班人前担好自己的责任。所以古一的例子说明，接受死亡能让我们成为关怀他人的本真之人。

死亡赋予生命意义

卡西利亚斯和多玛姆选择了非本真的存在状态，在这种状态下，生命被刻意延长到毫无意义的地步。奇异博士利用时间能量创造出时间循环困住了多玛姆，对方意识到自己会无休止地重复经历这一刻，只能被迫接受奇异博士的条件，放弃侵略地球。多玛姆对于无尽反复的恐惧让人想起法国哲学家阿尔贝·加缪（Albert Camus,

1913—1960)讲述的西西弗斯的故事。① 西西弗斯受到希腊主神宙斯的惩罚，要将一块巨石推上陡峭的山坡，却每次都在最后眼睁睁看着巨石因太重而滚下山，前功尽弃，无休无止，于是他陷入无尽的沮丧和毫无意义的绝望之中。奇异博士便是将多玛姆困在这样无望的循环中，因此多玛姆使尽手段也要逃脱，哪怕为此放弃自己吞噬地球的计划。

多玛姆(和卡西利亚斯)没有看到的是，永恒生命将导致类似的循环，正如古一告诉奇异博士的，“那不是天堂，是地狱”。多玛姆后来倒是意识到了，没有结尾的生命不会有意义，不过是无尽重复相同的时刻罢了。古一的一句话与海德格尔的哲学相呼应：“死亡赋予生命意义，让你知道时间短暂，去日无多。”②她在确定奇异博士有能力顶替她后便选择了迎接死亡，不过，她还是延长了最后的时刻，想多看一会儿雪景：“你可能以为，这么久了，我已经准备好迎接死亡了，但是看看吧，我却还是想无限延长这一刻，来欣赏这美丽的雪景。”我们理解，真心接受死亡的人也会希望有哪怕一瞬的时间来晚点儿面对它。

---

① Albert Camus, *The Myth of Sisyphus*, trans. Justin O'Brien (New York: Vintage, 2012).

② 哲学家伯纳德·威廉姆斯(Bernard Williams, 1929—2003)曾写过类似的话：“永生，或一种没有死亡的状态，是没有意义的，我如此认为。所以在某种意义上，死亡给予生命意义。”(“The Makropulos Case: Reflections on the Tedium of Immortality,” in *Problems of the Self: Philosophical Papers, 1956—1972*, Cambridge: Cambridge University Press, 1973, 82-100, at p. 82.)

3

“时间会证明我有多爱你”：从尼采的超人思想看爱情与友情

斯凯·C.克利里

在2016年的电影《奇异博士》中，古一法师评价主角斯特兰奇医生固执、傲慢、自大。精辟。斯特兰奇聪明而有魅力，唯独不懂得爱人。他和前女友兼同事克里斯汀·帕尔默医生依旧做着好朋友，但显然已回不到过去的关系。这难道意味着斯特兰奇注定要孤独一生，再也无法拥有美好的爱情了吗？

为了更深入地解读斯特兰奇的人际障碍，让我们看看德国哲学家尼采的作品，他针对性爱和友情开展了许多研究。尼采认为，性爱让人分心，无法专注于一些更重要的事情，比如成为超级英雄。不过话虽如此，在斯特兰奇身上还是自恋的毛病更严重。帕尔默救了他的性命，而其他师友们——特别是古一、王和莫度——则通过各种令他措手不及的方式磨炼他，可事实证明，那确实是他急需的激发潜力的最佳方式，也正是因此，他最终才得以成为这个维度的至尊法师。

26　“超人”博士

尼采是一个“贵族激进主义分子”(aristocratic radical)，他对传统道德、基督教、社会、政治、爱情和女性提出的批评影响极大。① 总的说来，他几乎对所有人和事都持批判态度。(是不是感觉很熟悉?)尼采还提出了著名的“Übermensch”哲学，英语通常译成“superman”(超人)，但更准确的说法是“overman”(“超”人)，即超越他人的人。②我们可以把“超人”理解成一种理想的品格，而不是最终目标，因为它代表着挑战自我、战胜阻力、勇往直前以及为伟大而不断创造和斗争的品质。在尼采看来，“超人”哲学并不具有普适性，只有少数勇敢者才能谙晓这意义，为成长为“超人”而努力。③

斯特兰奇医生大概就是其中之一。他是医学界首屈一指的神经外科医生——他自知成就斐然。周围人也都了解，因为他时不时会卖弄几句艰深的术语，还会极力炫耀自己能完成令他人望而却步的病例。比如，他会把自己被 CNN 采访，被邀请参加晚宴，以及被请去神经学协会宴会发表讲话的事迹都告诉帕尔默。此外，他也从不松懈，积极研究新型医疗技术(一般与帕尔默合作)，专挑最有意思、

---

① Peter Fuss and Henry Shapiro (eds.), *Nietzsche: A Self-Portrait from His Letters* (Cambridge, MA: Harvard University Press, 1971), 104.

② Friedrich Nietzsche, *Thus Spoke Zarathustra* (London: Penguin Books, 1969), 41.

③ Fuss and Shapiro, *Nietzsche: A Self-Portrait from His Letters*, 99.

最有挑战性的那些病例攻克，不过他只是为了自己的名声着想。

斯特兰奇和尼采笔下的一个人很像，那就是《查拉图斯特拉如是说》(*Thus Spoke Zarathustra*)的主角查拉图斯特拉(Zarathustra)。查拉图斯特拉是个曾经隐居山林的圣者，后出世下山，教书育人。因为没有朋友，孤独感促使他走出去，结识世人。若查拉图斯特拉从高处走下是自我选择，那么斯特兰奇从事业高处跌下就是咎由自取——他因鲁莽而导致了自己的车祸。两个人都渴望智慧，但如果说查拉图斯特拉慷慨于所学所得，斯特兰奇就是汲汲于治疗自己的双手，以恢复从前受人吹捧的身份地位，这个动机并不算多么伟大。古一说了，他做医生不过是为了救自己的性命，只有他自己。

不仅是斯特兰奇的天赋和对智慧的渴求，他漫不经心的虚无主义(nihilism)态度也让人想起尼采的“超人”。例如，他曾说：“我们不过是这宇宙中一粒微小而无关紧要的尘埃罢了。”这种虚无主义观点 27
将万事万物都看得无足轻重，毕竟人的生命就是微不足道且毫无意义的。① 尼采喊出了那句著名的“上帝已经死了”，指出在我们这个时代，科学俨然已经取代宗教，却没能提供足以取代基督教的深刻价值观，因而导致了道德堕落、享乐主义和不道德。

尼采想找到一种解药，但其配方不能带有宗教性质。他相信，我们应该为了“超人”理想不断创造和斗争，以此克服虚无主义。奇异博士很有可能在与卡西利亚斯的一次交谈中顿悟了这点，当时后者用了相似的话为自己和多玛姆的交易辩解，称世人不过是浩渺宇宙中的微小尘埃，所以不妨将地球连同所有人类交给多玛姆，换得自己

① 所有引用对话均来自 2016 年电影《奇异博士》。

和其他狂热追随者的永生。智慧的古一法师又一次看透了斯特兰奇，她曾说过："你太小看你自己了。"这句话也许不适用于他自恋的那一面，但适合形容一个潜在的虚无主义者斯特兰奇。她提醒了我们，人类远不只是宇宙中的微小尘埃，人性更有意义，值得我们为其而战——从邪恶的黑暗领主手中拯救人类。

有关爱的问题

斯特兰奇、尼采和查拉图斯特拉还面临一个难题：他们无法建立有意义的恋爱关系。尼采没有女友，也从未结婚，但他并不是没有尝试过——他至少曾向两位女士求过婚，也在信中感叹着想要成家。或许因为他的胡子太浓密，让女人望而却步；或许因为他太痴迷于牛奶和水果；又或许因为他（和查拉图斯特拉）明显流露出的对女性的强烈厌恶，让女性感到反感。谁知道呢？（说实在的，其实尼采挑衅的是整个世界，这就是他的风格。）

斯特兰奇的情况倒没有尼采那么极端，至少他曾经和帕尔默拥有过一段亲密关系——但她也是后来除了复健师以外唯一向他伸出援手的人，其他同僚都撂了他的电话，也没有看到他家人的身影。在那个精致而空旷的公寓里，只有一张桌子、一台笔记本电脑和偶尔前来拜访的帕尔默。

28 从积极的角度来看，我们可以认为这位医生来去自由，向往独立。尼采曾写道："就像古代的预言鸟一样，作为真实思想和真理传达的当下代言人，他们必须更加向往独自飞翔。”①如此便可以理解，为何斯特兰奇因需要请他人帮他治疗双手而失意、沮丧。亲密关系所带来的习惯和约束可能会令人感到窒息，尼采就把这种关系比作一张必须挣脱的巨大蛛网。② 尤其在性爱这方面，尼采说道：“人跟树一样，也许会因为身上依附的藤蔓而生长困难。”③无论过程多么痛苦，人们必须离开舒适的状态，摆脱任何有可能阻碍“超人”理想的事与人。他还认为，自由的评判标准是由“需要克服的阻力和保持领先的代价”所决定的。④

帕尔默在车祸后给史蒂芬带了些吃的喝的，对方却冷言冷语以对，称自己不需要这种刻意的伪善。“不要你可怜我。”克里斯汀说自己不是在可怜他，可对方咆哮道：

> 是吗，那你来这里干吗？带着奶酪和红酒，好像我们是要去野餐的老朋友。我们根本不是朋友，克里斯汀，也谈不上是恋人。你就喜欢看人难过，不是吗？你现在看我是不是就是个悲剧？可怜的史蒂芬·斯特兰奇，可怜透了，他终于需要我了。又一个需要拯救的社会弃儿，我要用心开导一下，帮他重新面对世

---

① Friedrich Nietzsche, *Human, All Too Human* (Cambridge: Cambridge University Press, 1996), 158.

② 同上。

③ Friedrich Nietzsche, *Daybreak* (Cambridge: Cambridge University Press, 1982), 205.

④ Friedrich Nietzsche, “Twilight of the Idols,” in Aaron Ridley and Judith Norman (eds.), *The Anti-Christ*, *Ecce Homo*, *Twilight of the Idols and Other Writings* (Cambridge: Cambridge University Press, 2005), 153 – 229, at p. 213.

> 界。你高兴得恨不得哼起歌来，是不是？

帕尔默试着宽慰他，却被这位准“超人”拒绝了好意，“自由的灵魂无须牵挂，如此他就发现了自己的幸福”。① “超人”们更喜欢挑战，以此来展示自我，展现他们为伟大而做出的努力。尼采认为“女性的爱意里往往包含着一丝母爱”——这并不是褒扬。② 尼采憎恨他的母亲，许多学者（尤其是弗洛伊德主义者）将尼采与女性的问题归咎于这一点。③ 尽管我们无从知晓斯特兰奇与父母的关系，但心理学家可能会根据他对帕尔默的过度敌意，推断他们的亲子关系是有嫌隙的。

尼采厌恶同情心的程度，至少和斯特兰奇不相上下，因为他认为同情是群体道德的表现：它美化失败，捍卫痛苦，因而否定了生活；它也是基督教“爱你邻居”美德带来的效应，结果不过是将爱传递给了
29 那些不值得爱的人。④ 尼采认为，同情意味着原谅和放任人们的弱点，而不是促人成长，变得更强。斯特兰奇对帕尔默的恶劣态度似乎带有类似的厌恶感，他觉得帕尔默对待他就像对待急救室里的病患——在他眼中最弱小、最不值得在意的那一群人——今日照顾他，改日就会用同样的方式救治“屠宰场”（斯特兰奇语）里“带枪的醉汉”。他从不在急救室工作（除了偶尔被帕尔默医生叫去帮忙），对病

---

① Nietzsche, *Human, All Too Human*, 159.

② 同上，151。

③ 例如，Kelly Oliver, “Nietzsche's Abjection,” in Peter J. Burgard (ed.), *Nietzsche and the Feminine* (Charlottesville, VA: University Press of Virginia, 1994), 53 - 67, at pp. 60 - 63。

④ Nietzsche, *Human, All Too Human*, 45.

人没有同情心，拒诊对自己职业生涯毫无助益的病例，后来向他透露卡玛泰姬消息的乔纳森·潘伯恩就是其中一例。

高贵美德

在尼采看来，克服同情是一种“高贵美德”，如此，人就可以抵御诱惑，安定本心，“保持任务的高度，不受许多低级而短视的冲动的影响去做无私奉献的举动”。① 帕尔默强调她并不是在同情斯特兰奇，这点毋庸置疑——带着红酒奶酪前来慰问并不代表同情心泛滥，或是可怜斯特兰奇的心理作祟，一般人在朋友遭遇车祸后都会这么做。更何况，在急救室成功挽救生命并坚持自己的品性，并不比斯特兰奇的研究工作更低贱。问题的关键在于斯特兰奇（和尼采一样）错把爱意当作同情，因为这两种感情对他而言都很陌生。

尼采也说过，虽然自由的精神更向往独自飞翔，但是他们不一定非得如此。尼采崇尚爱，爱是生活的重要部分。他说，如果没有爱，“我们的灵魂就会干涸，失去所有爱人的能力”；而当一个人停止爱别人，他就会忘了如何爱自己——这何尝不是在说斯特兰奇？尼采还写道，被智慧的人所爱是件多么美妙的事，“过于智慧的人急需婚姻，尽管他们抗拒婚姻就像抗拒苦药一样”。② 他没有说明具体原因，只

---

① Friedrich Nietzsche, “Ecce Homo,” in Ridley and Norman (eds.), *The Anti-Christ*, *Ecce Homo*, *Twilight of the Idols and Other Writings*, 69 - 151, at p. 79.

② Nietzsche, *Human*, *All Too Human*, 150 - 151.

是表示有个优秀伴侣在旁提出建议，对人有所裨益。帕尔默的想法的确与斯特兰奇迥然不同，她会跟他说哪怕失去了工作，生活“依旧是生活，还没有到山穷水尽的地步。总会有别的东西让你的生命充满意义”。

30 斯特兰奇还没有做好准备接受现实，因为他依然迷恋过去的光环，按照尼采的观点，这估计还有些不妥。不过在谈论自恋之前有必要先指出，尼采不会对斯特兰奇医生的自我主义（egoism）有任何意见。他提过，有了自我主义才会有爱，“你必须坚定地依靠自己，你必须勇敢地用自己的双脚稳稳站立，才能真正去爱”。[1] 帕尔默和斯特兰奇完全拥有爱的能力：他们都依靠自己立身处世。两个人聪明又理智，不会被激情冲昏头脑，也不会依赖对方来填补生活的空虚；不会沉迷于充满占有欲的游戏，也不会利用对方达成目的。以此看来，他们理应具备建立美好关系的素质（重点在“理应”）。

自恋

可惜斯特兰奇太过于依靠自己，奋力随着环境变易而改变自身。他的自恋成了阻碍：对于“神经外科圣手”这个形象的热爱使得他完全无法想象去过不一样的生活。帕尔默请他考虑新生活，去寻找生命的其他意义，这个提议却令他反感。尼采应该会赞成帕尔默，他借查拉图斯特拉之口说：“你必须做好准备用自己的火焰燃烧自己：没

① Nietzsche，“Ecce Homo，” 105.

有浴火成灰，如何成为新的你?”①斯特兰奇还没有准备好燃烧作为神经外科医生的那个自己——然而，要成为“超人”，这是必经之路。查拉图斯特拉说:“我爱那些不愿意保全自己的人。我用全部的爱去爱那些走向没落的人，因为他们正在去向另一个世界。”②虽然斯特兰奇已经就绪，准备通过尚在试验阶段的技术治疗双手，“去向另一个世界”，但是他的意图在于做回曾经的那个自己，而不是创造全新的自己。

自恋也是导致斯特兰奇发生车祸的根本原因。他自认为是不可战胜的超人——想想他的才智和手术的高超本事，这份自信并不是毫无来由。他只是太自信了，把所有警告都抛之脑后，一边飙着兰博基尼 Huracán Coupé 超级跑车，一边还悠然翻看着病例文件。他终究不是超人，犯了常人的错误，导致车毁人伤。最终失控的不只是他的超跑，更是他的脾气与人生。

查拉图斯特拉说“人是一种应该被超越的东西”。③ 同样的意 31
思，帕尔默也对斯特兰奇表达过(尽管换了种说法)，可他并不感兴趣。进入卡玛泰姬前，莫度警告他要忘了所有自认为知道的事物，他也不曾听进心里。古一法师告诉他可以帮助他“调整灵魂，更好地治愈身体”时，他依然没有听进去，直到被古一扔过几个时空维度，又被赶出门，只戴着一块碎表在街上待了五个小时，他才真正折服——却也只是因为别无选择了。

---

① Nietzsche, *Thus Spoke Zarathustra*, 90.

② 同上，217。

③ 同上，41。

尼采认为，最好的朋友应是能给人以挑战和动力的。查拉图斯特拉建议，想要成为一个好朋友，“对他来说，你就要是瞄向超人的一支箭和一种憧憬”。① 朋友以一种特定的方式将我们推向更大的成就和抱负，没有他们，仅靠我们自己显然无法做到。朋友给人带来挑战，必要的时候，他也是敌人，“如果你想要一个朋友，你必须愿意为他而战；若是要战斗，你必须能够做个合格的敌手”。② 朋友也应多加注意，不要表现出同情，“把你对朋友的同情藏在坚硬的外壳下，硬到能嗑碎你的牙，如此，你的同情才具有甘美的味道”。③ 古一法师的举动表明她深谙这一道理（比帕尔默更了解）——她将斯特兰奇扔在珠穆朗玛峰上，冰天雪地之中，他要么死去，要么就奋力自救。事实证明，斯特兰奇需要的就是这种看似严酷的挑战，只有这样才能突破他给自己设定的限制。

那些没能杀死我的，让我变成奇异博士

尼采最有名的一句话大概就是“那些没能杀死我的，让我变得更坚强”。④ 或许这个咒语无法对所有人都奏效，但确实适用于奇异博士。车祸没有杀死斯特兰奇，反而带来了一连串事情，逐步将他引向卡玛泰姬；珠穆朗玛峰的冰雪没有杀死他，反而让他学会用悬戒开启

---

① Nietzsche, *Thus Spoke Zarathustra*, 83.

② 同上，82。

③ 同上，83。

④ Nietzsche, “Twilight of the Idols,” 157.

火花粒子传送门。尼采也面临不少健康问题：癫痫、呕吐和瘫痪困扰着他。他说自己是个“可怕的负担”，可即便如此，他直面命运，并告诉医生：

> 若非在这种挣扎和几近绝对克制的状态下我完成了最具启发性的心理与道德研究，我早就放弃了。我愉悦地渴望着知识，这份心情将我带到了可以战胜一切折磨和绝望的高处。①

另一封信中，他写道：“疾病是我最大的福音，解除了我的束缚，给了 32
我做自己的勇气。”②

斯特兰奇对双手的状态表现不出此等激情，但他似乎正逐渐开悟，特别是在发现可以利用暗物质来修复双手并回到过去的生活后，他感悟得更深了。他最终选择了另一条道路，与其他法师一起对抗卡西利亚斯和多玛姆——这样他就不用费心思解释这双手是如何“奇迹般”恢复的；或者他发现，要是自己不留下帮忙，地球就会被黑暗维度吞噬，就更加做不回神经外科的老本行了；又或者他开始觉得神经外科医生这个职业也没有那么好，至少比不上至尊法师。希望真正的原因在于他渐渐意识到还有其他东西能赋予生命价值，比如运用自己的能力救助他人，而不只是救自己。

用尼采的角度看，古一是奇异博士的好朋友，电影中的很多角色也都是，他们尤其擅长刁难这位新手法师。莫度告诉奇异博士必须

---

① Fuss and Shapiro, *Nietzsche: A Self-Portrait from His Letters*, 51.

② 同上，114。

战斗，仿佛生死攸关般地去战斗，此时他便扮演了敌人的角色——他知道，生死之战总有一天会到来的。王则对奇异博士的笑话无动于衷，并质疑对方的智慧只是他自己的错觉。听到对方回复“大家都觉得我很风趣”时，王只说了一句话：“他们都是你的下属吧？”

正如查拉图斯特拉所敦促的那样，奇异博士的所有新伙伴都以不同的方式帮助他超越自己，克服自恋，并“变强”。[1] 好朋友的使命之一就是揭露令人不快的事实。好朋友帮你从各个方面琢磨你的存在，观察到一些可能处于你盲点的东西。帕尔默不会点名道姓说斯特兰奇是个混账，不过她暗示过他的自我主义，说：“史蒂芬，全世界都在围着你转。”他发脾气时，她也不会忍气吞声，而是把他公寓的钥匙扔到厨房桌上后便转身离去。古一法师也毫不犹豫地对奇异博士说，他有个“过度膨胀的自我”，自恋阻碍他实现真实的伟大，并说：“你傲慢，害怕失败，导致你对最简单也最重要的事情一无所知。”即“生命的意义不在于你”。

古一为他呈现了浩瀚宇宙的未知事物，以及比他更重要的事物，
33 此时斯特兰奇才开始摆脱以往，重塑自我。过去，他的技术和研究能救成千上万条人命；现在他成为法师，将为拯救整个地球和地球上的数十亿人而战斗。不过他做了这个选择到底是由于拯救世界更能满足其自负心理，还是因为他真的明白了这世界并不是围着他转？电影对此语焉不详。也许电影想表达的就是，他用这种超乎想象的方式拯救他人，同时也救赎了自己。

---

① Nietzsche, *Thus Spoke Zarathustra*, 231.

共同的更高渴望

尼采认为,好朋友通过“对高于他们的理想的一种共同的更高渴望”①,帮助彼此成为更好的人。保护人类就是将斯特兰奇和新老朋友们维系在一起的那个共同理想。古一劝他“放下你的自我,真正的力量就会释放”,诚然,当他看向外界,把重心从关注自身转移到保护地球时,的确释放出强大的力量。电影最后,斯特兰奇似乎正视了帕尔默的话,对她说:“你说过失去双手并不是什么世界末日,也可能是个开始。”她回道:“是的。毕竟还有其他拯救生命的方式。”而后亲吻了他的脸颊,目送他离开——暂时地。尼采质疑爱情和友情无法共存,不过帕尔默和奇异博士大概能够做到,只要他们能抽出拯救世界的时间去约会——这可以用作续集的剧情!

---

① Friedrich Nietzsche, *The Gay Science* (Cambridge: Cambridge University Press, 2001), 41.

4

奇异博士与存在主义、虚无主义和生命的意义

保罗·迪戈里奥

至少从表面上看,《奇异博士》讲的是一位天才医生受伤严重,然后在尝试恢复的过程中掌握了神秘法术并帮助人类抵御异界恶魔的故事。然而,可能更具内涵也更重要的是,这部电影展现了一个人哲学观点的深刻转变。随着剧情推进,我们看到史蒂芬·斯特兰奇经历了一次奇妙的存在转化(existential conversion),他对生命意义和存在意义的看法发生了根本转变——影片开头,他认为生命除了科学用途之外毫无意义,但是到最后,他意识到自己的选择和决定赋予了生命丰富的意义和价值。

奇异的开场

刚开始,斯特兰奇的哲学观点主要有三个特征:经验性(empirical)、实用性(practical)和科学性(scientific)。这种基于观察

的科学世界观很实用，至少能用于从理论层面解释诸多现象，让他得以成为一名杰出的医生。

这类综观视角虽然适用于大部分情况，但也受限于自身的科学经验主义。它假设唯一“真实”的是那些能够被观察到的事物，用科学家或哲学家的形容就是“物质的”（material）或“物理的” 36
（physical）。作为其支持者，斯特兰奇必须否认灵体或灵魂等科学无法观察到的事物的存在，而且他也无法在科学范畴之外有条有理地探讨事物的价值或意义，就连物理的事物也不行。

这种“物理主义”（physicalist）观点很适合这位杰出外科医生的工作领域，但同时也让他自我膨胀，过分在意自己的专业名誉。他告诉帕尔默医生：“我的研究将在未来几年拯救成千上万的人。而在急救室，你也就救救带枪的醉汉！”①一开始，斯特兰奇极度自信于自己的新研究，以及研究所依托的纯粹实证的理念，所以看不上同事和他们的工作。他认为自己在实验室能把前沿医学向前推进，与之相比，在急诊室里救个别几条生命又有多大意义呢？可惜除了他自己，只有寥寥几位先驱也意识到了这一点，至于所有不认可这种观念的人，一律入不了他的眼。

的确，在影片开头的时候，斯特兰奇表现出了非常明显的优越感。举个例子，有次他飙着超级跑车去参加一个演讲活动，一边风驰电掣般穿梭在车辆之间，一边还和同僚通着电话，驳回了一个又一个病例，理由是不够复杂，没有难度，不值得浪费时间和精力。那个时刻他选择了不帮助甚至不拯救生命，生命似乎对他来说无甚价值，也

① 所有引用对话均来自2016年电影《奇异博士》。

无甚意义——想想他这个职业天性要求救死扶伤，这就显得讽刺了。

那次飙车以严重的碰撞结尾，他的手遭到了毁灭性损伤——受损的还有他的高傲自尊。在另一位医生拒绝为他做尚在实验阶段的手术后，斯特兰奇终于在自己身上体会到了他过去高高在上、极端自我的态度给别人带去的那种挫败感。有史以来第一次，他发现自己无法操作手术，但“斯特兰奇医生”这个金字招牌很大程度上就来自他精湛的手术技巧，他也由此获得了巨大的优越感。“失去工作，我的生活……”他对帕尔默说，后者接道，“……依旧是生活。这不是世界末日，还有其他事情可以给你的生命带来意义。”对此，他愤然反问道：“比如什么？你？”很显然，斯特兰奇的眼里只有自己。他就像一根绷紧的弦，一端系着医学，一端系着他自己。

37 他被迫调整自己的认知，因为现实让他尝到了不被重视的滋味——他曾拒诊的病人乔纳森·潘伯恩一度拒绝透露脊椎损伤的康复经历，不过最终他还是得到了对方的帮助，被告知要去加德满都寻找古一法师。潘伯恩的例子暗示了斯特兰奇的未来，在身体得到治愈后，他可能会经历一些彻底的改变。而在得到治疗前（很大程度上通过哲学层面），他必须认识到——然后超越——自己非本真的科学表象。

自欺与悖论

如果斯特兰奇真的坚信生命除了科学用途之外没有任何真正的意义，又为何如此以自我为中心，如此这般只重视自己呢？换言之，他的自负是如何与他那“不可观察者不重要”的科学原则相统一的？

一方面，作为科学共同体的一员，斯特兰奇当然在推动科学进步；但另一方面，他个人想法活泛，所以过着存在主义哲学家形容为“非本真”的生活：他根本没有那么坚信自己所说的那些价值观。大致观察他的行为处事可以发现，要么他确实无法照单全收自己宣称信从的观念，要么就是行事风格导致他显得虚伪罢了。

关键是，他似乎只是在“扮演”一名杰出的医生，而角色背后还是那个以自我为中心的斯特兰奇。他与帕尔默争吵过后启程去寻觅治疗双手的方法，这一路上更凸显出了这种非真实感。在当时的状态下，用存在主义哲学家让-保罗·萨特（Jean-Paul Sartre，1905—1980）的话说，很显然斯特兰奇活在“自欺”（bad faith）里。萨特认为，人之所以会自我欺骗，是因为形成了错误的价值观，从而背叛了真正为自己做选择的自由。① 他相信自欺的人会随波逐流，希望通过这种方法避开可能发生的改变。这说的不正是斯特兰奇吗？因为他并非全心遵循自己的世界观，所以他可以既做个冲动的自我主义者，同时又否认生命的意义和价值。

斯特兰奇是“自欺”的，毋庸置疑，在卡玛泰姬他表现得更加明 38
显。起初，他对古一法师不以为然，过分坚持从科学的角度认知现实，正是这种科学的观念成就了他这个知名医生。莫度建议他“忘记一切”自以为了解的事情，此话成了耳旁风，他依然固执地认定自己才是了解世界本质的人，存在的都是物质的——却忘记了科学已经

① Jean-Paul Sartre, *Being and Nothingness*, trans. Hazel Barnes (New York: Washington Square Press, 1984), 93.

认定他的伤不可治愈。古一意识到，斯特兰奇已经被他自己的理念逼得走投无路：

> 你一直通过锁孔看世界。你一生都在尝试把这个洞弄得更大些，想要见识更多，了解更多，可是如今你知道了它能以超乎想象的方式拓宽，你却拒绝这种可能性。

斯特兰奇反驳称，他不相信“什么脉轮或能量的童话故事，也不相信什么信念的力量”。他亮明了自己的观点：“根本不存在灵魂！人类是物质的，仅此而已。你也不过是这宇宙中一粒微小而无关紧要的尘埃罢了。”这番话正好体现了古一为何用锁孔来比喻斯特兰奇的理念，因为他对现实的理解完全拘泥于科学理论，就好像通过窄小的锁孔向外窥视无边世界。

在自欺中，斯特兰奇像个自我主义者一样处事，而在其世界观中，人类——包括他自己的——生命微不足道。他这个人真正追求的并非科学价值，而是名与利，因而对于不能给他带来名利的其他说法（如锁孔论）不屑一顾。斯特兰奇只是“扮演了一名医生”，骨子里并没有什么职业观念，正如古一对他说的那样，遇到看待问题的新角度，他却“拒绝这种可能性”。萨特对自欺的人有类似的描述，称这类人会固执地活在谎言里。反观斯特兰奇，他便是陷入了科学和自我主义的悖论，彷徨于二者之间。

科学虚无主义与存在焦虑

斯特兰奇所坚持的科学理念认为，没有确凿证据能证明灵魂、超自然或形而上之类的有形可观世界之外的东西真实存在。这种实证世界观并无明显的不妥，毕竟它帮助斯特兰奇攀上了外科事业的巅 39
峰。然而它也将斯特兰奇引向了否定万物意义的虚无主义。他意识到，如果接受科学为自己的一切，那么他的生活便毫无意义——但他想要过得有意义，所以面对这个不值得的世界，他以自身学识为傲，并培养强烈的自我意识。

不过这依然不是真实的斯特兰奇。古一发现他的自我主义并非本真，是虚假的，说“你太小看你自己了”（尽管电影在此之前展现出的斯特兰奇医生与这个评价截然相反）。无论斯特兰奇表现得多么傲慢自大，古一都相信他其实并不重视自己的想法，也正为过度的焦虑情绪所困扰。哲学家海德格尔将这种存在焦虑归因于人类意识到自己被困在了本身无意义的世界里。① 像斯特兰奇这样的人对此会感到剧烈的痛苦，但他们必须知道，唯一的出路就是创造自己的意义。

诚然，从科学角度的确可以解释无数物理过程的原理，却无法解读人类——也就是存在——的意义或价值。激进的虚无主义者甚至

---

① Martin Heidegger, *Being and Time*, trans. John Macquarrie and Edward Robinson (New York: Harper & Row, 1962), 230 - 231.

指控说，除了人类“编造”的东西，其他任何都毫无意义。综合的科学世界观和对科学的虚无主义解读并不等同，不过一些哲学家已经将二者联系在了一起。例如，尼采认为，极端科学观将不可避免地导致虚无主义。他说科学会排斥“灵魂”，因此这种科学提供不了真正的教育，而只能沦落为无意义的奴役。①

斯特兰奇的例子明确体现了过度严苛的科学理想所带来的负面作用。根据他早期的观念，即使存在本身最终也被认定为没有意义，那么由此推断，所谓的生命在哲学或存在价值层面也势必毫无意义。斯特兰奇是痛苦的，因为他要与自己深沉的虚无主义世界观做斗争…… 不过，很快就会好转了。

40 迈向存在的第一步最艰难

在《奇异博士》中最迷幻的一组镜头里，古一给斯特兰奇展示了实实在在的证据，逼着他通过亲眼所见来思考形而上真实的存在。后者的理念的确因此发生了巨变，慢慢从过度还原性的科学现实观——最终演变成了科学虚无主义——变为能够包容甚至操纵神秘和无解事物的现实观。

斯特兰奇开始领悟到，存在或许有其意义和价值，但这些意义和

---

① Friedrich Nietzsche, *The Anti-Christ*, *Ecce Homo*, *Twilight of the Idols*, *and Other Writings*, ed. Aaron Ridley and Judith Norman (Cambridge: Cambridge University Press, 2005), 188.

价值只有在科学虚无主义之外方能找到。不过，开窍的第一步首先是克服矛盾的自我心理。古一告诉斯特兰奇，不是所有的事情都有意义，也不是所有的事情都必须有意义。她说："你靠自己的聪明才智获得了成功，但到此为止了……放下你的自我，真正的力量就会释放。"她似乎有些自相矛盾，毕竟她曾说斯特兰奇太小看他自己了。这个悖论的关键在于，斯特兰奇在某方面对自己评价过高，即他的自我主义；在另一个方面又对自己评价过低，即他的虚无主义。

要找到出路，斯特兰奇需要向存在主义（existentialism）转变。他不仅学会了掌控身体，还把握了视野之外的无限可能性和奇迹，这超越了他以前所知道的一切，令他明白并非所有事情都能用科学解读。用更存在主义的方式说，他在经历了焦虑之后终于理解意义需由自己创造。古一让他放下自我，去看清他在大业中是多么微不足道——她并不是虚无主义者，只是斯特兰奇必须先放下自我，才能摆脱他对科学虚无主义的依赖。他必须意识到，能赋予他生命意义的只有自己的选择，而不是科学教材。

应当注意到，斯特兰奇习练法术，得以凭空制造武器和空间门的片段，突出了人类存在自身的创造力和法术施用之间的相得益彰。法术真的让他做到了"无中生有"，显然他正在慢慢体会并接受自己哲学观念的转变。若没有迈出这一步，没有开始远离科学虚无主义， 41
他不会费心去学这些法术，毕竟科学的观念里没有法术或巫术。而一旦脱离了科学世界观的局限，他就能以前所未能的方式认识意义和价值。

斯特兰奇对抗卡西利亚斯

随着斯特兰奇越来越熟练地掌握能力，他必然会接触到善恶之间的形而上斗争。从科学的角度来说，这种善与恶的划分对作为医生的他和他以前秉承的科学观点来说是超纲的；从存在主义的角度来说，作为该领域的新人，斯特兰奇的意识正在萌芽，他明白是自己的选择和决心定义了他，赋予了他生命的意义——特别是当与电影中的反派卡西利亚斯做对比后。

在电影的一段著名对话中，卡西利亚斯向斯特兰奇宣扬他对善恶形而上斗争的看法。有趣的是，卡西利亚斯的话就像是不久前斯特兰奇医生的看法："万物皆会老。万物皆会亡。最终，太阳黯淡，宇宙冰冷，走向灭亡。"他认为生命真的没有任何意义，不过有一个重要的前提：卡西利亚斯最终认定生命无意义，是因为生命不会永存，这令他与斯特兰奇在虚无主义的路口走向了不同的方向。

卡西利亚斯还有一点与斯特兰奇不同：他能下狠手杀害无辜的人。"时间消灭一切。"他对奇异博士说。后者反问道："那你消灭的那些人呢？"卡西利亚斯答："微不足道。不过是宇宙中微小而无关紧要的尘埃罢了。"斯特兰奇移开目光，意识到了他过去也曾说过这样的话，而且在某种程度上，卡西利亚斯就是曾经的他。

这是两个截然不同，但又并非完全对立的人。可以说卡西利亚斯是个另类的存在主义者，他试图操纵现实以避开虚无，但只是为了永生。他表现出注重选择和个人自由的存在主义倾向，却仍未完全超越虚无主义的思维方式。对永生的渴望将使卡西利亚斯堕落成邪恶的存在主义者。可目前的问题不在于他看重选择和自由，却在于他往往受到虚无主义有关意义和价值观念的影响而做出某些糟糕透顶的选择。

斯特兰奇的犹豫 42

斯特兰奇抵抗卡西利亚斯，凭借强大的法术护卫了纽约圣所，而后他发现自己陷入了两难境地。他应该用所学法术治愈身体然后离去，还是做个努力拯救世界的英雄？

几次和敌方交手之后，斯特兰奇再次见到古一，他突飞猛进的水平令对方感到惊讶。在圣所保卫战中，他也是抵抗卡西利亚斯一派的核心力量。似乎没人曾指望他能如此认真地对待这场法师之战，但现在无人不知他的重要分量。

不过斯特兰奇有过犹豫。他对古一法师表示过想要退出这场纷争，因为他不希望像在刚刚的打斗中那样再杀人了。他说，自己是个医生，医生的职责是救人而不是杀人。可以发现，他远比从前更加看重自己的选择，但古一点明他依然没有完全摆脱旧想法。她纠正他道，他做个医生只是为了救一个人，就是他自己。类似的说法莫度也提过，他说斯特兰奇没骨气，自以为是个英雄，但实际上只救了自己。

斯特兰奇面临着一个攸关自身生命意义的选择。如果他离开同阵营的这些法师伙伴，他就选择了自己，放弃了人类，也就是说，他生命的意义就将拘于自我保护和提升名望以强化自我。如果他留下来帮助队友对付多玛姆，保护世界和人类，那他就选择了相信意义和价值并不在简单的自我保护中，而只在对自我选择和决定的忠诚与信心中——尤其是那些为他人服务的选择和决定。

古一临终前的一番话帮他解除了存在困境。她说时间是相对的，未来没有其他可能性，无论发生什么，最终都会来到她即将死亡的这一刻。但是她看不透斯特兰奇的未来，只能窥见一丝可能性，这再次坚定了他对存在的新认识。“你可以成为一个出色的人，”她说
43 道，还说因为他害怕失败，所以他在事业上很成功。斯特兰奇说这种恐惧助他成为业内顶尖医生，古一却说“这正是你不够出色的原因。你傲慢，害怕失败，导致你对最简单也最重要的事情一无所知”。她没有点破，所以斯特兰奇问道：“……哪件事？”“生命的意义不在于你。”她答道。

这与她第一次见斯特兰奇时对他的评价截然不同，当时她说斯特兰奇“太小看自己了”。为什么会有这个转变？就像她教导“放下自我”一样，关键在于斯特兰奇必须完全摆脱以自我为中心的理念，才能找寻到真正的意义。有人将存在主义与自负绑定在一起，但这是不准确的。大多数存在主义者的核心思想是本真，即自由地为自己选择。斯特兰奇的情况则是，他曾经过着完全非本真的生活，一方面否认生命的意义，另一方面又以为自己的生命是最有意义的。

最终的转折点

虽然斯特兰奇一开始秉承着几乎是虚无主义的观念，认为生命没有意义，但到电影结尾时，他已经可以遵从真实想法自由地做出更有力、更有效的选择和决定。总的来说，他经历了一系列转折，从否认存在的意义开始，到最后总结出存在——包括定义存在的种种真切行为和选择——代表一切。

斯特兰奇智胜多玛姆所用的方法具有强烈的存在主义意味。他使用了阿戈摩托之眼（Eye of Agamotto），强行带着多玛姆循环时间。这呼应了尼采作品中一个贯穿始终的观点。尼采曾谈起一个经常被称为“永恒轮回”的思想实验。在其中一种设计中，他写道：

> 如果某天或某晚，一个恶魔偷偷潜入你内心最孤寂阴暗的角落，对你说：“你这辈子，这么些年，到头来还得再活一遍，两遍，三遍，无数遍。”你难道不会瘫倒在地，然后咬牙切齿地诅咒说话的这个恶魔？或者，你有没有一瞬间激动地想说：“我的神啊，再没有比这棒的话了。”①

尼采在思考，如果人们知道自己的每个决定都会一遍又一遍地重复， 44

① Friedrich Nietzsche, *The Gay Science*, ed. Bernard Williams and trans. Josefine Nauckhoff (Cambridge: Cambridge University Press, 2001), 194.

会对他们的选择有怎样的深刻影响。换言之，如果早知将经历这种无尽轮回，我们可能会做更有意义的选择，可能会用更多时间思考自己的想法是否出于本意，而不是把我们的自由和可能性看作微不足道的小事。

斯特兰奇通过无尽循环迫使多玛姆投降，这证明他已经完全投向了存在主义阵营。他威胁多玛姆说如果再不收手，就将这场对峙永远重复下去。显然，这不仅需要极大的勇气，还需要完全认可——存在层面上的真实认可——自己的选择。

斯特兰奇决定留下来和伙伴们对抗多玛姆，拯救全人类，这也呼应了萨特关于普适法令（universal decree）的概念。萨特写道，当一个像斯特兰奇这样的人做了选择时，他实际上为每个人都做了选择，如此便生成了一条普适法令。① 萨特说，在做决定前，我们应该体验一下关于做何选择的经典存在主义焦虑感，确保做出本真的选择，做出我们希望任何人站在我们的角度都要做的那个选择。

电影的后半段，斯特兰奇正是处于这样的境地之中，一想到退出这场战斗就感到痛苦不安。他选择留下来保护大家不仅是为自己，也是为了全人类，因为他希望其他人在这种情况下也会做出同样的决定。他已经摒弃了只在乎自己的旧理念，转而专心于自己的自由和责任。如此，斯特兰奇不仅看清了自己，也看透了世界，他挺身而出与多玛姆对决，通过这种强有力的选择来寻找意义和价值。

① Jean-Paul Sartre, "Existentialism Is a Humanism," in *Existentialism: From Dostoevsky to Sartre*, ed. and trans. Walter Kaufman (New York: Meridian, 1975), 292.

以存在主义定义奇异博士

在电影结尾，斯特兰奇已经摆脱了令他痛苦的虚无主义，开始从存在主义的角度认识生命和世界。他的转变令人想起萨特所宣扬的一种存在主义中心思想，即“存在先于本质”。① 存在，以及存在的选择和可能性，定义一个人并赋予生命意义和价值。萨特认为，人的所作所为比“出类拔萃的外科医生”这样的自我定义更重要，也就是说，比起外科医生的头衔，更关键的是你作为外科医生会选择做什么。 45

在电影开头，斯特兰奇坚持用科学解释现实，认为科学能提供关于各种事物本质的真理，小到氢原子，大到人类和宇宙。这种偏向本质的思维方式导致他走向虚无主义。但是到结尾，斯特兰奇抛弃了对事物本质的老式科学思维，开始关注自己的存在。他确信自己的存在不再渺小或微不足道，即便在存在主义层面它确实短暂。承认了存在的这种短暂性之后，斯特兰奇就能够超越过去的自我主义，做出更有力、更有意义的选择。就这样，至尊法师彻底重新定义了自己，成了存在主义至尊。

① Jean-Paul Sartre, “Existentialism Is a Humanism,” in *Existentialism: From Dostoevsky to Sartre*, ed. and trans. Walter Kaufman (New York: Meridian, 1975), 289. 克尔凯郭尔和海德格尔等其他哲学家已经提过这个想法，但是萨特用了他特定的语言进行构思。

第二部分

『忘掉你自以为知道的一切』

5

“在黑暗中穿过球体”①：奇异博士与求知之旅

阿蒙·布德罗

在早期的一卷漫画中，誓要消灭所有法师的反派角色“银匕首”(Silver Dagger)曾闯入圣所，意图杀死奇异博士并绑架他的保护对象兼爱人克莉(Clea)。他用超能力穿透奇异博士的护体法术，然后将自己的标志性武器——银匕首(这些疯狂的法师猎人，给他们自己起的名字太没有创意了!)——刺入这位至尊法师的背部。判定对方已经气绝后，“银匕首”拿走了阿戈摩托之眼，顺带挟走了克莉，想要让她“迷途知返”，摆脱奇异博士的“邪恶影响”。

奇异博士试着用阿戈摩托之球(Orb of Agamotto)占卜“银匕首”和克莉的方位，正当这颗水晶球显现出“银匕首”的头像时，头像

① 本章标题为“Through an Orb Darkly”，是首卷直接以“奇异博士”(Doctor Strange)命名的漫画的标题。作为参考，《圣经·新约·哥林多前书》中有一句话，英文版记作“For now we see through a glass, darkly; but then face to face”(我们如今仿佛对着镜子观看，模糊不清。到那时，就要面对面了)，其中“through a glass, darkly”及其变体被多次运用在电影、书籍、音乐等文艺作品中。本章标题或许便是其中之一。——译者注

变成了头骨，随之伸出的触手把奇异博士拖入球中。他落在阿戈摩托领域(Realm of Agamotto)的表面，只有一条叼着水烟的巨型毛毛虫朝他打招呼，它口吐人言道："我不是幻象……我是真实的！"与此同时，它还告诉奇异博士这是一个"非现实"的世界。毛毛虫的话指向了关于知识和现实本质的问题，这个问题引人深思，而且以这样或那样的方式贯穿了奇异博士的所有经历。这些问题要通过认识论(epistemology)来回答——认识论是哲学的一个分支，探索的是我们能够知道什么，为何我们认为自己知道该事物，以及我们是如何知道的。这些答案将帮助我们理解史蒂芬·斯特兰奇的奇异世界。

50

你如何知道？

认识论的一个主要任务是定义世界上最可靠的知识源，人们就能根据这个知识源头相信他们所认定的真实。以掌握医学和人体解剖学的斯特兰奇为例，斯特兰奇熟悉脑干结构，能够轻松定位脑桥、延髓等不同部位，早在成为至尊法师之前就凭借对人类神经系统的扎实知识拯救了许多生命(当然，那时他还是个傲慢的混蛋，不过毕竟人无完人)。病人信任他的专业知识和手术水准，因为他们早已耳闻他的名声，也可以检验他的资历，但认识论者可能会问，史蒂芬·斯特兰奇医生究竟是如何知道那些他声称自己熟知的人体解剖学知识的？

大卫·休谟(David Hume，1711—1776)和约翰·洛克(John Locke，1632—1704)等一些专注于研究认识论的哲学家是经验主义者（empiricist），他们认为人类知识主要来自感觉经验（sense experience）。比如，斯特兰奇的医学知识主要就来自他的感知。因为在成为神经外科医生之前，斯特兰奇必须先去医学院，通过阅读解剖学和生物学相关书籍、向教授和其他学生请教以及解剖尸体等各种方式培养外科医生的素养，而在这些经历中，他都是通过感觉体验获得知识，包括视觉（阅读）、听觉（参加讲座）和触觉（手术实践）。

但是按照经验主义者的观点，斯特兰奇通过感觉经验掌握的不仅限于医学知识——从纯粹经验主义的角度来说，人类所有的知识归根结底都是通过感知获得的。我们出生时都只是一块白板（tabula rasa）或一张“白纸”（blank slate）（用约翰·洛克的话来说），上面的知识都是感觉经验“书写”的。随着年龄的增长，越来越多的新经验将越来越多的知识写在我们的思想“表面”。斯特兰奇早在还不是医生的时候就开始用感官学习一切，这个过程一直延续到他成为至尊法师的当下。

多数人可能都认为自己是经验主义者，毕竟俗话常言“眼见为实”，现代社会很大程度上以该信念为基石，让人们相信感知。法院
凭借物证和监控给嫌疑人定罪；无论哪个专业的学生都要像斯特兰 51
奇一样读课本、听讲座并实践。用于检验假设的科学方法也确实依赖科学家的感官观察。但是经验主义作为一种知识理论其实并不完美，如果我们被经验主义的逻辑牵着走，可能最终什么结论都得不出！

想象你是一个纯粹的经验主义者，请试着证明你可以相信你的感官。你现在拿着一本书吧（要我说，一本相当不错的书）。你怎么知道它在你手里？你会说“因为我能感觉到它，也能看到它”。好吧，

但是请证明你可以相信你的眼睛和手指所告诉你的这些——除了宣称自己看到或感觉到它，你恐怕很难给出其他证明。也许可以问朋友是否看到了你手中的书，于是她说"对，我当然看到了"。但是你怎么知道朋友看到了书——就因为她刚刚这么告诉你了？那你怎么知道是她告诉你的？你清楚是因为你听到了她的声音。再进一步想，你究竟又是怎么知道她那个人就在那里的呢？

眼见并不为实

有了经验主义，很多事情便有了解释。史蒂芬·斯特兰奇医生得以在手术台上修复受损神经，他那"最棒的胡子兄弟"（Awesome Facial Hair Bro）①托尼·史塔克得以制造出钢铁盔甲，人们也得以造医院、轿车、计算机，治愈疾病，打击犯罪。经验主义是许多理论的支撑，却无法证明人们可以全然信任自己的感官，而假若经验主义者无法相信自己的感官，他们就可能陷入迷茫，怀疑自己是否真的对外物有丝毫了解。

在逃离阿戈摩托之球的过程中，奇异博士似乎体会到了纯粹经验主义的这种迷茫。毛毛虫的话使他质疑自己的感官，不过他还是选择相信对方，去中心寻找出路。在穿行这个奇异维度期间，

---

① 这个称呼出自托尼·史塔克本人。在一部漫画中，托尼举着手不断示意奇异博士击掌庆祝。两人蓄着同款髭须，在对方无奈击掌回应后，托尼便高兴地叫他"最棒的胡子兄弟"。——译者注

他直面一个又一个认识论难题，比如，关于这里的所见所闻，他能汲取什么信息？球内世界如此诡异，让他不禁怀疑起自以为知道的一切。

而当他在球内遇到了现实世界的人物时，事态变得愈发复杂。52
他先是碰到了银影侠（Silver Surfer），银影侠没有认出他，倒是对他的困境表示同情，并引导他去了“白女王”（White Queen）城堡。在城堡里，奇异博士遇到了更多表现得如陌生人一般的朋友，包括鹰眼（Hawkeye）、野兽（Beast）、浩克（Hulk）、蜘蛛侠（Spider-Man）、纳摩（Namor）、尼克·弗瑞（Nick Fury）和瓦尔基里（Valkyrie）。即便知道这些在城堡里大吃大喝的人只是单纯长得像他那些现实世界的朋友，他依然惊叹于这种相似感：“不可思议——简直不可思议！要不是我明白自己还在球里，我绝对会以为这就是我的那些朋友！”①这一次奇异博士又险些被感官蒙骗，毕竟这些复制品几乎完美复刻了真人的形象，幸亏他清楚不能相信自己的眼睛和耳朵，所以并没有上当，反而彬彬有礼地向这些假货表达了无法留下一同用餐的歉意，随后继续赶路。

这一幕足以让许多纯粹经验主义者对所谓的现实真相感到绝望。确实，如果人类的感官会像奇异博士在球内遭遇的那样遭受蒙蔽，那何时才能真正相信自己的感官呢？如此看来，除了感官体验，我们还需要一些别的来了解球内的事物。

---

① *Doctor Strange*, vol. 2, #2 (August 1974)，收录于 *Doctor Strange Epic Collection: A Separate Reality* (2016)。

走近理性主义者

与经验主义相对的是理性主义（rationalism）。需要明确的是，称某些哲学家为“理性主义者”，并不代表他们比其他哲学家更占理或更明智。理性主义之所以得名，是因为它强调理性在认识行为中的作用：若说经验主义者认为我们的认知源自感觉经验，那么理性主义者则强调我们的认知全部始于理性。

举个例子，如果你像哲学家戈特弗里德·威廉·莱布尼茨（Gottfried Wilhelm Leibniz，1646—1716）和巴鲁克·斯宾诺莎（Baruch Spinoza，1632—1677）一样是理性主义者，大概你会认为自己之所以掌握数学真理，并非得益于实证经验，而是因为数字就是天赋观念（innate idea）——从出生起就根植在脑中的概念。因为拥有天赋观念，所以你一旦理解了“二”“四”和“加”这些词的意思，就必然知道“二加二”等同于“四”，而没有必要去找现实中成双成对的例子，
53 再把它们组合起来进行检验；身为理性主义者的你相信，在没有感觉经验的情况下也能够认识数学事实。

数学原理只是理性主义天赋理念中最常见的一个例子。不妨再来想象一个情形，某天银影侠来到圣所警告奇异博士，称灭霸（Thanos）已经集齐所有无限宝石（Infinity Gems），顷刻间就会让所有宇宙生命湮灭。接着新星（Nova）也冲进房间，说毁灭博士（Doctor Doom）才是手握无限宝石的人，他不满足于统治拉托维利亚（Latveria）了，因此正打算用这些宝石制霸宇宙。过往经验让奇异博

士相信银影侠和新星都值得信赖，但他必定也明白两人中终究有一人是错的。也就是说，虽然他信任两个伙伴，但他并不相信这两个逻辑相悖的故事。哲学家为此起了一个有趣的名字：不矛盾律（Law of Non-Contradiction），即一种说法不能既为真亦为假。换言之，“灭霸拥有无限宝石”和“毁灭博士拥有无限宝石”这两种说法不能同时成立，因为它们是矛盾的、互斥的。这点显而易见，因而这个概念通常也会被理性主义者划入天赋观念的范畴，他们认为这些天赋观念是人类头脑中生来就编写好的程序，可以帮助人们解决生活中的逻辑难题。

在无法依靠经验主义的情况下，理性主义或许是个不错的替代方案，但是它依旧没能真正解决奇异博士在阿戈摩托之球中的困境。奇异博士已经表现得足够理性主义了，既没有完全依赖感官认知事物，也没有把目光停留在表象（其实多数经验主义者也都知道，不能只看感觉经验的表象）。因此，即便天赋观念提供了一种矫正极端经验主义的潜在方案，奇异博士还是需要数学和不矛盾律之外的更多力量为他导航。

笛卡尔来救场

要探讨奇异博士如何在球内获取真实可靠的知识，我们需要向笛卡尔求助。笛卡尔不认同他之前那些古典和中世纪哲学家的认识论观点，因为他们在理性和感觉经验之外还严重依赖神启（divine
revelation），他不认为这种认识论能为十七世纪早期高速发展的新 54

科学提供支持。在《第一哲学沉思集》(*Meditations on First Philosophy*)中，他开始探索一种能够契合所有知识的坚实基础。[①](这并非不切实际!)

研究伊始，笛卡尔以“激进怀疑”(radical skepticism)的态度系统地对他曾经相信的一切事物提出质疑，最后发现人们的确不应该全然信赖任何通过感官经验得到的认知，因为感官是会像奇异博士在球内遭遇的那样受到欺骗的。因而他怀疑起几乎完全建立在经验性证据基础上的现代科学，并引发了“对所有事物的质疑，尤以物质为甚，只要人们无法提供当今经验证据之外的其他依据来支撑科学，这份质疑就不会停止”[②]的论断。他甚至怀疑自己的感官——也许他其实并没有坐在房间的壁炉旁，而是在床上做梦呢？毕竟梦里有许多真假难辨、光怪陆离的事情。那么，既然他能在梦里被蒙蔽过关，相信梦里发生的事情是真实的，他又如何证明自己当下并不是在做梦呢？

笛卡尔还想到，他也许确实醒着，却是身在一个错谬的世界里(就是阿戈摩托之球那样的世界)。或者更糟，他可能是在恶魔制造的幻觉中。单从理论层面说，这个恶魔迷惑人的功夫十分到家，所以他认定的一切其实都是假的。《第一哲学沉思集》中共有六个沉思，而在第一个沉思中，笛卡尔几乎就颠覆了所有人们自以为了解的事物。

笛卡尔倒不是个哲学怀疑论者，他只是觉得怀疑能够很好地帮

---

① René Descartes, *Meditations on First Philosophy*, ed. John Cottingham (Cambridge: Cambridge University Press, 1641/1996).

② 同上，9。

助他摒弃那些没有确切依据的认知，“它最大的好处在于让我们摆脱所有先入为主的观点，用最简单的方法让头脑不受感官影响”。① 在清除了那些无法真正确定的“先入为主”的观念后，笛卡尔希望用无可置疑的理论进行填充，从而探索到知识的基石。

我思，故我是奇异博士

笛卡尔通过内思找到了他探寻的基础。他说服自己去怀疑世间
万物，从地球、天空到己身之躯，但接着他就会遇到一个无法撼动的 55
真实，那就是他自己的存在（更准确地说是他的思维）。笛卡尔要怀疑任何事情，首先他自己必须存在：

> 我曾试图让自己相信世界上没有什么是绝对存在的……那么岂不是我也不存在？绝不；既然我能让自己相信某样事物，那么毫无疑问我是存在的……所以，在仔细审视所有这些后，我必须得出这样的结论，即我在，我存在，无论何时我说出或在心里想到这个命题，这个命题必然都是真的。②

笛卡尔或许会对自己说，“我不能确定这个世界存在”，而这么做便是

① René Descartes, *Meditations on First Philosophy*, ed. John Cottingham (Cambridge: Cambridge University Press, 1641/1996).

② 同上，16。

间接地证明了自己的思维的存在，毕竟有了思想家才能产生思想。这似乎对任何理论主张都适用，不过笛卡尔认为这尤其适合用于证明“我存在”，并用哲学有史以来最著名的一句话作为总结：cogito, ergo sum，即“我思，故我在”（I think, therefore I am）。简而言之，笛卡尔会怀疑宇宙万物，但他不可能怀疑自己的存在。

“我思，故我在”中的“我”不是指笛卡尔这个有特定身高、体重和外貌的十七世纪法国人，而是笛卡尔的思想，也仅仅指他的思想。笛卡尔并没有轻易地认定躯体的存在，因为他对躯体的全部认识都来自感官经验，而他费尽心思希望向我们表明的正是我们有理由怀疑自己的感官经验。因此，他可以理直气壮地相信和信任的只有自己的思想。

笛卡尔的一系列怀疑和发问引向了身心二元论（mind-body dualism）观点，这种观点将人类划分为两种截然不同但密切相关的实质：身体和心智。包括笛卡尔在内的二元论者认为，心智是非物质的，是“思考的主体”，是我们自身的无形部分，而我们的身体（包括大脑）则是我们的有形实体。许多哲学家对二元论持怀疑态度，他们无法理解像思维这样完全没有实体的主体如何与躯体这样的纯实体相互作用，但无论如何，奇异博士必然是支持二元论的，因为在他以星灵形态离开身体时，他的思维与躯体就离开了彼此，这种操作必须要以身心二元论的成立为前提。

56 奇异博士穿越阿戈摩托之球的这一路就像是一场思想的旅行，仿佛笛卡尔在《沉思集》中所经历的那般。先是由吸水烟的毛毛虫给他种下怀疑的种子，使他学会了怀疑球内的一切事物，所以在遇到老朋友银影侠和绿巨人时，他明白他们只是足以以假乱真的幻象。他拒绝和这些假冒英雄们共进晚餐的行为惹恼了他们，双方为此大战了一场，对方还扬言要杀死他。可想而知，奇异博士对这些假冒品的举动感到恼火。他施咒阻止他们的同时也在思考自己的“我思，故我在”，正如旁白所说：“‘杀了他？’法师听到的是真的吗？不可置信，他捏手诀阻止他们靠近——但他们也做出了有力的回击！这里没有什么值得相信——除了相信自己！”①奇异博士通过这趟怀疑之旅，似乎抵达了笛卡尔曾到达的目的地。他可以怀疑周围的事物，但即便周遭的确全是幻象，他也不能质疑自己正在经历幻象这件事，因此他必然是存在于世上的。

击溃笛卡尔的恶魔

虽然奇异博士因为这个认知而不至于陷入绝望，但他仍没有厘清阿戈摩托之球里什么可以相信，什么又不能相信。幸运的是，笛卡尔也为这个问题提供了备用方案。在第二个沉思的最后，笛卡尔几乎完全摧毁了所有曾经相信的事物的存在根基，而他唯一确定的也只有自己的思想存在了，至此，他的认识论实验似乎宣告失败，因为他沉思的主要目的本应是为所有知识提供牢固的基础，而不是摧毁它们。那么，他如何从自己的存在推理出人类感官可信，并证明以上他所怀疑的一切确实存在呢？如果回答不了这个棘手问题，笛卡尔就会沦落成唯我论者(solipsist)的拥趸，认定人类无法了解自己思想

① *Doctor Strange*, vol. 2, #2.

之外的任何事物。但是，就像奇异博士用法术脱离困境一样，笛卡尔也提出了一种避开唯我论的巧妙方法，不过为了便于理解，让我们先回到理性主义者的天赋观念上。

像许多其他理性主义者一样，笛卡尔支持天赋观念，而且他还认
57 为，天赋观念不可能是虚构或想象，必定符合现实实在（formal realities），比如数学原理和不矛盾律。尽管我们自知思维存在且数学事实是真实的，但是这些尚不足以让我们信任感官，万一我们居住的世界和阿戈摩托之球的世界一样充满幻象呢？

不过情况也没有那么糟，因为笛卡尔找到了让我们可以相信感官的理由。人类的天赋观念除了数学原理之外，还包括关于上帝的观念，而上帝是那样一个无限完美又仁慈的存在。笛卡尔认为所有天赋观念必定与真实事物相对应，由此他总结上帝必然存在，然后利用上帝的存在来证明我们能够相信自己的感官。

不对啊……笛卡尔所指的"上帝"难道不可能是恶魔吗——就是他在第一个沉思中想象出来的那个丝毫没有仁慈之心，邪恶如多玛姆和梅菲斯特（Mephisto）的恶魔？笛卡尔的"上帝"难道不可能是个骗子？笛卡尔回答说：不，上帝从定义上来说就是一个无限完美又仁慈的存在，因为欺骗是一种不完美的行为，所以上帝不可能是骗子。因此，我们必然能够相信自己的感官。

笛卡尔的推理受到了许多哲学家的批判。有些人反驳说，人们关于上帝的观念并非如笛卡尔所想的那般天生存在，或者，即使人们生来就带着对完美上帝的信仰，也并不意味着完美上帝真的存在。无论笛卡尔关于上帝存在的观点正确与否，无论其与感官知识有何关联，此处最有趣的其实是奇异博士穿越阿戈摩托之球这一路与笛

卡尔《沉思集》沉思之旅间的高度相似性。前者在“非真实”世界里的穿行正呼应了后者的前两个沉思，决定奇异博士认知的关键人物球内世界之神在《沉思集》中也有对应的角色，诸如此类。

以阿戈摩托之眼之名！

笛卡尔凭借上帝来证明人类可以确切了解知识。虽然很多人怀疑或否认现实世界中存在上帝，但毫无疑问，漫威宇宙（Marvel Universe）中绝对有个名叫“上帝”或“无上超然者”（One-Above-All）的造物神。①

针对奇异博士在阿戈摩托之球内的认知困境，无上超然者大概 58
也帮不上忙，但是漫威宇宙里还有其他神灵，比如三位一体神维山帝（Vishanti）的其中一位，阿戈摩托。他被称为“全知”（The All-Seeing），是奇异博士的法力和许多法器的力量之源，创造了可以驱散幻觉并揭示事物真面目的护身符阿戈摩托之眼。② 拥有“全知”称号的阿戈摩托正是奇异博士在球内的终极知识来源。

没有读过《奇异博士》后续故事的人很容易错过阿戈摩托的出场，但随着情节渐渐明朗，可以发现他其实就是奇异博士最先在球内

---

① 更多关于漫威宇宙诸神的信息，参见 Adam Barkman, “‘No Other Gods Before Me’: God, Ontology, and Ethics in the Avengers' Universe,” in Mark D. White (ed.), *The Avengers and Philosophy: Earth's Mightiest Thinkers* (Hoboken, NJ: John Wiley & Sons, 2012), 183-193。

② *Strange Tales*, vol. 1, #115 (December 1963), “The Origin of Dr. Strange,” collected in *Doctor Strange Epic Collection: A Separate Reality*.

遇见的生物——那只吸着水烟的毛毛虫。该故事第一期的最后三格漫画为揭秘毛毛虫的身份埋下了第一个伏笔：毛毛虫消失时曾告诉奇异博士说“我会一直看着你”，随后身影淡去，最终只剩下一个光点，就像一只眼睛。①

这条毛毛虫仿佛更像《爱丽丝梦游仙境》(*Alice in Wonderland*)里的角色，而不像笛卡尔所信仰的基督教上帝(或漫威宇宙的无上超然者)，但是他的确与这二位一样拥有神的特性，比如创造了这个球内世界。阿戈摩托与笛卡尔的无限完美上帝不同，他并不是纯善的。② 尽管如此，也不妨碍他成为奇异博士在穿球之旅伊始关于球内世界唯一的真相来源，他的引导也是奇异博士逃出球外的唯一依靠。要知道，奇异博士一开始想当然地以为回去的路就是来时的路，还是听了阿戈摩托的提示才得知，深入球的中心才能找到真正的出路。

阿戈摩托说话晦涩难懂，时而夹枪带棒，不过字字为真。其实他在帮奇异博士整理可信和不可信知识的时候，和笛卡尔描述的上帝一度非常相似，奇异博士因此得以逃离阿戈摩托之球并回到现实世界。在现实世界中，(希望)知识和真理会更加确切。

---

① *Dr. Strange*, vol. 1, ＃1 (June 1974)，收录于 *Doctor Strange Epic Collection*：*A Separate Reality*。阿戈摩托以毛毛虫的形象出现过数回，可见 *Doctor Strange*, *Sorcerer Supreme* ＃43 (July 1992)，收录于 *Doctor Strange*, *Sorcerer Supreme Omnibus Volume* 2 (2018)。

② 最近为了从奇异博士那里取回阿戈摩托之眼，阿戈摩托伪装成了古一并一口咬定是奇异博窃取了这个护身符。(*New Avengers*, vol. 2, ＃1～6, August 2010—January 2011，收录于 *New Avengers by Brian Michael Bendis*：*The Complete Collection*, *Volume* 6, 2017。)

球 外

我们知道什么？我们如何知道？我们为何相信自己知道的事物？这些是哲学中几个最难的问题。从哲学诞生起，人们就一直在与这些问题较劲，许多思想家已经尝试提供了一些理论来指出我们 59
可以确切知道的东西。部分哲学家总结说，我们的认知是有局限的，于是其他人不得不挑这些硬骨头啃，就像塞缪尔·约翰逊（Samuel Johnson, 1709—1784）反驳了乔治·贝克莱（George Berkeley）关于物质不存在的观点。关于知识有各种各样的理论，但没有一个能够即刻解答每个人关于知识的不同问题，因此奇异博士——还有我们——在未来几年就有更多机会通过漫画和电影来探索这许多的可能性。

6

禁忌的知识与斯特兰奇的德性：无关乎知识本身，而在于求知方法

图马斯·W. 曼宁

有些知识真的就该被划分在禁区内吗？在 2016 年发行的电影《奇异博士》中，有一本《卡里奥斯特罗之书》(the Book of Cagliostro)被视为黑暗法术禁书。卡西利亚斯就试图用书中的咒语打开通向黑暗维度的大门从而实现永生，因为黑暗维度里没有死亡，唯一可怕的副作用就是地球毁灭。莫度说，《卡里奥斯特罗之书》中有一些违背自然法则的咒语，而他们这些法师都发过誓，要不惜一切代价保护自然法则，所以使用这些咒语无论是出于何种好意，在他看来都是无法接受的。但对于古一法师来说，正是《卡里奥斯特罗之书》的咒语帮她成为“古老的”存在——她利用书中知识从黑暗维度汲取力量，获得远超正常寿命的年岁，并在这么多些年里一直保护着人类。同样，奇异博士也是利用这里的知识粉碎了多玛姆的威胁。

但是知识究竟是什么？什么可能导致知识成为一种禁忌？要了解这个问题，我们需要走进奇异的认识论领域，也就是致力于研究知识的一个哲学分支。本章将从认识论的角度探讨古一过去和现在的

四个法师学徒：乔纳森·潘伯恩、卡西利亚斯、莫度和斯特兰奇（这位必须有）。不过，我们并不妄图弄清他们各自都了解哪些法术，而是关注他们如何习得法术。渐渐地我们会发现，王法师说的那句话再 61
正确不过了："在卡玛泰姬，知识都不设禁，但有些知识是不能付诸实践的。"①

"这根本说不通……"

"禁忌知识"(forbidden knowledge)这个概念深深植根于集体意识。在《圣经》中，亚当和夏娃（也就代表了全人类）在诱惑下违背了上帝，偷食了智慧之树的果子，从而被驱逐出伊甸园。在希腊神话中，普罗米修斯从众神处盗走火种给人类，因而被处以永生永世的折磨。但是这些故事并未点明什么知识会被视作禁忌，或由何人来做评断。显然，要定义这些知识的内容（或应该指向的内容）远不如惩罚普罗米修斯那个巨人来得直截了当。文学家罗杰·沙塔克(Roger Shattuck)在自己的书《禁忌的知识》(*Forbidden Knowledge*)中写道："这个领域太分散了，包罗万象，至今还没能有个成型的体系和理论。"②

事实证明，哲学家们要回答这个问题也不容易。一方面，因为

---

① 所有引用对话均来自 2016 年电影《奇异博士》。

② Roger Shattuck, *Forbidden Knowledge: From Prometheus to Pornography* (New York: St. Martin's Press, 1996), 327.

《卡里奥斯特罗之书》的部分内容可能招致灾难，比如召唤多玛姆会让地球毁灭，所以似乎应该把这本书和其中的内容都封禁；但另一方面，它的一些咒语可以为奇异博士和古一法师这样的人所用，扭转乾坤，那么封禁这些内容似乎就显得不明智了。或许应当允许人们去接触某些能带来有益结果的知识，让他们形成相应的认知——这就是传统认识论方法，关注的是如何证实和评估信念，并将这些信念作为分析、评估和证实的对象。

《奇异博士》用不同的方法展现了这一点。古一多年来收集了大量的知识，其中一些被保存在卡玛泰姬图书馆她的私人藏书中。现任图书管理员王向斯特兰奇解释说："那些书只有至尊法师才看得懂。"不过这些年来，古一把其中一些知识传授了给她的学徒们，包括卡西利亚斯、莫度、乔纳森·潘伯恩，还有奇异博士。

62

奇异的认识论德性

俗话说，关键不在于你懂得什么，而在于你认识谁。从德性认识论(virtue epistemology)的角度来看，这个说法就需要微做调整：关键不在于你懂什么，而在于你如何求知。德性认识论把重心从传统的观念本身转移到产生观念的人身上，并且认为观念的生成方式更为重要，须得通过理智的德性和恶性(vices)。

德性认识论的思想很大程度来自亚里士多德的伦理学内核。亚里士多德认为，善业(virtuous action)不仅需要达到预期结果，还必须通过正确方式和正当理由达成。① 更详细些说，有德性的人一举一动都是出自良好德性，这些个性特征表明他们拥有卓越的道德感，并往往会带来好结果。德性居于两个极端的“中庸”(golden mean)之处（比如，勇敢就处于怯懦和冒进这两个极端的当中）。采取这种伦理学方法并将其转化为认识论，就得到了德性认识论，它关注的是用来有效获取知识、形成信念的智德。

德性认识论有两种主流方法：可靠论（reliabilism）和责任论（responsibilism）。② 前者主要依托的是敏锐的视力或敏锐的听觉，即通过靠谱的认识能力提供准确（且可靠）的知识，从而形成正确的认知信念，正如斯特兰奇在卡玛泰姬训练时夸口的，他之所以能成为世界知名神经外科专家，还得感谢自己强大而可靠的照相记忆能力。责任方法论则是依托责任感来善加运用认知。③ 反派人物或许也能依靠惊人的观察感知能力得到可靠的信息和信念，但反派之所以是反派，就是因为他们会利用这些认知信息作恶，而不是负责任地（或有道德地）使用。在电影中，即便我们认可卡玛泰姬的新学徒有非常可靠的认知能力，前车之鉴也展示了这种能力或许很快就会被用来满足一己之私（如潘伯恩），或被引向歧途（如卡西利亚斯）。

---

① Aristotle, *Nicomachean Ethics* (350 BCE)，可见 http://classics.mit.edu/Aristotle/nicomachaen.html。

② 更多信息，参见 Heather Battaly, "Virtue Epistemology," *Philosophy Compass* 3/4 (2008): 639 - 663，以及 John Greco and John Turri, "Virtue Epistemology," in the *Stanford Encyclopedia of Philosophy*, available at https://plato.stanford.edu/archives/win2016/entries/epistemology-virtue/。

③ 正如爬在网上的一位知名德性认识论者所说，“能力越大，责任越大”。（该句出自斯坦·李创作的《蜘蛛侠》漫画。——译者注）

可靠论重实用性，责任论则看重获取知识的伦理方面，强调人不仅要掌握知识本身，其获得知识的方式更要合乎德性（知识运用的合
63 理性又是另外一个点了）。当代哲学家詹姆斯·蒙特马奎特（James Montmarquet）提出，要实现这种意义下的认知德性，三种性格因素可以起到积极作用，分别是：公正、勇气和妥善均衡这二者的能力。① 公正即"开放思想，积极交流，互相学习，不妒不偏，并主动承认自身错误"②。如此看来，这与初见古一时的斯特兰奇的性格几乎截然相反，当时的他完全抗拒去想象存在一个超出自身认知的世界。（而且对自己的愚昧一无所觉！）

勇气——或更具体地说，智勇（intellectual courage）——是指：

> 自愿思考和研究小众的观念，并在他人的反对下仍持之以恒（直到确信自己大错特错），以及……自愿检查甚至主动寻找证据来反驳自己提出的假说。③

显然，斯特兰奇一开始在这方面的分数也堪称垫底，毕竟他是这么对古一说的："我花光最后一分钱买了这张单程票……你现在跟我说靠信念来治愈？"第三种德性是前两者的结合，它的重要性在于"前两者分别关注的是均衡理智人格的两种截然相反的方面，但这两方面分量相当"。④ 所以斯特兰奇需要通过卡玛泰姬的训练开发新思路，同

---

① James A. Montmarquet, "Epistemic Virtue," *Mind* 96(1987): 482-497.
② 同上，484。
③ 同上。
④ 同上。

时对旧想法保持信心，负责地将新旧知识整合到一起。

“终于，我找到了我的导师”

电影描述了卡西利亚斯、莫度、乔纳森·潘伯恩和斯特兰奇四个人的人生历程——他们都曾遭遇不幸，带着破碎的心灵和受伤的躯体寻找可以挽救他们糟糕境地的知识。虽然四人都是古一法师的学生，但他们最终选择了不同的方向。

我们从乔纳森·潘伯恩开始说起吧。潘伯恩曾脊柱受损，导致胸部以下瘫痪，不过在向古一学习了一段时间后，他便奇迹般恢复健康了。斯特兰奇找上他时，他说卡玛泰姬的训练带他进入了全新的境界，最后身体痊愈。直到后来，斯特兰奇才从古一那儿得知，潘伯恩其 64
实是通过直接将维度能量导入身体来实现康复——更直截了当地说，他用法术在走路。由此看来，潘伯恩的德性认知力似乎只限于可靠层面，他在卡玛泰姬接受的训练最终也只是满足了他自己的需要。

接下来谈谈卡西利亚斯。他和别人一样有悲伤的过往，家人离世后，他来到卡玛泰姬寻找慰藉。可惜的是，他似乎不幸被“这个世界不需要死亡”的歪理洗脑了。卡西利亚斯的思想中有理智的勇气，但是他有失公正，当斯特兰奇问他：“那你消灭的那些人呢？”他说那些人不过是“宇宙中微小而无关紧要的尘埃罢了”，跟他要追寻的终极目标比起来微不足道。

这让我们想到莫度，他已经成为卡玛泰姬的正式法师，说明他拥有理智的德性。然而，有两段言辞表明他的思想有些过激，没能达到理想“中庸”的德行。首先，他批评斯特兰奇过度追究古一法师来历的行为时说，“相信你的老师……也不要迷失你自己”，这句话展现了他自己僵化的认知。其次，谈论卡西利亚斯的性格时他说，“他骄傲、固执，他质疑古一，甚至拒绝她的教导”，暴露了自己对权威人士的盲目依赖。此外，他对斯特兰奇没有充分的耐心，让他“不要再问了”，表明他缺乏公正心。

直到电影落幕，莫度也没能展现出理想的认知德性。得知古一法师一直在用《卡里奥斯特罗之书》的咒语从黑暗维度吸取力量，他大为震惊。即便仍在与卡西利亚斯一众生死交战，他依然花了一些时间来消化这个事实：“这是真的。她确实从黑暗维度中获取了能量。”后来，莫度勉强同意去帮奇异博士守卫香港圣所，但他也说自己受够了法术：“是呀……我们成功了……但也违反了自然法则……我们打破了规则，像她（古一）一样，那就迟早会付出代价。这是注定的。”莫度在坚持信念等方面表现出了理智的勇气，但是有些过度了。他似乎也是不撞南墙不回头的性子，这点跟卡西利亚斯几乎如出一辙。

65 斯特兰奇符合认知的德性吗？

现在再来看斯特兰奇。在他还是世界知名的神经外科专家斯特兰奇医生时有不少缺点，但是也展现出了很多理智德性，尤其是他可靠的过目不忘的记忆力，他由此得以同时获得临床和研究双医学博士学位。不过，莫度在看到斯特兰奇施展《卡里奥斯特罗之书》中的咒语后直说：“你刚才那下光靠过目不忘可做不到。”电影更早些时候，斯特兰奇推断一位看似脑死亡的病人其实只是脑部中弹，因子弹未着弹衣导致铅中毒才出现了假死症状，而这个推断显然不是靠背诵就能得出的。这部电影很明显为斯特兰奇安排了许多可靠的认知德性——简而言之，他是个出类拔萃的人。

斯特兰奇在第一次见古一法师后才意识到自己看世界的角度太狭隘，卡玛泰姬的新手训练使他拓宽了视野，而他的进步不仅令王感到吃惊，也出乎古一的意料。在与卡西利亚斯和狂热者的战斗中，他依然坚守了立场。只是在使用了书中咒语而受到莫度和王的斥责，并被告知施咒的危险后，斯特兰奇似乎想要退出这些纷争了，他说："好，我退出……我来这儿是为了治愈双手，不是为了什么法师之战而奋斗的。"

话虽如此，他还是参与了许多场战斗来试验自己新掌握的法术，但是直到见证了古一的逝去，他才理解了最重要的真相。无论过去作为神经外科医生时有多么优秀，在法师之路上进步多么迅速，按照古一的话说，他还是受到了一些因素的阻碍。

> 古一：你可以成为一个出色的人。你一直都很优秀，但不是因为你渴望成功，而是因为你太害怕失败了。
>
> 斯特兰奇：所以我成了一个成功的医生。
>
> 古一：这正是你不够出色的原因。你傲慢，害怕失败，导致你对最简单也最重要的事情一无所知。
>
> 斯特兰奇：……哪件事？
>
> 古一：生命的意义不在于你。

古一跟斯特兰奇说他可以走潘伯恩那条老路，单纯用法术治好 66

自己，然后回到过去的生活——但那样的话，“这个世界会因此而缺少一块”。斯特兰奇没有这么做，说明他比潘伯恩在认知上更合乎德性，特别是在获取和使用知识时，他能更深入地意识到自己肩负着巨大的责任。

古一向斯特兰奇交代了生前最后一番话，解释了自己为何会用《卡里奥斯特罗之书》中所谓的禁忌内容：她深知这些内容蕴含的风险，但同时也看到这些力量能被善加利用，服务于大业。暂且不谈道德，回到认识论方面，我们可以看到斯特兰奇自此不仅收获了新信息，而且已经完成他的转变：“不是‘斯特兰奇先生’，也不是‘斯特兰奇法师’——请叫我‘奇异博士’。”古一先是赞赏了奇异博士的灵活应变，接着提醒他需要善加利用莫度的协助来打败多玛姆，强调只有将两种智德很好地结合起来，他才能真正合乎德性。

奇异的结尾

古一的学生没有一个表现出完美的智德，不过奇异博士是其中将公正和智勇结合得最均衡的。此外尚有很多问题有待解答，最关键的问题是，就算斯特兰奇成功展现了他的德性，长远来看这又意味着什么？正如亚里士多德所说的（他说这话的时候，古一大概还不能被称为“古”），只有一次合乎德性的行为是不够的，真正有德性的人自始至终都依靠德性处世。德性不是一种成就，它是一种生活方式。只有时间——和电影续集——能检验奇异博士是否真的掌握了这最重要的一课。

7

奇异博士——苏格拉底式英雄?

查德·威廉·蒂姆

无论是让变异蜘蛛咬一口,接触放射性物质,还是注射超级士兵血清,都不足以造就英雄。诚然,艾德曼合金制成的钢爪、装载推动器的盔甲和眼睛射出的夺命镭射光束赋予了我们喜爱的超级英雄超乎常人的能力,但要拥有真正的英雄气概(true heroism),他们必须做出抉择——站出来带领正义一方对抗漫威宇宙中的邪恶反派。

至尊法师奇异博士便是走了这样一条英雄之路,这让我们得以将他和史上最重磅的英雄式哲学家联系在一起。他选择学习法术并决心追寻智慧,端正行为,改进社会,便是选择了一条由苏格拉底(Socrates,公元前 469—前 399)这位最早的哲学家兼英雄在两千多年前就宣扬的路。究竟"成为英雄"这个抉择和苏格拉底有什么关联?哲学家的人生就是英雄式的吗?究竟存不存在所谓苏格拉底式英雄(Socratic Hero)?

智谦——谁做到了？

苏格拉底认为，哲人一生中要承认自己的无知，要审视自己的生活，要追求智慧和正直的行为，还要勇敢地向生活方式相似的邻居抗议。① 唔，在两千多年前的雅典，苏格拉底自己就是这样活着。很多
69 人看不惯他，控告他腐蚀青年人的思想，而且不信奉城邦所敬的诸神，反而另敬假神，他们审判他并定下罪名，最终苏格拉底被处死。②

苏格拉底式英雄主义的基石是理智的谦逊，即自知无知和承认错误。德尔斐的神官（Oracle at Delphi）告诉好朋友凯勒丰（Chaerephon）苏格拉斯是全雅典最聪明的人，苏格拉底否认说："我太清楚自己一无所知，大事小事都不知。"③他的智慧和哲思来自他一心思考重要哲学问题并不断提问、找寻答案，这些问题包括什么是智慧、德性和美丽。对苏格拉底（和苏格拉底式英雄）来说，回答问题

---

① 苏格拉底曾说过：如果我们习惯肉食，如果我们的邻居也养成了类似的习惯，我们就需要向邻居宣战以守卫牧场，因为我们自己的牧场尚不足以维持我们的生活。出于同样的原因，我们的邻居也会需要对我们宣战。（If we pursue our habit of eating animals, and if our neighbour follows a similar path, will we need to go to war against our neighbour to secure our pasturage, because ours will not be enough to sustain us, and our neighbour will have a similar need to wage war on us for the same reason.）——译者注

② 苏格拉底的审判在六段对话中有所记录。参见 *The Trials of Socrates: Six Classic Texts*, ed. C. D. C. Reeve (Indianapolis: Hackett Publishing, 2002)。

③ 同上，33。

的关键在于保持谦逊，承认自己的无知。①

奇异博士身上找得到"谦逊"之处吗？在成为至尊法师前，史蒂芬·斯特兰奇是个丝毫不懂谦逊为何物的神经外科医生，甚至应该说他自我、傲慢。一场车祸毁了他的生涯，但在那之前，他一直以自我为中心，崇尚物质主义，就像电影里同事克里斯汀·帕尔默对他说的："史蒂芬，这个世界都在围着你转。"②斯特兰奇医生愿意接手的事情要么能给他带来名，要么是利。有一次他就对同事说："我也可以给你的研究项目帮忙，而且费用优惠，只要你答应把我们研究出的疗法以我的名字命名。"③他没有无知的自觉，也不承认自己会犯错，反而说："我必须是最优秀的那一个……最出色的！不然……我什么都不是！"④这个斯特兰奇怎么看都不是苏格拉底式英雄——直到那次改变他人生的事故，迫使他不得不直面自己知识的局限性。

智慧与巫师

否认了神官关于他的那番看法后，苏格拉底踏上寻找智慧的旅途。他展现出理智的谦逊，没有接受神官的判断，而是打算以质疑应

① 参见 I. F. Stone, *The Trial of Socrates* (New York: Doubleday, 1988)。(这本书是关于这场审判的现代文本，与上页脚注②中收录的古本记录不同。)

② 所有(没有注明引自漫画的)对话均来自 2016 年电影《奇异博士》。

③ *Doctor Strange*, vol. 1, #169 (June 1968)，收录于 *Marvel Masterworks: Doctor Strange, Volume* 3 (2007)。

④ *Strange Tales*, vol. 1, #115 (December 1963), "The Origin of Dr. Strange," collected in *Marvel Masterworks: Doctor Strange*, Volume 1 (2003).

对所有的假设，只认可由逻辑、理性和证据支撑的真实。在自知无知的同时，他开始质疑那些自认智慧的人。在遭受腐蚀青年人思想和另敬假神的指控前，他已经让不少雅典赫赫有名的大人物丢了脸面，并因此小有名气。

70 苏格拉底坚持用理性和逻辑解读周围的世界，他用了一种系统的方法来试探那些自认智慧的人，这种方法就是我们所说的“苏格拉底问答法”。首先让对方定义智慧，说明凭借什么认为自己是智慧的，然后追问并指出对方的逻辑错误。苏格拉底说：“说到智慧，最有声望的人往往是最不济的，自视不高的却往往表现更佳。”①据他总结，那些自认有智慧的人其实一点也不聪慧。在电影里，斯特兰奇初到卡玛泰姬，古一法师便很快估量出了斯特兰奇的斤两。

苏格拉底在提问了一位自视聪明的人后，说道：

> 我比那个人更有智慧。我们都对事物不甚了解，但是他把无知当有知，而我呢，因为确实无知，所以很有自知之明。②

苏格拉底认为，得到智慧的第一步就是承认自己无知。一旦做到了，就可以出发去向拥有某些方面智慧的人学习——决定去卡玛泰姬寻求古一帮助的史蒂芬·斯特兰奇最终做到了这一点。是严重的手伤逼他看清自己的知识能力很有限，但真正接受这个事实并不容易，他也并没有为这种新认知感到高兴。相反，即使处在濒临崩溃的状态

---

① Reeve, *Trials of Socrates*, 33 - 34.

② 同上，33。

下,他依然傲慢自矜,这点从他对治疗师说的话中可见一斑:“你老实回答我,本科高才生,你听过谁神经受损这么严重,还能用这个办法康复的?”一直到他抵达卡玛泰姬,见识到古一的本事,他才意识到自己是无知的,也就是从这时起,他的智慧之旅真正启程了。

苏格拉底知道人类知识有限,因此穷其一生谋求智慧;史蒂芬·斯特兰奇傲慢自大,反倒认为智慧唾手可得,就因为他自信比任何人都精通自己的领域。苏格拉底质问那些号称聪慧的雅典人,古一也质问斯特兰奇。古一告诉他过度的自信让他无知于自己的无知,她说,“你一直通过锁孔看世界”,这样“看到的只是一部分,你看不清整个世界”。莫度也说了类似的话,让他“忘了所有自以为知道的一切”。漫画中同样提到了这个话题,古一对斯特兰奇说:“来自西方的 71
小伙,别只用眼,还有其他那么多方法可以看。”①

古一带他接触法术世界,让他了解到法师的重任,对抗随时可能穿越维度而来的恶魔并保护世界。漫画中,宇宙的活化身“永恒”(Eternity)告诉奇异博士:“你已经掌握了打败敌人的诀窍了!拳头才不是唯一的制胜之道!需要找到解决这大事小事的关键……智慧就是关键!”②接受“永恒”的指导和建议后,奇异博士意识到“我真的有了最强大的力量……这是所有力量之源……我有了知识的馈赠!”③从和古一的第一次会面开始,奇异博士认识到自己的无知,愿

---

① *Doctor Strange*, vol. 1, #169.

② *Strange Tales*, vol. 1, #138 (November 1965), “If Eternity Should Fail!,” collected in *Marvel Masterworks: Doctor Strange*, Volume 1.

③ *Strange Tales*, vol. 1, #133 (June 1965), “A Nameless Land, a Nameless Time!,” collected in *Marvel Masterworks: Doctor Strange*, Volume 1.

以一生寻找智慧，所以他开始向一个苏格拉底式英雄靠拢了。

博士，审视你自己！

能不能做到理智的谦逊，能做到几分，靠的就是不断地自我审视，也就是仔仔细细地反省自己、回味社会和传统，对自己的想法和角度提出疑问，并只在用理性和逻辑得出结论后才行动。为了扩大锁孔，一个人首先得意识到自己是在透过锁孔向外看。苏格拉底认为，哲人之外的每个人都以为自己所感知的就是真实，但在他看来，只有天堂才存在完完全全的真实。① 为了学习智慧、德性和美丽的真实，苏格拉底式英雄必须超脱自己，深入地反省。

古一有番话颇具苏格拉底式英雄风范，那时她对斯特兰奇说："思维，孩子，是最真实的领域！控制了思维……也就彻底控制了它的主人！"②斯特兰奇最初并不相信这点，而是更依赖用科学知识了解世界，他也常常困惑："我到底是科学家——还是迷信下无助的牺牲品？"③电影里，他第一次意识到自己的无知是因为和古一的见面，古一为了回应他那句"我们不过是这宇宙中一粒微小而无关紧要的尘埃罢了"而把他的星灵形态打出躯体时，他初次探访了"灵魂脱离

① 苏格拉底在对话录《斐德罗篇》(*Phaedrus*)中竭力描述了灵魂和普遍真理的不朽，他指出当一个人见证美，或经历真正美好的事物时，那份美和美好是灵魂在天空中所感受的普适意义的美和美好的一种表现。

② *Doctor Strange*, vol. 1, #169.

③ 同上。

身体后所在的地方"。在星灵形态被打出又拉回躯体后,斯特兰奇询问古一为何这么做,她说是"为了告诉你未知的东西太多了"。古一的这个举动让斯特兰奇真的"掉了魂",他也因此开拓了全新的视野, 72
可以透过前所未能想象的崭新锁孔审视自己。

根据苏格拉底的想法,这点是审视人生的关键——他主张,未经审视的人生根本称不上人生,并且说:

> 每日讨论美德,还有你们听到的我与别人谈论、省察过的各种话题,是最正确的事,因为未经审视的人生是不值得过的。①

和古一的会面让斯特兰奇选择了不断去研究和自我审视。1963 年出版的交代奇异博士起源的故事里写道:

> 然后就开始了!一天又一天,一周又一周,月复一月,年复一年,奇异博士不停地研究沉寂多时的法术!渐渐地,他变了…… 渐渐地,他的人生有了更深刻的意义……慢慢地,他为即将到来的大战准备着,这些战斗的赢家只会是奇异博士,黑暗法术大师!②

有了理智的谦逊和学习的热情,奇异博士踏上了苏格拉底英雄之路。

---

① Reeve, *Trials of Socrates*, 55.

② *Strange Tales*, vol. 1, #115, "The Origin of Dr. Strange."

为他人挺身而出的至尊法师

"准"哲人们固然重视理智的谦逊，认真审视人生，不过苏格拉底式英雄主义内含的社会性还要求他们必须关注外界。苏格拉底相信人们需要寻找智慧，保持良好的德性，而且他相信这种自我省察的人生会推动人们帮助他人，毕竟他曾说过："最重要的不是活着，而是好好活着……好好活着就是正直地活着。"①

所谓好好地、正直地活着，意味着要努力对社会进步做出贡献。苏格拉底深爱家乡雅典，也深深爱着雅典的人民，甚至甘愿豁出性命向他们提出质疑，就是希望让他们各自审视生命。在受到带坏青年和信仰假神的指控后，他本可以道歉的，可以把家人带到陪审团前乞
73 求原谅，但是他没有，而是用"苏格拉底法"一条条反驳，让原告感到十分难堪。为了什么？因为苏格拉底就是这样的人，一个为了挽救雅典人民于道德沦丧而向邻居抗议，让邻居正直地活着、审视自己的人，这就是他会做的事。

奇异博士挺身而出保护世界，对抗那些可能穿越维度而来的恶魔，这是让他从聪明而傲慢变得理智而谦逊的重要契机，他一改原先的井蛙之见，认真审视自己——真的以离开躯体后的形态"审视"自己。古一用智慧点醒奇异博士后，他挑起了保护地球的担子："我，法

---

① Reeve, *Trials of Socrates*, 69.

术的大师！只要我还活着,我就会让法术为正义事业而用!”①在电影中,卡西利亚斯想利用黑暗维度实现永生,挡他路的格杀勿论;与之形成鲜明对比的是用法术维护自然秩序和拯救他人性命的奇异博士。

无论是奇异博士对公正的拥护还是对伤害他人的厌恶,都是苏格拉底式英雄主义的体现。苏格拉底在遭受错误的指控并被定以死刑后,曾有机会跟着几个追随者逃出生天,可是他说,他还没有自证清白,在这种情况下,如果他逃出雅典就是违背法律,是在故意破坏法律制定者的规矩,“所以不应该以不正的行为回应不公,多数人都是这么想的——因为本来就不应该做不公正的事情”。② 奇异博士时常保护别人免受不公正的伤害,甚至还宣称:“需要帮助的人对我来说就不算是陌生人。”③

迎难而上

奇异博士认为自己就是站在前线对抗巨大威胁、保护人类文明的唯一防线,这担子必然时不时会压得他喘不过气。就像他说:

> 为什么这可怕的责任——这个四方来敌的世界的全部分

① *Marvel Premiere* ＃3 (July 1972),收录于 *Doctor Strange Epic Collection*: *A Separate Reality* (2016)。

② Reeve, *Trials of Socrates*, 70.

③ *Marvel Premiere* ＃4 (September 1972),收录于 *Doctor Strange Epic Collection*: *A Separate Reality*。

> 量——要担在我肩上？凭什么必须是我来承担，是我孤身对抗远古的邪魔？我也会死的，我也只是个人！①

即使保护全世界具有难以言喻的挑战性，他仍然勉力前行："我曾宣誓要帮助所有人类，一个都不能少——我不想有例外！"②类似地，苏格拉底认为坚持哲人的生活方式需要很大的勇气，这也是英雄的重要特征。

74 苏格拉底式英雄会遇到许多危险甚至受伤，尤其在为了保护大家而直面威胁的时候。苏格拉底认为，像小虫子一样嗡嗡地围着身边的人指出他们的错误，这样做肯定不会受欢迎，但是必须得这么做，他曾在审判庭上说：

> 在我看来，就这种小虫子一样的风格，是上帝将我和这座城联系起来的方式——这座城需要这么一个人来叫醒和劝告大家，日日夜夜，日复一日，从不停歇。③

苏格拉底想让雅典城远离道德沦丧的深坑，奇异博士忙着保护世界不受其他维度的邪恶力量伤害，两个苏格拉底式英雄都必须展现出极大的勇气，才能顶住巨大的压力，坚守自己对是非对错的判断。

---

① *Marvel Premiere* ＃5 (November 1972)，收录于 *Doctor Strange Epic Collection*：*A Separate Reality* (2016)。

② *Strange Tales*, vol. 1, ＃119 (April 1964), "Beyond the Purple Veil!," collected in *Marvel Masterworks*：*Doctor Strange*, Volume 1.

③ Reeve, *Trials of Socrates*, 46.

（谁曾想哲人会碰到这么多危险？）

苏格拉底式英雄主义强调要坚持原则，无论多么艰难也不能改变初衷。在苏格拉底的年代，哲人那种经受审视的生活违背了雅典的常规，就连学生也劝他逃避惩罚。他被关押等候审判结果时，他的得意门徒克里托（Crito）曾计划助他出走别的城市。克里托说，如果苏格拉底不逃，“很多不了解你我的人会以为我不关心你，因为他们认定只要我花钱就可以救出你”。① 坚持自己哲学的苏格拉底则用了一连串的问题反驳克里托，问他究竟是多数人的看法重要，还是少数有专门知识的人的意见重要，然后说道：“我们不应该太在意多数人对我们的看法，而应该关注那些懂得判断公正的人——关注那个人，和真理本身。”②

车祸之前，傲慢且自我的史蒂芬·斯特兰奇追名逐利，为他人对他的看法而活。而在他开始审视自我、培养智谦之后，他逐渐忽略了他人的目光，转而（像苏格拉底说的那样）看向智慧之人，追求真理本身。他宣称：“古一，我渴望得到恩赐——虽然我还没有百分之百达标！我希望能跟随在您身边学习……学习您这一套法术的奥秘！”③
斯特兰奇在改变，过程虽慢但是效果显著。他不但因接受了自己的 75
无知而变得谦逊，成为至尊法师，成了实打实的苏格拉底式英雄，而且开始寻求智慧。

苏格拉底式英雄必须是自愿为心中大道牺牲自己的人，正如奇

---

① Reeve, *Trials of Socrates*, 64.

② 同上，69。

③ *Doctor Strange*, vol. 1, #169.

异博士为了拯救人类一次次直面死亡。对抗宇宙邪神时，他心想："我得做些什么！不能让朋友死去！"于是他决定："我会豁出命来拖住邪魔。"[1]他像个真正的苏格拉底式英雄一样，时刻不忘保护弱小，为此不惜一次次置身危险之中。苏格拉底也曾这般告诉陪审团：

> 瞧，雅典人啊，这才是真理：一个人但凡选择了自己认为的合适立场……就应该坚定地保持立场，危险也好，死亡也好，什么都不要想了。比起违背立场的耻辱，这些又何足为道？[2]

苏格拉底拒绝道歉，也拒不认罪，否则就相当于承认做错了事，而他并不认为坚持哲人的立场是件错事，无论是为了坚持自己的原则，还是为了保护雅典人的幸福，他都不愿放弃这个立场，为此宁可赴死。

圣人苏格拉底

史蒂芬·斯特兰奇初出场时是个有些缺点的成功人士，后来慢慢转变成一个苏格拉底式英雄——奇异博士。奇异博士和苏格拉底都大方承认自己的无知，认真寻求智慧，也都为社会进步而展现出了巨大的勇气。前者惊讶于自我审视的效果，自言自语道：

---

① *Marvel Premiere* #6 (January 1973)，收录于 *Doctor Strange Epic Collection*: *A Separate Reality*。

② Reeve, *Trials of Socrates*, 43.

> 真够讽刺的——过去我忍受不了丝毫的不确定性……我以为我命由我自己主宰！那时候我多么无知——而且妄自尊大。现在看来，那些日子仿佛是很早以前了。①

奇异博士还像苏格拉底一样学着放下了对物质世界的盲目信任，而去感受那些不可见的存在——对他来说就是卡玛泰姬里教授的那些法术。他立志改善这世界，勇敢对抗带来威胁的邪魔，想方设法点醒 76
那些过于无知的人类，让他们睁开眼看清这世界面临的危险。

我们可能不是法师，不曾在至圣所里醒来，身边也没有神秘遗迹和充满奥秘的书，但是这不表示我们无法如苏格拉底式英雄一般审视人生。我们即便不是天才或法师，也能够学会谦逊，学着寻求智慧，正直地活着，并勇于质疑身边的人以帮助他们进步。只是我们要记得，这些事情都是一辈子的事业。正如奇异博士曾说："我还有很多必须要知道的东西，因为知识是最强大的力量，而其中最聪慧的就是我现在正在召唤的人。"②当你开始自我审视，你会发现什么呢？③

---

① *Doctor Strange*, vol. 1, #169.

② *Marvel Premiere* #3.

③ 感谢同事史蒂夫·斯奈德教授告诉我苏格拉底式英雄的含义。想要了解这些英雄主义的相关知识，请移步他的博客 http://myfallsemester.blogspot.com/。

8

我们都在“通过锁孔看世界”吗？
——学识、无知与偏见

卡丽娜·帕佩

神经外科医生史蒂芬·斯特兰奇只相信科学和他自己——这信仰一直持续到他撞坏自己那辆兰博基尼 Huracán 超级跑车，毁了自己操刀的“魔术”之手时。靠现代医学手段无法医好这双手，所以他豁出身家去加德满都找寻治愈的方法。古一法师抓住了斯特兰奇的问题核心，将之比喻为“通过锁孔看世界”。① 即使斯特兰奇到了加德满都，也暂时未到治疗的时机，因为他需要先认识到自己的局限和盲点(blind spots)，承认自己的局限性。若一个人说自己认清了自我的盲点，或是自知无知，这听起来就像是禅宗(Zen Buddhist)心印(kōan)②，像“一个巴掌拍得响”之类的悖论，而所有学派的哲学家都喜欢巧妙的悖论。我们究竟是否能够认识自己的无知？我们如何知道自己到底知道什么？

① 除另有注明，本章所有引用对话均来自 2016 年电影《奇异博士》。

② 心印，亦称“公案”，是禅宗沉思的重要环节，用简短而不合逻辑的问题使思想脱离理性的范畴。——译者注

相信学识，认识无知

哲学家培根十分信任科学知识，质疑魔法。不仅是魔法本身，他还认为魔法信徒是危险的，尤其是“自然魔法或炼金术作家这类喜爱和向往寓言的人”。①（他没能活到现在去看《奇异博士》漫画，太遗憾了！）培根提倡科学方法（scientific method），也就是通过观察形成假说，并进行实验检验。他的口号是：“人的知识和人的力量合而为 79
一。”这听起来着实像之前的史蒂芬·斯特兰奇的口吻，毕竟两人都对科学和知识（尤其是自己的知识）坚信不疑。斯特兰奇并不相信古一所谓的“通过信念来治疗”（healing through believing），他争论说：“我不相信什么脉轮或能量的童话故事，也不相信什么信念的力量。根本不存在灵魂！人类是物质的，仅此而已。”

当时，培根必须站出来反对在民众、教会和学术传统中散播的迷信风气。不过讽刺的是，培根对科学创造知识的能力的信念，终究也是一种信念。在这种信念引导下，人类不断获取新知识，取得巨大进步，营造出许多福祉，可是都只是让这科学方法的信念成了有用的信念。只要是信念，它就可能带有偏见，比如斯特兰奇关于质疑信念力量的信念。

如果说培根是“哲学艺术大师”，苏格拉底就是哲学界的古一。关于苏格拉底有一个有名的悖论，即他称自知无知。他有一句著名

① Francis Bacon, *Novum Organum* (1858), Book Ⅱ, Chapter ⅩⅩⅨ，可见 https://en.wikisource.org/wiki/Novum_Organum/Book_Ⅱ_(Spedding)。

的话，大意是"我知道一件事，那就是我其实一无所知"。[1] 换句话说，苏格拉底知道自己有盲点。这其实并不那么矛盾：知道自己有盲点不等同于看清自己的盲点。一个人可能知道自己缺失了某样东西，却说不清那东西长什么样。不过，认识到自己知识有局限已经是古一级别的智慧表现了。

苏格拉底总是批判人类知识，就像培根批判信仰和魔法一样，但是这种自我批评的方法能让我们免于偏见吗？就在古一离世前，她和奇异博士以星灵形态欣赏帧帧慢放的闪电。她对后者说："我花了这么多年时间窥视未来，看着这个时刻，但是看不到之后的情景，我大概挺不过这一刻了。"如果说《奇异博士》中的古一法师有盲点，那么那位哲学界的"古一"呢？

"我们不是野蛮人"

《奇异博士》中有不少由于偏见导致的知识和理解的偏差，回想一下斯特兰奇向敌人卡西利亚斯介绍自己时他们的对话：

> 卡西利亚斯：你在卡玛泰姬多久了，这位……先生？
>
> 奇异博士："医生"。
>
> 80 卡西利亚斯：医生先生。
>
> 奇异博士：不，我姓"斯特兰奇"。

---

[1] 综论参见柏拉图《申辩篇》(*Apology*)。*Apology*，可见 http://classics.mit.edu/Plato/apology.html。

卡西利亚斯：是挺奇怪的。关我什么事？

这个玩笑的核心是，就算已经被迫远离手术台，斯特兰奇还是极度在意自己的医生名号。卡西利亚斯对这个称呼的含义并不了解，所以这是他的盲点；而斯特兰奇没看透的则是，当时他在法师界的确只是个普普通通的"某某先生"——而且这境况也算不上世界末日。

斯特兰奇和卡西利亚斯的例子说明，纵然他们说着同一种语言，文化背景的不同还是会导致认知盲区。性别和种族带来的差异也会造成偏见，北美洲的白人殖民者不可能理解原住民，也听不懂他们的语言和含义（或许他们也并不在意）。纵观殖民者的历史，漫画与哲学中都缺少了女性和有色种族发出的声音。虽然近年来漫画界涌现了不少令人瞩目的成功女性人物，但是男性仍然是这个领域的主导者——哲学界的情况也是如此。很多哲学和漫画的开山鼻祖也是白人。这些白人男性看世界的角度天生就比较固化，且有一定局限性。

科学界不仅有性别和种族问题，在客观性方面也有某些偏见。人们出于善意强调客观和公正，但是科学归根结底由人来实践，而人并非全知全能，无法"窥视未来"。科学家和我们一样，不过是群有抱负、有缺点的人，他们心怀崇高理想却无法完美圆梦，一定程度上就是因为认知中固有的偏见和盲点。记忆力强大、天才如斯特兰奇也看不全大局，只窥得一小部分。许多女权主义哲学家提出，想要保持公正的这一想法本身就是不公正或带有偏见的。① 具有讽刺意味的

① 参见，例如，Miranda Fricker, "Feminism in Epistemology: Pluralism without Postmodernism," in Miranda Fricker and Jennifer Hornsby (eds.), *The Cambridge Companion to Feminism in Philosophy* (Cambridge: Cambridge University Press, 2000), 146 - 165。

是，我们希望实现客观、普适性和公正，却反而会促成片面认知和偏见——但凡我们忽略了苏格拉底的话和古一的哲言“自知无知”。

斯特兰奇是医生，所以他有一套科学式思维，对许多事情的认知也很片面——对自己，他不了解自己的无知；对其他人(女友、同事和
81 其他法师)，对其他文化，他都带着偏见。举个例子，当他被带到卡玛泰姬的房间时，莫度递给他一张纸片，上面写着“香巴拉”(Shamballa)。他问：“这是什么，咒语?”莫度回了他一个不失礼貌的微笑，说：“Wi-Fi密码。我们又不是野蛮人。”这段对话足以展现西方人对其他文明有失偏颇的态度，这态度继而又造成了对其他文化、民族或种族的偏见。斯特兰奇的这种偏见暴露出他跟自我批判的苏格拉底截然不同。他代表无知，因为他不仅不知道自己无知，也不承认自己无知。

通过锁孔……或者彩色玻璃看世界

可是……我们不是都有偏见吗？我们不是都通过锁孔看世界吗？当然是的！科学家、探险家格奥尔格·福尔斯特(Georg Forster，1754—1794)认为，我们的眼前都挡着一层“有色玻璃”——绿色玻璃是当时特别流行的装饰，难怪他用这个来打比方——这“玻璃”受文化背景的影响而形成。无论是透过钥匙孔，还是隔着绿色玻璃，展现在我们眼前的都只能是片面的或滤筛后的信息，使我们永远看不到真实的全貌，而福尔斯特强调说，我们的文化背景注定会形成文化滤镜，这是不可能轻易移除的。

好的一面(显然是绿色的那面)是，局限性——更准确地说是局

限性带来的挫折——可以激励人去克服它们，就像婴儿学习爬行或走路一样。一旦我们发现看不清全局，常常会想方设法去了解更多，从而克服偏见。再说，没有一定的偏见是不可能推动科学进步的，比如为了潜心研究某个科研问题或领域，就需要戴上"眼罩"，摒除杂念，从而只专注于这一件事。承认自己的偏见，并拥有克服这些偏见的愿望和意愿，已经是很大的进步。如此看来，也许正是福尔斯特的自我批判态度使他能够带着同理心，而不是西方固有的偏见，来描述波利尼西亚人。①

说起西方偏见，一个比较有名的例子就是理想化的"高贵野蛮人"(noble savage)的概念，即认为"远离文明的野蛮人是高贵的"。虽然人们会称这种概念为所谓的"积极性偏见"，但这更像是一种言不由衷的恭维话——毕竟"野蛮人"依然是个贬义词。这个例子正好可以套用在斯特兰奇身上，当他把 Wi-Fi 密码误认为咒语时，他就表
现出这种"积极性偏见"。如此一来，电影《奇异博士》便有了更深刻 82
的意义，它直击偏见产生的根源，从而纠正了这种错误的认知。整部电影中出现了很多观念上的偏倚，但最主要的还是现代和科学与古代和神秘的冲突，以及与之相对的由文化偏见导致的"西方"和"东方"的对立。加上之前关于 Wi-Fi 的例子，我们可以问：《奇异博士》究竟是延续了这些偏见，还是帮着暴露了这些偏见？为了回答这个问题，我们先脱离故事，看看电影本身带有的一种偏见。

---

① 福尔斯特曾参加库克船长的南太平洋和南极探险旅行，他对此次旅行的记录之作《环球旅行记》(*A Voyage Round the World*)以富有同情心、同理心的态度报道了波利尼西亚的人文风俗，基本上不掺杂西方或基督教的偏见。该作品奠定了福尔斯特"现代科学游记作家鼻祖"的地位，至今仍广受赞誉。——译者注

"洗白"古一法师

洗白(whitewashing)指的是好莱坞电影制作人倾向于让白人演员扮演原定为非白人的角色，可能是出于资金或政治因素，也可能是因为种族偏见。比如，2010 年的游戏改编电影《波斯王子》(*Prince of Persia*)中，制片方就选定杰克·吉伦哈尔(Jake Gyllenhaar)而不是波斯演员来主演。2017 年，翻拍自 1995 年日本经典动画电影的《攻壳机动队》(*Ghost of the Shell*)由斯佳丽·约翰逊[Scarlett Johansson，她也是漫威电影中的"黑寡妇"(Black Widow)]出演，并非亚裔面孔。①2016 年的电影《埃及之神》(*Gods of Egypt*)，演员几乎清一色是白人。M. 奈特·沙马兰(M. Night Shyamalan)导演的《最后的气宗》(*The Last Airbender*)(2010 年)改编自深受喜爱的动漫电视系列片

---

① 更多例子，参见 Jessica Kiang, "The 20 Worst Examples of Hollywood Whitewashing," *IndieWire*, February 23, 2016，可见 http://www.indiewire.com/2016/02/the-20-worst-examples-of-hollywood-whitewashing-268110/。《攻壳机动队》大概是近期最有名的例子，不过这部作品的情况其实更复杂。原动画导演押井守(Mamoru Oshii)对电影选角表示赞同，因为主角本身就是个半机械人(cyborg)，她的面容和斯嘉丽非常相似。而且漫画或动画作品里的种族和民族问题很微妙。例如大家熟悉的月野兔(Usagi Tsukino)，也就是美少女战士水兵月(Sailor Moon)，在西方人眼里是典型的"高加索人"(Caucasian)长相，但是对于日本读者来说，浅色眼睛和头发颜色与种族或民族无关，更多是用来表现颜色自身象征的隐喻意义，比如紫色头发代表皇家，金色头发展现孩子气。日本朋友告诉笔者，漫画和动漫角色基本上"没有种族或民族可言"。不过《攻壳机动队》有其他几个有偏见疑点的方面，例如，电影改编完全删去了原版富含哲理的对话，致使主角草薙少佐这个创新性女性角色在智慧魅力方面失色许多(但这是另一本书的主题了!)。

《降世神通》(*Avatar*)，这部电影将“洗白”进行得更为彻底——“不仅是角色的种族，就连原作中所倡导的包容性和文化多样性”都遭到了歪曲。①

古一在漫画中以年迈的亚洲男性形象出场，《奇异博士》电影里则由蒂尔达·斯文顿(Tilda Swinton)饰演。诚然蒂尔达是个极其出色且富有魅力的演员，但她也是个相对年轻的白人女性。包括她在内的上述这些选角受到了批评，人们将其视为好莱坞“洗白”的又一例证。不过，古一这个角色的情况更加复杂，因为其在漫画中的定性就极具争议。C. 罗伯特·卡吉尔(C. Robert Cargill)，电影编剧之一，将饰演古一比作“小林丸号(Kobayashi Maru)测试”，也就是《星际迷航》(*Star Trek*)中一款注定无法获胜的测试游戏：选用非亚裔演员可能被看作“洗白”，但选用亚裔演员又可能突出原作人物中隐含的种族主义刻画。② 卡吉尔说，他们希望至少能让这个亚洲角色不沦落成一个刻板的阴险狡诈的形象，尤其考虑到电影中古一的举动确实容易受到质疑，比如欺骗学生、违背自然规律，以及从黑暗维 83
度偷取能量来延长寿命。而且古一在1963年7月发行的《奇异故事》(*Strange Tales*)第110期中初次登场时，确实跟我们现在想象的那种慈祥、智慧的藏僧形象相去甚远，反而更接近对东方充满盲目恐

---

① Michael Le of Racebending. com，引自 Deepti Hajela，“Critics：‘Airbender，’‘Prince’ Were ‘Whitewashed，’” *The Washington Times*，May 25，2010，可见 http://www. washingtontimes. com/news/2010/may/25/critics-airbender-prince-persia-whitewashed/。

② 这部分及接下来卡吉尔的言论均引自“Exclusive! Doctor Strange Writer C. Robert Cargill—Double Toasted Interview，” April 22，2016，可见 https://www. youtube. com/ watch? v=eEpbUf8dGq。

惧和仇恨的往昔时代傅满洲（Fu Manchu）①那一类的"黄祸"（Yellow Peril）形象。

卡吉尔认为，漫威史上从未有过这样在文化上触雷的角色，绝不可能妥善处理得了。但是这话说得不对，何况这也不是漫威工作室第一次被迫面对这种问题。虽然古一可能是种族主义下描绘出的刻板印象，但他绝对不是反派角色，至少不像钢铁侠的死敌满大人（Mandarin）。满大人就显然是照着傅满洲的样子塑造的。

刻板印象、大反派与幸运签饼

对于可能产生刻板印象的部分最好采取迂回处理的方法，把敏感的源头替换成截然不同的概念。例如，《钢铁侠》第一部和第二部中并没有"满大人"这个角色，只有与他相关的恐怖组织"十戒帮"（The Ten Rings），而"十戒"就是漫画中给予满大人神秘能量的十只异星魔力之戒。不过，电影制片方改动角色和设定并不仅是为了避免产生无礼的刻板印象，有时候资金反而是主导因素，正如《攻壳机动队》和《波斯王子》，制片方看中了斯嘉丽・约翰逊和杰克・吉伦哈尔的巨大票房影响力，所以甘愿冒着"洗白"的批判声进行

---

① 傅满洲是西方流行文化中最著名的反面亚洲角色之一，是西方对于亚洲种族歧视的刻板拟人化形象，首次出现于1913年英国小说家萨克斯・罗默的《傅满洲博士之谜》一书，当时"黄祸论"正盛行于西方。在众多相关的文学、影视等作品中，他瘦瘦高高，身着清朝官服，留着八字胡，面相狡诈，不过博学多才且头脑灵活。——译者注

改动。

此外，出于现实因素考虑，制片方会为了进入更大的市场而对片中有政治争议的元素进行处理，特别是关系到国际上一些主要市场的部分。还有些时候，电影改动只是为了契合时间。漫画中，托尼·史塔克（Tony Stark）和何银森（Ho Yinsen）遭绑架而后开发初版战斗装甲的事情发生在越南战争时期，2008 年《钢铁侠》电影中则改成了阿富汗战争。导演乔恩·法夫罗（Jon Favreau）解释称，这样做是为了“继续用感性的方式展现当下这个时代人们的恐惧”。①

在这种背景下，2013 年的《钢铁侠 3》安排满大人作为十戒帮头 84
目正式出场似乎冒了很大风险。首先，他的名字与中国有很强的关联；其次，这个角色由因出演 1982 年电影《甘地》（*Gandhi*）的主角圣雄甘地而被人熟知的本·金斯利（Ben Kingsley）饰演，金斯利原名克里希纳·潘迪特·班吉（Krishna Pandit Bhanji），母亲是来自伦敦的白人女演员和模特，父亲是印度裔医生，所以他的家庭背景其实与漫画中的满大人极为相似——满大人的父亲是极为富有的蒙古族人，母亲是一名英国贵族。

不过，虽然背景相似，但制片方用了另一种方式来颠覆满大人身上原有的那种傅满洲型刻板印象。电影中，“满大人”只是一个叫特雷弗·斯莱特里（Trevor Slattery，金斯利饰）的英国演员扮演的角色，他被推到明面上，利用西方人对东方的偏见来给十戒帮造势，而

---

① Edward Douglas, “Exclusive: An In-Depth Iron Man Talk with Jon Favreau,” *SuperHeroHype*, April 29, 2008，可见 http://www.superherohype.com/features/96427-exclusive-an-in-depth-iron-man-talk-with-jon-favreau #FZH5ybP75MBE3Heb.99。

幕后黑手其实是一个美国白人科学天才奥尔德里奇·基里安(Aldrich Killian)，基里安数年前曾在托尼·史塔克那里吃了闭门羹并将之视作一次羞辱。他向史塔克详述自己的邪恶计划时解释说，他之所以要创造“满大人”这个形象，是因为大众需要一个“靶子”。

电影通过这种设计把“满大人”放到了种族歧视和洗白现象的争论焦点上。一切的幕后推手其实是个白人男性——基里安，他塑造了“满大人”这个刻板印象大杂烩形象。最关键的是他选了一位英国演员来当这个诡异的傀儡[就像20世纪60年代由英国白人演员克里斯托弗·李(Christopher Lee)出演傅满洲这个人物]。“满大人”在电影里说：“就像幸运签饼一样，看起来像中国产的，听起来像中国的东西，但实际上是美国人发明的，所以空洞得很，砌满了谎言，最后只留下满口腻味。”

奇异的转变

电影版的满大人变成了丑角，他像一面镜子，折射出好莱坞对非白人种族角色采取的一贯做法，那就是种族形象的刻板化(racist stereotype)。电影版的古一则变化更大，而且没有局限于戏仿原
85 作——《奇异博士》幕后团队不仅没有遵守原作中的人物形象，还更进一步，让古一成了一名白皮肤女性。按照苏格拉底式方法，抵抗刻板印象的最好方法就是直面刻板印象，如此一来，制片方(和一班演员)既坦承了光凭他们的能力无法轻易地消除偏见，又突出了这种无能为力的感觉，同时大方展现了他们自己的偏见——有时是以一种

幽默诙谐的风格。

前文提到过，电影中充斥着数不清的偏见和成见，其中大部分都集中在斯特兰奇身上，比如他第一次进入卡玛泰姬时就想当然地开口叫一位亚洲老人为古一，但老人其实是哈米尔法师，所以他没有应答，而是转身默默离开，之后真的古一现身。在漫画中，隐士哈米尔(Hamir the Hermit)是古一的仆人，也是后来成为奇异博士仆从的王法师的父亲。这种设定本身就不太讨喜，使得《奇异博士》漫画中的大多数亚洲面孔不是仆人就是反派。（就连聪明又强大的古一也常常受伤或被抓，只能等待得意门生前来营救。）

哈米尔的身份在电影中从仆人上升为法师，这点得到了影评人士的认可(尽管他们不赞成让哈米尔变成“沉默的亚洲人”这样一种僵化形象)。这群人还称赞这部电影“在亚洲角色的表现方法上带来了一线希望，主要是因为其中塑造了王法师这个人物”，王非常“有趣、聪明，而且法术应该也很精湛”。① 在几个亚洲形象比以往更加鲜明的同时，身为白人的主角史蒂芬·斯特兰奇倒是遭遇了挫折，磨炼了性子。漫画中，在那场车祸前后，无论是斯特兰奇医生还是奇异博士，一直都是一副冷酷沉着而能力卓越的样子；但电影中他的转变更为明显，从一个傲慢不可一世的人变成了古一的谦逊弟子。

起用女演员来饰演古一也解决了一个普遍存在的偏见，即权力

① Olivia Truffaut-Wong, "'Doctor Strange' Avoids One Asian Stereotype with the Ancient One But Reinforces Another," *Bustle*, November 4, 2016，可见 https://www.bustle.com/articles/192678-doctor-strange-avoids-one-asian-stereotype-with-the-ancient-one-but-reinforces-another。更多关于王这个复杂角色的分析，参见本书第18章。

等同于男性。年轻的男学徒并不是向一个拥有强大法力的年长男性学习，而是师从于一位女性，因而颠覆了那种权力和知识必将由男人传授给男人，而忽视女性存在的刻板印象。一开始，斯特兰奇是个自信的男人，受人推崇，但是在知识、文化和性别方面视野狭隘。他不仅理所当然地以为古一是个男人，还看不起同事兼前女友克里斯
86 汀·帕尔默医生的价值，在她安慰道“还有其他事情可以给你的生命带来意义”时，轻蔑地回应说：“比如什么？你？”两个例子都表现了他对女性的偏见，而其中所涉及的两个女人都会给他带去启发。

我们皆可成为苏格拉底式至尊法师

偏见无法完全避免，几个世纪以来形成的刻板印象和成见也不会在我们这一代就消失。它们通过无意识的复制得到延续，所以必须积极面对它们，意识到它们的存在，扩大我们每个人看世界的锁孔。《奇异博士》做到了这两点，用透彻的观察和幽默来处理偏见，让我们重新思考自己在性别、种族和文化方面产生的偏见，思考我们解决生活中这些偏见的方式，包括用以批判偏见的方式。我们无需阿戈摩托之眼来帮助反思浅薄的见识和自己的无知——只需要从苏格拉底式至尊法师那里汲取一些灵感就好！

9

奇异博士 VS 安·兰德：A 非即 A

爱德华多·佩雷斯

奇异博士和多玛姆“针锋相对”，最终将这个外维度恶魔逼到进退两难的地步，要么退一步离开地球，要么永远受困于时间循环。这不仅拯救了世界，也宣告着贯穿 2016 年电影《奇异博士》的自然法则哲学辩论进入了高潮，暗示在特殊情况下，比如在邪恶的黑暗领主即将吞噬地球的危急关头，规则也是可以被打破的。结尾时，奇异博士和王纷纷露出满意的神情，因为秩序得以恢复，人们继续享受晚餐，小孩嬉闹着拍球，卡西利亚斯和一众追随者们则被榨干了躯体，一并被吸入了黑暗维度。

但是莫度的态度不同，他对奇异博士和王说，就算他们赢了，这样做也“违反了自然法则”，和他们的老师古一违反法则窃取黑暗维度的力量来延长生命的做法没有本质的不同。莫度问道：“斯特兰奇，你还是觉得这样不会造成任何后果，不用付任何代价？我们打破了规则，像她一样，那就迟早会付出代价。这是注定的！到此为止了。我不会再继续下去了。”①莫度不只是气愤，他的幻想破灭了，世界观被粉碎，迫使他不得不放弃法师这个身份。而奇异博士不认为法则一成不变，他看到的是无限的可能性。无论是作为过去的外科医生还是现在的法师，唯一束缚他的只有他自己的想象力。对他来说，自然法则并不似莫度想的那般理所应当，或具有法则般的约束力。

本章将介绍哲学中几种关于自然法则的理念，并重点关注安·兰
89 德（Ayn Rand，1905—1982）的观点，因为这些作品深深影响了“奇异博士”的创作者史蒂夫·迪特科（Steve Ditko）。什么是自然法则？为什么不能违反自然法则？违反自然法则是否会像莫度说的那样迟早要付出代价，还是应该赞同奇异博士的说法，即莫度太缺乏想象力了？还有，奇异博士真的违反了自然法则吗？又或者他其实维护了这个法则？

停！ 严禁篡改连续概率（Continuum Probabilities）！

自然法则的存在似乎印证了这世上必然有约束着所有人的普适定律。古往今来，哲学家们不断尝试找出这些定律并研究原理，也提出了许多复杂而巧妙的见解，但仍未能就定律的内容或其奥秘达成共识。

西塞罗（Cicero，公元前 106—前 43）和托马斯·阿奎那（St.

① 所有引用对话均来自 2016 年电影《奇异博士》。

Thomas Aquinas，1225—1274）等哲学家视自然法则为神圣永恒。[①]他们认为人类能够通过理性内在地（或先验地）认识自然法则，也必然遵循自然法则，而理性本身就是一种天赋。上天借由这种天赋向我们揭示自然法则所反映的奥秘，而法则不依赖于世俗环境，所以永远不会因时而改，因地而易。

要探索自然法则有许多巧妙的方法，比如通过哲学、科学或（包括非西方在内的）政府法规等各种视角，其中一个与《奇异博士》尤为相关，即安·兰德提出的观念。与漫威大师斯坦·李（Stan Lee）一起创造了“奇异博士”的史蒂夫·迪特科是兰德的忠实粉丝，他甚至让自己活成了兰德小说《源泉》（*The Fountainhead*）主人公霍华德·罗克（Howard Roark）的样子，从不妥协自己的信仰（兰德将其视为理想男人的标杆）。[②] 的确，我们可以在史蒂芬·斯特兰奇身上捕捉到霍华德·罗克的影子，因为他们都是极具天赋的人物。

别无他法

人们称兰德的哲学体系为客观主义（Objectivism）。客观主义哲学涵盖了很多方面，但为了方便讨论，我们仅关注她定义为基础的那

---

① Cicero，*The Republic and The Laws*，trans. Niall Rudd (Oxford：Oxford University Press，2009)；Thomas Aquinas，*Treatise on Law*，trans. Richard J. Regan(Indianapolis：Hackett Publishing Company，2000). 更多关于自然法则概念的说明，参见本书第 22 章。

② Ayn Rand，*The Fountainhead* (Indianapolis：Bobbs-Merrill Co.，1943).

部分，即生命的三个基本原则：存在（existence）、意识（consciousness）和实体（identity）。兰德认为这三个原则不证自明且不可撼动，存在即某
90 些东西必然存在，意识即我们能感知某些东西，而实体即某些东西拥有特定属性。正如客观主义哲学家（以及兰德钦定的接班人）伦纳德·佩科夫（Leonard Peikoff）所解释的，这三个原则"必定为所有人接受和使用，即便是批评它们或认定它们并非不证自明的人都不例外"。[1] 如此，存在、意识和实体"是知识的基础，无法回避"。[2] 或者用兰德的话说："现实的存在是一种客观绝对——事实（facts）即事实，与人的情感、愿望、愿想或恐惧都无关。"[3]

听起来像在说莫度，对不对？这种相信某些东西是无可置疑、不能妥协且无法替代的绝对逻辑（absolute logic）与莫度用在奇异博士身上的逻辑非常类似。不妨回想一下他在卡西利亚斯首次袭击纽约圣所后说的话：

> 莫度：这些狂热者会杀光我们，而你就眼睁睁看着？就不能先下手为强吗？
>
> 奇异博士：我刚刚不就下手了吗？
>
> 莫度：你只是救了自己的命！然后像一条伤狗在这哀号。
>
> 奇异博士：难道你们就可以轻易这么做？

---

① Leonard Peikoff, *Objectivism: The Philosophy of Ayn Rand* (New York: Meridian, 1991), 9.

② 同上，11。

③ Ayn Rand, "Introducing Objectivism," available at https://campus.aynrand.org/works/1962/01/01/introducing-objectivism

莫度:你根本不知道我经历了什么……而且你说得没错,我会毫不犹豫地下手。

奇异博士:就没有其他方法了吗?

莫度:根本就别无他法。

奇异博士:我看是你缺乏想象力。

莫度:不,史蒂芬,是你毫无勇气。

莫度的有些观念其实受到了古一的影响。影片前半段,古一对斯特兰奇说过:"你想回到你的妄想中,掌控一切,甚至死亡。没人能掌控死亡,恐怕就连伟大的史蒂芬·斯特兰奇医生也做不到。"

显然,就连能力超群、学贯古今的古一也未能幸免于死亡,即使她一直教导学生"思想塑造现实",一直从黑暗维度汲取能量,最多也只能推迟那终将来临的瞬间,"无限延长这一刻"。莫度认为"别无他法",就像兰德客观主义哲学坚持现实只有一种,不可"改写或逃避,只能严阵以待"。① 这正是莫度和古一的选择——直面现实,更主动地迎接现实。古一固然偷得了千年岁月,但她所做的挣扎都已是过去式,至少在死亡来临的那刻,她选择了去接受。

① Ayn Rand, "Introducing Objectivism," available at https://campus.aynrand.org/works/1962/01/01/introducing-objectivism

91 两“王”成是？[1]

可若是能够控制死亡呢？如果莫度和古一所相信的兰德的那些原则是有漏洞的呢？如果斯特兰奇说得不错，我们需要的就是一些想象力（和一些酷炫的圣物）呢？让我们回想一下电影尾声中王的经历。卡西利亚斯袭击香港圣所时，王牺牲了；而当奇异博士使用阿戈摩托之眼回溯时间后，王自然也活过来了。如此一来……他究竟算不算死过一次？

关于客观主义有一个问题，尤其是关于第三个“实体”原则。佩科夫说：“存在就是成为某物，成为拥有特定属性的实体。存在物即本身；用一个经典公式来概括的话，A 即 A。”[2]王死了，所以王即死者；但是王也是活的，所以王即生者。死生不可兼得，因此只有一种状态是真实的：问题在于，哪一种呢（哪一个 A 才是 A）？若“实体”原则不证自明，那么请问，哪一个王是那个“不证自明”的王？

简单而言，可以认为王是那个王，因为王还是王，他还拥有某些“王的特别属性”。但这也意味着两个王是一样的个体——他们真的一样吗？或者在奇异博士回溯时间时，他已经悄然改变？来看看兰

---

① 英语有一种非形式谬误的逻辑概念叫“积非成是”（two wrongs make a right），主张某个错误可以用另一个错误抵消或修正，也指长期谬误被认为是正确道理。本节标题“两‘王’成是”（“Do Two Wongs Make a Right?”）借用了这个词组构成。考虑到本节探讨的关于王的内容，特在翻译时保留了标题中的数词。——译者注

② Peikoff, *Objectivism*, 6.

德的这段话：

> 事物的有些特性在一定时期不为人所知，但并不代表这些特性独立于整体——或独立于“整体”概念。A 就是 A。存在是其所是，不受人类认知的局限；而“整体”概念涵盖了其中所有存在，亦即该概念所指示事物的所有已知或尚且未知的特性。①

兰德接着指出，事物特性必然会通过“科学研究、观察和验证”得以发掘，因为她坚信人的知识拥有无限开放性。② 我们并非全知（即便真的有星灵形态能在我们酣睡的时候代替我们埋头苦读），只是我们会了解新事物，并将其纳入知识体系中。

按照兰德的说法，那么王在两种情境中都是同一个人，因为他的实体没有变，变化的是我们对他的认知。过去只知道他死了，现在知道他活着——王即王。那么问题又来了：如果王死而复生，复活的那个存在确实依然是他吗？看上去好似如此，仿佛他从未死去，只是打了个盹或晕了过去，他的性格举止和知识经验也的确如同以往，唯一 92
不同的就是他自知曾经死去而奇异博士帮他起死回生（这件事打破了自然规则，斯特兰奇为此向王表示了歉意，不过后者似乎并不在意，说“现在可不能停下”）。

---

① Ayn Rand, *Introduction to Objectivist Epistemology*, expanded second edition, ed. Harry Binswanger and Leonard Peikoff (New York: Meridan, 1990), 99.

② 同上。

其实了解事件经过并经历了多种现实走向的只有那些法师，也就是奇异博士、王、莫度及卡西利亚斯和其党羽。香港街头很快就恢复了原样，好似钟摆只是单纯地停下又启动，而时间从未有过混乱，由此可以推测，世上没有普通人还保留着这段记忆。这种局面是否令人难以判断？既然无人意识到危机的消弭，那么奇异博士的斗争是否有意义？

兰德的逻辑是将现实变化归类为新的认知，但这似乎并不充分。诚然王和莫度还是大家熟悉的样子，可是他们也有所改变，保留了自己的特质和实体，却又有所不同。现在王接受了自然法则被破坏的事实，莫度却不行（他的人生走向也因此而转变）。世上每一个人在毫不自知的情况下其实都变了，奇异博士也变了。他的作为是有意义的，只不过由此造成的不同现实情境之间的变动和差异太纷繁复杂了，已无法再轻易地判定。

如果存在多重现实呢？

无论普通人知晓与否，电影中无疑存在着前后两种现实，只不过新版本抵消了或者说取代了旧版本，所以王还活着，地球也得救了。新现实的成功得益于奇异博士制造的时空漏洞，而这其实又带来了第三种现实情境，即时间的无限循环，奇异博士便是以此为筹码和多玛姆谈判。从某种意义上来说，奇异博士通过想象力让三种现实共存，并最终选定了其中一种走向（他手中实实在在地握着每个人的命运，真是个强大的“准”至尊法师）。

兰德的客观主义似乎不足以解释这一点。除非她能用奇异博士的方式看到这三种现实，否则她不会知道它们同在，也就不会掌握这个新的认知。或许这些原则适用于每一种现实里的每一位个体，但无法说明奇异博士、莫度、王、卡西利亚斯及其党羽等人的情况，更不用提多玛姆——这正是兰德客观主义没有预料到的问题。什么才是支撑多元宇宙的法则基石？兰德提出“存在存在着”，但究竟是哪一 93
个“存在”？[①] 兰德也说意识“局限而有限，合理又有据”，那如果意识其实可以无所拘束且毫无根据地无限发散呢？[②] 兰德还认为 A 就是 A，可如果 A 是多元宇宙呢？这就是为何兰德关于新认知的说法行不通，因为由此无法得到合理的科学解释。除了奇异博士等一众法师，多元宇宙无法被其他人观测或证实；而人的意识无法感知到多元宇宙，便无从反驳，就像人在接受兰德“存在存在着”的第一条原则的情况下便无法否认现实。

对兰德来说，认可感知现实的非真实性（就像墨菲斯在《黑客帝国》中对尼奥所解释的那样）就是在否定我们人类的感官，在说眼睛欺骗了大脑。客观主义者显然不会认同这种动摇其理论基石的说法。佩科夫提出：

> 客观主义不接受所谓“人类感知的不是现实，只是现实作用在感官系统上的效果”的怀疑论。不，人类直接感知现实，而非某种效果。感觉器官上的作用效果是人类感知现实的方式……

---

① Peikoff, *Objectivism*, 4.

② 同上，48。

> 获取认知的每个过程都包含两方面关键因素：认知的对象和方法，也就是，我知道了什么，我怎么知道的。二者并不一定冲突……但凡明白了A就是A而意识就是意识，那么就应该明白“怎么”并不能用来反驳“什么”，反之亦然。①

这显然有违科学研究和日常观察得出的一个重要结论——“眼见并不为实”。我们看到的是大脑按照我们的心意和需求过滤之后呈现的画面，而非真实的再现。

这些研究表明，我们所知的“什么”和“怎么”可能完全矛盾，斯特兰奇和王也认可这一点。如果承认现实如佩科夫和兰德所主张的那般来自我们的直接体验，那么客观主义者至少还应该承认这样一种可能，即直接体验的结果——我们所感知的现实——可能并不完整，正如古一用“锁孔隐喻”所解释的那般。初来乍到的斯特兰奇就相当于兰德，因自身认识的有限性而否认狭小的锁孔也能被扩大。而见识了古一展现的多元宇宙后，他再不同于兰德，踏上了发掘另类现实认知的法师之路。

这并不代表我们要否认感官经验，或将现实视为幻觉，这也不仅
94 仅是将未知解释为新知识的问题。这更是在承认我们的感官过滤了现实——出于保护而非虚构的目的——承认我们不需要了解现实的一切便足以存在于其中。不妨想象一下，如果每个人都能感知多维空间或随意让星灵体出来游荡，那该有多令人崩溃？如果有人能开启镜像维度或操纵自然，那么又会发生什么？套用莫度的话，这样会

① Peikoff, *Objectivism*, 4.

产生“太多法师”，他们连正常生活都无法掌控，更别提控制自己的新能力了。①

法师的至尊武器

古一在生命的最后时刻对奇异博士说：“我厌恶从黑暗维度汲取力量，但你知道，有时人总得打破常规，追求更高的理想。”②这种观点恰恰是莫度不理解的，倒不只是因为它与兰德的哲学总观相悖。比如，虽说杀人总是不对的，但在我们所能想到的范围内就有多少正当结束他人生命的情形？更普遍而言，我们往往认为违反自然法则是错误的行为，但若是为了更大的目的，比如更高的理想呢？

在这种情况下，莫度会让我们如何去做？恪守自然法则，任由多玛姆侵袭这世界？为了坚持理想而辞职是一回事——在兰德的理念中，理想的男男女女都是这样做的——但是放任人类因同样的原因而灭亡是另一回事。后者似乎太过极端，于道义上也说不通，而且事实证明这是不必要的，特别是考虑到兰德第二条原则所描述的意识概念。

佩科夫解释说：“意识是个主观过程……意识的对象，也就是现实，就那么存在着……但是现实不会帮人类完成认知工作，也不会强

---

① 更多关于多重维度和其现实本质的说明，参见本书第 14 章。

② 同上。

行进入人类思维。”①换言之，我们必须主动思考。在兰德看来，思考是种选择。“你不能逃避你的本性，理性就是你生存的手段，”②兰德写道，“所以对你来说，‘生存还是毁灭’的问题其实就是‘思考还是不思考’的问题。”③

这不就是斯特兰奇的选择吗？他抵达香港时，圣所已毁，王已身故，多玛姆即将实现用黑暗维度吞噬地球的野心。莫度绝望到
95 说出：“来不及了，没有人能够阻止他。”而奇异博士却回道：“那可不一定。”他似乎严格遵循了兰德的指示去思考，意识到自己唯一的武器是时间，他像挥剑一样挥舞着时间，击溃了卡西利亚斯、狂热者和多玛姆。换个角度来说，如果我们顺着兰德和佩科夫的思路，理性便是奇异博士生存的方式。奇异博士操纵时间不是为了违背自然法则，而正是为了维护它，通过控制时间来保护它。这是法师应尽的职责。正如王所说的“复仇者们保护世界不受物理性质的侵害，而我们法师抵御法术威胁”。法师如何有效地抵御？凭借的不是悬戒、镜像空间和魔法，而是他们拥有的至尊武器——知识与理性。

---

① Peikoff, *Objectivism*, 55.

② 同上。

③ 同上，56。

警告应该放在咒语前

对于莫度这类客观主义者，知识必须服务于自然法则，但对斯特兰奇来说，知识服务于目的，他将破坏自然法则也列为可行项，必要时可以通过破坏法则来实现捍卫法则的整体目的。某次，王在逮到斯特兰奇尝试操纵阿戈摩托之眼改变苹果的状态时曾说："卡玛泰姬里不禁止任何知识，禁止的只有某些行为。"斯特兰奇很困惑，因为在他看来自己"只是按照书里说的做"，而后又补充道，"警告应该放在咒语之前"。

这和伊甸园的故事很相似：既然不想人类吃下智慧之果，为何将长满诱人果实的智慧之树栽种在伊甸园正中？在卡玛泰姬，这揭示了莫度未曾想到的一些事情——一味地禁止毫无用处，尊重知识并清楚何时运用知识才是最重要的一课。这正符合兰德客观主义的理念。奇异博士通过在最初的现实和时间循环中破坏自然法则，成功在第二种现实里将其重塑，唯有如此，才能保护所有现实情境里的存在与生命，因此这就是运用知识和做出这种选择的最佳时机。

佩科夫说，在客观主义理念中，人们必须"掌控自身，掌握自己的性格、思维与内心，不然只会沦落成无知、无能的傀儡，盲目地随波逐

96 流”。① 关键不仅在于人必须学会选择，更在于人通过选择塑造自我（正如奇异博士塑造现实一样）。

> 人没有所谓天赋观念，当人拥有自己的观念时，就是统治了自己。锻炼头脑与否，思考与否，都是自己的选择，在每个问题的每个重要时刻也都要重新做出选择，这些选择影响甚至控制着人的结论、想法和价值判断，也因此牵涉到所采取的行动及所感受到的情感。②

若是如此，那么人可以自由地选择是否违反自然法则，否则就不能成为自己的统治者。换言之，如果莫度可以自由地选择不违反自然法则，那么奇异博士也可以自由地选择去违反它。无论自然法则是否普遍，是否不证自明，是否不可侵犯，这都不是重点——重要的是这是人们面对自然法则自己做出的选择。

要控制，必须先放弃控制？

其实奇异博士有一种莫度甚至古一都缺乏的特质。他不是唯一愿意运用知识并破坏自然法则来保护地球的法师，却成了唯一直面

---

① Leonard Peikoff, “What Is Man? Philosophy and Human Nature,” available at https://campus. aynrand. org/campus-courses/the-philosophyof-objectivism/what-is-man-philosophy-and-human-nature

② 同上。

且击败了多玛姆的法师。回想古一所有关于斯特兰奇自我的说法，或许她和莫度反倒才是以自我为中心的人——公平点说，自我也是兰德哲学理念的一部分——古一的确是如她所声称那般，为了大局才会被黑暗维度提供的永生所吸引，还是出于私心？莫度放弃了控制法师数量的使命，是由于心系更高理想和自然法则，还是因为骄傲和自我受到了伤害？

相比之下，奇异博士并不是为自我因素选择违反自然法则，正相反，他选择为自然法则牺牲自己。就像普罗米修斯或西西弗斯，奇异博士自愿为人类忍受时间循环往复的惩罚——不是为了他的自我，不是因为他被道德或法律奴役，而是因为他希望世上的每个人都能活着。更重要的是，他行使了客观主义者做出选择的权力和责任，从而做到了这一点。由此，他证明了破坏自然法则有时会成为维护它的最佳方式。这会让兰德、佩科夫、迪特科和莫度感到开心吗？大概不会吧——不过那也是他们的选择罢了。

第三部分

『这只是多重现实的其中一个』

10

星灵躯体与笛卡尔灵魂观：《奇异博士》中的身心二元论

迪恩·A.科瓦尔斯基

在2016年的电影《奇异博士》中，一场可怕的车祸给主人公斯特兰奇的手和手指神经造成了无法修复的创伤。他自信能治好自己，而这就是一件近乎不可能的事，由此也展现了他作为一名医生和科学研究者的傲慢之处（或者仅仅是他作为一个人所拥有的过度膨胀的自我）。总而言之，我们能感受到他根深蒂固的信念，认为人类无外乎神经、肌肉、血液、骨骼以及各种组织和组织液，但凡能完全掌握与人体相关的物理、化学和生物学知识——斯特兰奇也许就要达到这个水准了——那便穷极了人体知识。大概这就是他对受伤如此愤怒的原因：如果他如自己坚信的那般医术高超，（他自认为）就理应有办法解决手部的问题。

哲学家总体来说和斯特兰奇一样，有着对知识的不懈追求，但他们更关心有关事物本质实然（或应然）的抽象或概念问题。人类本质是最有趣的哲学问题之一。我们是什么，如斯特兰奇认定的那般只是血肉之躯，还是比之更加复杂——思想和灵魂的本质究竟又是什么？本章，我们将借用《奇异博士》来看看一些哲学家是如何尝试回答这个重要问题的。在这个过程中，我们将进一步认识哲学本身。

102 《让我们亲密一点》奥莉维亚·纽顿-约翰，1981[1]

斯特兰奇对古一说："我不相信什么信念的力量。根本不存在灵魂！人类是物质的，仅此而已，你也不过是这宇宙中一粒微小而无关紧要的尘埃罢了。"[2]这句话完美总结了影片开头他的世界观。无论斯特兰奇有没有意识到，他正引发一场哲学的形而上(metaphysic)之辩。形而上学寻求关于事物是什么、为什么以及如何存在这些基本问题的答案，比如："人类仅仅是物质存在吗？"回答"是"的哲学家(以及一位优秀的神经外科医生)秉持的是物理主义(physicalism)思想，这种理念认为人就是身体各个物质部件的总和，除此之外再无其他可言。对物理主义者来说，人类所有奥秘(包括意识)都可以通过研究人的身体得到解答，也就是说，我们的思想、感觉、信念和记忆统统都是(物质)大脑的特性与功能。

斯特兰奇信奉物理主义并不令人意外，毕竟大部分物理主义者都仰仗科学作为辩护手段。科学的确为我们解释了物质世界诸多令人迷惑的现象，让我们知晓太阳本身并不会像看起来那般真的落到

---

① 《让我们亲密一点》(*Let's Get Physical*)是著名歌手奥莉维亚·纽顿-约翰(Olivia Newton-John)于1981年推出的第十二张专辑的主打曲。——译者注

② 所有引用对话均来自2016年电影《奇异博士》。

地平线下，地球自转才带来了日出日落。此外，神经科学也带来了令人震惊的成果，揭示了精神障碍的发病原理，并给出了治疗方案，这些都是前人未能实现的成就。虽然在这个领域还有诸多现象未能得到解释，但是物理主义者确信，神经科学将不断挖掘出更多意识精神的原理，直到将其研究得透透彻彻。

古一表示她能让瘫痪的潘伯恩重获行走能力，便也能治好斯特兰奇的手，当时她说："如果我告诉你，你的身体可以说服自己进行各种方式的复原呢？"斯特兰奇以为她掌握了"极端前沿但尚不稳定的"细胞再生技术。如果他自己拥有这项技术，不用说令双手恢复自如，就连细胞的再生自愈都可能实现（显然他会将这个技术命名为"古一-斯特兰奇细胞再生法"，或者更合他心意的"斯特兰奇-古一细胞再生法"）。在他看来，既然这项技术远超当代水平，那么古一悄无声息在卡玛泰姬进行研究的做法也情有可原——肯定是为了避开"医 103
疗会"的监管。他以为终于找到了自己千辛万苦寻求的治疗方法，不枉这趟孤注一掷的卡玛泰姬之旅。然而，狂喜的斯特兰奇遗忘了莫度的忠告，"忘掉你自以为知道的一切"。很快他就会记得了。

《灵魂歌手》山姆与戴夫，1967

事实与斯特兰奇的猜测截然相反，古一并不知道细胞再生的方法，她只是有着独特的世界观和人类观，她看到人类是身体与灵魂的结合，并且懂得如何"利用灵魂更好地治愈身体"。而当斯特兰奇反应过来她只是在陈述灵魂存在论观念时，态度便大打折扣，他否认灵魂治愈的童话故事，愚昧粗暴地认定人只是宇宙中一粒微小（且无关紧要）的尘埃。

的确有一些哲学家同意古一的观点，认可精神（或灵魂）是一种自在存在，可以影响并作用于身体，这种观点被称为实体二元论（substance dualism）。实体二元论者认为人类存在有两种截然不同的形态，一种当然是物质形态，也就是斯特兰奇颇为了解而物质主义者用以解释所有人类经验的形式。但二元论者认定，我们不只是物质事实的总和。物质固然是一方面，此外还有心理状态（mental states），比如斯特兰奇懊悔于曾经向克里斯汀·帕尔默恶言以对，或者痛苦于发给她的邮件仿佛石沉大海一般毫无回音。

心理状态的属性使它们更易于描述却不易量化。它们非常主观，往往只有本人能够体会，外人无法直接观测到，也难以将它们与任何物质形态联系到一起，所以物质二元论者认为我们的构成中必然有非物质部分（non-physical fact），并且这些部分“驻扎”在非物质的精神或灵魂中。这些人进一步提出，包括灵魂本身在内的非物质部分——人的信仰、选择、欲望和回忆——诠释了这个人“究竟”是谁，而身体，这个无思想的肉体，则是人本身的物质部分，二者结合共同构成了每个人的基础本质。

104 笛卡尔是最具有代表性的其中一位物质二元论者，物质二元论者通常也被称为“笛卡尔二元论者”（Cartesian dualists）。他如此阐述自己的理论：

> 我们全然不知身体能以何种方式思考，因此有理由相信，我们体内的每一种思想都属于灵魂……我们还必须明白这点，灵

> 魂其实与整个身体连通,更准确地说,它并不栖存在身体任何一个单独的部位里。①

在电影中,古一从斯特兰奇的"物质形态"中打出了他的"星灵形态",让它进入了"灵魂与身体分离的地方",通过这种方式将物质二元论进行了奇特的戏剧化处理,并驳斥了尤以斯特兰奇为代表的物理主义者。

《想念你》滚石乐队, 1978

斯特兰奇的身体还停留在寺庙里,灵魂却开始了玄奥之旅,感受了异世界千奇百怪的景象、声音和感觉。再回到自己身体时,他的物理主义信仰动摇了——如果物理主义是真理,那么他刚刚所经历的一切就无从解释,而古一保证没有给他服用任何致幻剂,所以他别无选择,只得承认人不仅仅是无情宇宙中微小的尘埃。此时此刻,他的法术训练才真正开始。

有两个场景展现了斯特兰奇如何变着方法利用自己的星灵形态。先是用其疯狂汲取法术知识:当晚上身体在睡觉时,星灵体(灵魂)就从图书馆"借"书,然后端坐在自己的床尾,翻看着王禁止他借

---

① René Descartes, *Passions of the Soul* (1649), trans. E. S. Haldane and G. R. T. Ross,引自 *René Descartes: Philosophical Essays and Correspondence*, ed. Roger Ariew (Indianapolis: Hackett Publishing, 2000), 298 and 307。

阅的这些书。只有物质二元论成立，这个场景才有可能实现，因为斯特兰奇的灵魂不但可以脱离肉体而存在，还可以阅读、思考和学习，甚至在没有身体的情况下进行翻页（稍后我们再来聊聊物质和非物质形态的交互本质。）

当斯特兰奇第二次使用星灵形态时，他已经成为一名优秀的法师，也使得这一场景在主题和概念上变得更加复杂。彼时他刚被卡
105 西利亚斯的一名手下重伤，打开传送之门逃到了克里斯汀·帕尔默担任急诊医生的那家医院。克里斯汀支撑着这个失去知觉的人到手术台上，准备为他抽取心包囊中积塞的血液和组织液，突然，他的星灵形态弹出了躯体，飘浮到手术台右侧，看到克里斯汀预备把一个大口径针筒插入自己的身体，便立刻显现身形并出声，这样就能以“法师的奇异方式”引导她找准手术方式。克里斯汀被狠狠吓了一跳——观众也是——因为我们都看到他的星灵形态造成了某种空间裂缝。克里斯汀问他：“史蒂芬，我看到什么了？”他答道：“我的星灵形态。”她怀疑斯特兰奇是不是已经成了鬼魂，于是接着问道：“你死了吗？”他说：“还没有，但是快了。”以此来提醒克里斯汀回神并继续救治。他把星灵形态的手放入胸腔，精准点亮了应该插入注射器的部位。

可惜，他们跨越空间的重逢很快就被打断了，因为斯特兰奇并不是唯一掌握星灵形态这项技能的法师，那个被他用悬浮斗篷（Cloak of Levitation）困着的卡西利亚斯手下也脱离了身体，跟着来到了手术室。斯特兰奇发现他后，叮嘱克里斯汀说：“我得消失一会儿，拜托别让我死了，好吗？”当这两人打架时，他们的星灵体相互碰撞，偶尔一些更剧烈的交锋还会影响到物质形态的手术室。他们扭打着跌到

手术台上，克里斯汀仍在努力抽出积血，而且似乎也对二人有所感应。接着两名法师冲出房间，星灵体正好穿过自动售货机，打落了一些零食（正在售货机前的医生倒因此收获了一些免费零食）。

当他们回到手术室时，对方给了斯特兰奇致命几击，他的心脏似乎也随之停止了跳动。克里斯汀听到了心电检测仪的警报声，马上给除颤器充电，电脉冲不仅使他物质形态里的心脏复律，还通过星灵体释放出巨大能量，瞬间扭转了局面。于是斯特兰奇再次显现在克里斯汀面前，让她增大电压再来一次，这次，更强烈的脉冲直接炸死了卡西利亚斯手下的星灵体——对方的身体也随之断了生气。危机解除之后，克里斯汀缓缓说道："没想到过了这么久，你就这么出现，从你的身体里飞出来?"他则低声回复道："其实我也想你。"

《身体与灵魂》比莉·哈乐戴，1957 106

无可否认，物质形态的情况会影响人的心理状态，反之亦然。现实中，本尼迪克特·康伯巴奇（Benedict Cumberbatch）同意出演奇异博士，他为此蓄了胡子，并按照至尊法师的风格进行修剪；电影里，斯特兰奇被刺穿胸部导致心脏受损，这在带来巨大的痛苦的同时也让他萌生了找克里斯汀来救自己的想法。

物质世界与非物质世界之间的微妙关系是形而上学——特别是物质二元论——面临的最大难题之一。笛卡尔意识到这些相互关系的重要性以及它们给自己的世界观带来的影响：

> 自然给予了我疼痛、饥饿、干渴等感觉，由此让我了解到我在我的身体中。但我与身体的关系不仅仅像水手与船的关系那般，而是紧密相连，或者应该说融合(commingle)在了一起，形成了一个整体。若不是这样，那么我，作为一个只会思考的形态，在身体受伤时便不会感到疼痛，相反，我会用纯粹的智力来感知伤口，就像水手靠视觉来看船上是否有东西坏了一样。①

笛卡尔预见了有人会反驳称身体和灵魂不可能截然不同，因为所有经验都在诉说身体和内心状态是紧密交织的。对此他的回复是，身体和灵魂可以在这种“融合”状态下进行互动。多数物质二元论者的确将笛卡尔的思想奉为纲领并推崇为互动论(interactionism)，相信灵魂和身体会引起彼此的变化。互动论是将笛卡尔二元论串联起来的“说明性粘胶”，没有它，笛卡尔二元论就无法解释我们身心统一的体验。

笛卡尔进一步说，虽然灵魂“融合”进了整个身体，但互动其实发生在大脑松果体(pineal gland)中。② 他认为松果体里聚集了他所说的(意译)“生气”(animal spirits)，可以从身体向大脑或从大脑向身体传递信息。然而就如许多人很快意识到的那样，笛卡尔的“答案”
107 最终只会引出更多问题：这些“生气”如何完成身心之间的信息传递？如果“生气”是物质的，那它们如何影响非物质的灵魂(更别提斯特兰

---

① René Descartes, *Meditations on First Philosophy*, *Meditation* Ⅵ(1641), trans. Donald Cress, 引自 *René Descartes: Philosophical Essays and Correspondence*, ed. Roger Ariew (Indianapolis: Hackett Publishing, 2000), 136。

② 参见 Descartes, *Passions of the Soul*, Part I, articles 31 – 34。

奇医生从未在脑外科手术中见过它们)？如果“生气”是非物质的，那它们又如何与物质的松果体接触呢？

这些哲学关切的重点其实并不在于松果体，不在于身体与灵魂在哪里互动，而在于它们究竟如何做到互动。最关键的是互动论自身的本质。人的灵魂如何能既与身体有着根本的区别，完全独立于身体，同时又能与其互相影响，成为人类所有成就的根源？[①] 当代哲学家加勒特·汤姆森(Garrett Thomson)整理归纳了互动论的几个概念性难点：

> 如果思维不是物质的，那么它如何控制物质的东西？如果灵魂不实存于这片空间，那么所谓灵魂靠近大脑的说法便是错误的，可是为什么它只对我的大脑有直接的影响？…… 如果非空间内行为能引起我大脑的变化，那一定是某种念力或魔法。[②]

汤姆森并不含蓄地提出互动论只不过是一厢情愿的说法，他指出了物质二元论的种种问题，却没有给出任何潜在的答案。

上述两个星灵体的使用场景也存在同样的问题。斯特兰奇的星

---

① 波西米亚的伊丽莎白公主(Princess Elisabeth of Bohemia)是笛卡尔的学生，她曾在向笛卡尔请教时婉转地提出了这个问题：

请告诉我，人类的灵魂如何指引“生气”在体内运动并引起自发活动……运动似乎总是取决于该运动物体被推动的方式——取决于让物体运动的那股推力的来源，或者说取决于后者表面的性质和形状。

(引自 *Philosophic Classics*，vol. Ⅲ，ed. Forrest E. Baird and Walter Kaufmann，Upper Saddle River，NJ：Pearson-Prentice Hall，2008，53。)

② Garrett Thomson，*On Descartes* (Belmont，CA：Wadsworth，2000)，75.

灵体是如何能够拿起书并翻页的？同样，他和卡西利亚斯手下在帕尔默的急诊室大打出手，又是怎么影响到房间里的人与物的？这就类似于“我们的思想或灵魂如何与我们的大脑和身体互动”，只不过对象延伸到了身体以外的事物。由急诊室这一幕，其实我们还可以延伸出更多问题，比如斯特兰奇第一次出现在克里斯汀面前时，一半的星灵形态仍在星体层面，但另一半出现在地球物质层面并与克里斯汀交谈，她能看到它，也能听到它，这就表示它能反射光线并移动空气，如此一来，与物质世界就产生了非常强烈的互动，尤其是对“星灵形态”来说。笔者甚至都不用提克里斯汀对斯特兰奇的身体使用除颤器和斯特兰奇杀死对手这两件事情的关联，要想解释电影中看到的这幕，恐怕需要用上非常奇异的互动论理论了！

108 《可能》，1957年《灰姑娘》插曲

《奇异博士》中的星灵形态表现出明显的物质和非物质双重性，不过这部电影仍然无法回避互动论和物质二元论普遍存在的诸多问题。我们的身体和思想（或灵魂）显然需要密切的互动，这似乎代表了一种极其紧密的关联，而仅靠“融合”或松果体的说法恐怕难以解释。汤姆森的确认为，要信仰物质二元论就意味着相信念力或魔法。

不过《奇异博士》这部电影可能代表所有物质二元论者给出了一个回应——为什么地球上的一切就必然遵循物理定律（laws of physics）？电影中，从其他维度汲取能量到这个维度才是实施法术的核心，对此古一向斯特兰奇解释道：“我们从多元宇宙的其他维度

获取能量，念出咒语，铸造出盾牌和武器，从而施展法术。”古一的意思是能量从一个维度转移到另一个维度，其实听起来更像科学而不是魔法。是否可以从“能量的跨维度转移”入手来解释手术室里的奇异事件？是否会有类似的“非物质灵魂—物质身体间的能量转移”理论来解释它们之间的互动？

更宽泛点说，上述也只是古一针对斯特兰奇的狭隘世界观而向他传递的其中一方面信息。也许那些对物质二元论持怀疑态度的人目光短浅，只会“通过锁孔看世界”，而当有人提出锁孔“能以超乎想象的方式拓宽”时，他们只是胡乱地“拒绝这种可能性”。有些人可能会赞同古一，也会质问那些反对笛卡尔观点的人：“你以为你知道世界是如何运转的吗？你以为这个物质世界就已经是全部了？”对我们每个人来说，知识永无止境，也许我们应该学一学斯特兰奇被迫摆出的谦卑态度，不要过于轻易地对互动论做出判断。

物质二元论的反对者往往也承认互动论在逻辑上并非完全说不通，就像“已婚单身汉”或“圆的方形”这样的概念，但是哲学家希望找到对事物本身合情合理且恰当的阐释，而不仅是一种可能性。无论是念力还是魔法都有可能存在，但我们没有理由就这样笃定它们真的会发生，由此也突出了汤姆森对物质二元论的质疑。而从其他合 109
理妥当的观点来看，它们似乎多半是不会发生的。更有甚者，要采用这些更加古怪的互动理论，意味着我们需要重新阐释或否定科学家已经建立的关于所谓多重性、维度内和维度间能量转移、大脑功能以及许多物理、化学和生物学的理论。若没有更充分的理由来质疑我们对这个世界和其运作方式的现有知识，我们或许应该保留对互动论的怀疑态度。①

《奇异魔法》电光乐队，1975

学习哲学有助于更深入地解读《奇异博士》，反之，剖析电影也可以加深对哲学思辨过程的鉴赏能力。这部电影精彩地展现了形而上学的难题，提醒我们世界有许多可能的运作方式，世界上可能也有许多种可见、不可见的存在，其中有些存在是我们难以清晰地想象或构想出来的，所以哲学家（应该）保持谦虚谨慎，不拘泥于自己了解的，或自以为了解的知识。他们应该效仿的是斯特兰奇对知识的不懈追求，而不是掌握知识的盲目自信。

① 请注意，否认物质二元论并不代表你必须信奉物质主义，有关物质主义其实也有许多疑问（形而上学因而成为哲学界最有趣又最令人抓狂的领域之一）。更多请参见《斯坦福哲学百科全书》中“Daniel Stoljar”词条，https://plato.stanford.edu/entries/physicalism/。

11

科学家、形而上学者与至尊法师

莎拉·K.多诺万 & 尼古拉斯·理查德森

奇异博士的漫画故事总是充满了各种哲学因素。在其编剧杰森·亚伦(Jason Aaron)和画师克里斯·巴查洛(Chris Bachalo)最近创作的故事中,这位复杂角色跨越维度的历险为厘清长久以来哲学与科学的纠葛提供了不少灵感。几百年以来,西欧有这么一群学者既研究哲学又钻研科学,他们专注的领域在当时被称作"自然哲学"(natural philosophy)。①

故事里,奇异博士对抗大统帅(Lord Imperator)和恩皮利库尔(Empirikul)时的风格与方法就展现了自然哲学家的特色,他的这些惊心动魄又发人深思的经历能帮助我们了解科学、哲学与魔法为何难以划清界限。

---

① 同样,科学家也不太会提出关于自然、伦理和政治的哲学理论。

不要用酷炫斗篷评判至尊法师

奇异博士的花哨咒语、独特头衔和酷炫斗篷都格外引人注目，但是不要忘记，归根到底他是个自律且智慧的至尊法师。为了做个成功的至尊法师，他的必修功课远不止法术，还包括科学和形而上学。形而上学是哲学的一个分支，探讨存在的基础本质，并重点关注那些用科学工具难以解答的问题（因此才叫“形而上”）。为了理解形而上
112 学者与科学家的异同，让我们看看他们对归纳推理法（inductive reasoning）和演绎推理法（deductive reasoning）的不同运用方法。

归纳推理法是通过观察总结出一般性结论，这种结论适用于大部分情况，但无法保证百分之一百的准确性。例如，假设你在下班或放学回家途中经过了四个不同的电影院，门前的大屏幕上都显示着《奇异博士》在映，如果不考虑“四个不同地点的大屏幕都不准确”这种概率极低的情况，你可以由此得出一个比较合理而准确的结论：《奇异博士》目前正在你家附近的影院上映，而且很有可能四家都有排片。

演绎推理法则是从一般性结论开始，运用逻辑来构建满足结论的条件或前提，具有百分之一百的确实性。你可以从“奇异博士终有一死”这个结论入手，然后找到能从逻辑上演绎出这个结论的前提（有必然联系），比如“所有人都终将死去”以及“奇异博士是个人”。如果这两个条件为真，那么逻辑上可以得出，奇异博士终有一死。归纳推理法从证据入手寻找结论，而演绎推理法就是凭借逻辑从一般

性陈述推导出特殊情况。

这两种推理方法形而上学者和科学家当然都会使用，只是前者首选归纳法，后者首选演绎法。纵然这两类人对于真理有不同的标准——哲学家看逻辑，科学家看测量——但是这两种标准的核心都存在于宇宙逻辑与数学语言中，从而佐证了哲学与科学在过去远比今日看上去更加亲近。从前的哲人科学家（philosopher-scientist）对此颇有研究——还有当今的这位至尊法师。

至尊法师不制造法力

奇异博士和历史上的哲人科学家一样，也研究形而上学及其与物质世界的关联。举个例子，在亚伦和巴查洛这卷漫画的第一期中，奇异博士对抗的是寄生于小男孩灵魂里的外维度噬魂者（soul-eater）。作为读者，我们可以旁观灵魂维度的这场惊心动魄的战斗，可是小男孩的父母看不到战况，所以当得知儿子被治好时，他们的反应却是： 113
"这就好了？但……你不过就是在空中坐着悬浮了几分钟。"①

当然，奇异博士能够用咒语创造这种奇迹，得益于他在导师古一门下学习的经历。但是我们必须明白，他本人并不真正拥有法力，只是经过训练学会了从宇宙中找寻现有法力并使用其能量的秘法。他更是传承悠久的至尊法师的继任者，这个头衔所有者的力量主源是

① *Docter Strange*, vol. 4, #1 (October 2015)，收录于 *Doctor Strange*: *The Way of the Weird* (2016)。

《维山帝之书》，只有懂得门道的人才了解如何运用。古一就像位哲学或科学大家，教导奇异博士从书中汲取法力，并在出现新状况时灵活使用书中古老的咒语。

奇异博士出手对付感染了图书管理员泽尔玛·斯坦顿(Zelma Stanton)的外维度精神蛆(mind maggot)的这段经历具体展现了他利用知识使用法术的过程。① 法术的事情从来都不简单，毕竟法术并不直接为法师所拥有。在全然不了解精神蛆的情况下，奇异博士试图帮助斯坦顿，却无意中把它们释放了出来……然后自己被盯上。清理完落跑精神蛆的斯坦顿和王随后发现奇异博士一个人在看书。斯坦顿问道："瞧，博士，我们……等等，你在读书？你难道一直坐在这儿读书？""不是坐着，我是悬浮在这儿读书。我想找到解决方法。"②奇异博士和形而上学者、科学家一样，在遭遇前所未有的状况时，都需要寻找方法获取并使用法术来解决问题。从书中，他演绎推理得出可以利用斯坦顿与精神蛆残留的联系，也就是外质黏液丝束(呃，好恶心)，将它们引诱回中心地点后用身体困住它们，毕竟他熟悉自己的身体，这样便能更有效地消灭它们。

在这个故事中，奇异博士运用了归纳和演绎两种推理法，比如他注意到形而上生态系统失衡，从而总结得出：一些非常危险且具有毁灭性的生物即将侵入这个世界。新的情况使他运用法术的智慧与技巧都受到了考验，因为他不得不像历史上那些自然哲学家一样用新

① *Doctor Strange*, vol. 4, ＃1 (October 2015)，收录于 *Doctor Strange: The Way of the Weird* (2016)。

② *Doctor Strange*, vol. 4, ＃2 (November 2015)，收录于 *Doctor Strange: The Way of the Weird*。

方式思考这个世界，还有自己在世界中的角色。通过这次经历，奇异博士明白法术界有了根本性改变，《维山帝之书》不再适用，他必须根据这个新现实写出自己的法术之书。①

当心地窖里的东西 114

亚伦和巴查洛的延伸故事则讲述了奇异博士与所有法术相关人士遭到了追杀和清洗，这次他们的敌人是自封为科技卫士的“大统帅”和其军队“恩皮利库尔”。奇异博士和大统帅都有坚定的世界观，他们分别用法术与科学解读现实，指导行为。当代逻辑学家帕特里克·赫尔利(Patrick Hurley)强调，哲学家(包括形而上学者)和科学家在面对和解释复杂经历时有一个共同的方法。② 他提出，这两类人都试图用理论解读复杂的现象，区别只在于科学家大概会问：“重力如何作用于物体？为什么？”而哲学家大概会问：“是否是神创造了重力？”但是他们的目的都是揭示现实背后隐藏的总体框架，解释其运作原理。

大统帅认为现实构架非常简单，法术就是纯粹的恶，科学就是纯粹的善，杀戮法师就是在“消灭宇宙的巨大癌细胞”，所以自己所做的

---

① *Doctor Strange*, vol. 4, #11－16 (November 2016－March 2017)，收录于 *Doctor Strange*: *Blood in the Aether* (2017)。

② 参见 Patrick Hurley, *A Concise Introduction to Logic*, 11th ed. (Stamford, CT: Cengage Learning, 2014)。

一切都为了这个宇宙着想。[1] 这个世界观太过严苛，他从来不犹疑是否事实上只有一部分法术需要被毁去，反而只关心怎么运用科技测量当下法力的总量，然后想方设法毁其所有。恩皮利库尔抵达至圣所时说："仪器从来没有测量到这么严重的侵害。"大统帅收到这条信息后，当即回复道："探测器将从亚原子层面攻击法力。纯粹将得以重现。"[2]因为他们坚信法术为恶而科学为纯粹，所以只会考虑在发现法术痕迹后如何最彻底地将其摧毁。

反之，奇异博士认定法术是这个宇宙的重要成分，为保护法术，他数次置身危险之中。此次为了打败大统帅，他甚至自愿面对自己最黑暗的一个秘密——焦虑、恐惧和耻辱的最深层源头，"地窖里的东西"(Thing in the Cellar)，也就是法术的邪恶副产品。古一曾在训练时告诫过，每一条咒语都有代价，咒语越有威力，代价也越大。[3]王把奇异博士遭受的痛苦(使用法术的代价)转移到至圣所的地窖里，渐渐地它们有了人形，在上锁的地窖门后面壮大、恶化。

115 恩皮利库尔在清除至圣所法术的时候将"地窖里的东西"释放了出来，可是他们无法与之抗衡，只能召唤大统帅，于是地窖成了大统帅和奇异博士的决战场。情急之下，奇异博士转而向这个东西寻求合作："大统帅会杀了你，还有我。我们在他眼里都是怪物。你必须

① *Doctor Strange*, vol. 4, #7 (April 2016)，收录于 *Doctor Strange*: *The Last Days of Magic* (2016)。

② *Doctor Strange*, vol. 4, #6 (March 2016)，收录于 *Doctor Strange*: *The Last Days of Magic*。

③ *Doctor Strange*, vol. 4, #4 (January 2016)，收录于 *Doctor Strange*: *The Way of the Weird*。

帮我,之后再恨我也不迟,拜托了……"①奇异博士明知毁了它才应该是最有利的选择,却甘愿为了法术界保护这样一个存在。

在另一个事例中,奇异博士进一步展现了自己执着的世界观,彼时他明白了自己必须接受一项艰巨的任务,也就是重新定义法术界的规矩和法则。恩皮利库尔被打败后,奇异博士找到"无门酒吧"(The Bar with No Doors)的酒保全度(Chondu)——一颗悬浮在玻璃罐里的头——对其坦承道:"我觉得自己像是在从零开始。"全度提醒他说:"那你应该去弄清楚,博士。如果古老的魔法之书不再合适……是时候写些新的了。来一次写一条,如果有必要的话。"②奇异博士的确是由此着手的,就如数千年来哲学家和科学家所做的那样。

目的论、橡子与伊恩加沃里鼻涕虫

亚里士多德就是一名哲人科学家,研究物理学也探索形而上学,他对于自然的认识直到十七世纪科学革命前一直有巨大的影响力。亚里士多德认为万事万物形成发展的原因有四种,分别是动力因(efficient cause,改变的开始)、质料因(material cause,物质的构成)、形式因(formal cause,事物的本质或蓝图)以及目的因(final cause,

---

① *Doctor Strange*, vol. 4, #10 (October 2016),收录于 *Doctor Strange: The Last Days of Magic*。

② *Doctor Strange*, vol. 4, #11 (November 2016),收录于 *Doctor Strange: The Last Days of Magic*。

事物的结果或目的）。①

这种因果具有普遍意义上的重要性，因为亚里士多德科学的目的是揭示自然的原因，其中他认为目的因尤为关键，代表了一种自然的目的论（teleological）观念，亦即万事万物有其所终或其目的，而对事物的衡量标准也取决于它是否达成了自己的目标。以橡子为例，橡子有其目标，那就是长成一棵健康的橡树，这个目标就是蓝图，有了合适的物质条件就会展开。这颗橡子不需要知道如何变成橡树，甚至都不需要动这个念头，其目标自会指引它的成长。

116 再看故事里的一个目的论例子。奇异博士察觉到自己的星灵形态正遭受伊恩加沃里鼻涕虫（Een'Gawori slugs）攻击，这是一种以法力为食的生物。② 击败这些虫子后，奇异博士没有杀死它们，而是让其一直处于饱后犯困的状态中。为什么这么做？因为他很清楚，这些虫子没有什么摧灭世界的野心，进行攻击只是为了食用法力。他和王发现虫子的家乡“无名基地”（Fandazar Foo）被毁时，王问这是不是虫子们做的，奇异博士否定了这个猜测，因为“它们还做不到这个程度”。③ 奇异博士按照目的论去解读鼻涕虫，理解它们进入这个维度不是为了伤人，而仅仅是为了实现自己进食法力的目标。橡子不会长成松树，同理，这种鼻涕虫也不会变成跨维度侵略者。此外，因为奇异博士清楚鼻涕虫的目标，所以他可以合理地通过演绎推理

---

① 参见 Aristotle's Physics, Book II, Part 3，可见 http://classics.mit.edu/Aristotle/physics.html。

② *Doctor Strange*, vol. 4, #3 (December 2016)，收录于 *Doctor Strange: The Way of the Weird*。

③ 同上。

得出，伊恩加沃里是被其他某种生物摧毁的。

亚里士多德的物理学观点在西欧影响深远，即使经过中世纪哲学家的重新解读也依然如此。不过重解并非顷刻之功，因为几个世纪以来西欧学者都无法读懂他的古希腊语作品，直到中世纪拉丁语版问世，这个问题才得以解决。在中世纪西欧，基督教占据了大半边天，其教育体系围绕着僧侣阶层展开，著名哲学家、神学家阿奎那(Thomas Aquinas，1225—1274)为将亚里士多德的作品融入当时的基督教主流环境做了很大贡献。① 他认为，因为亚里士多德认为地球是宇宙中心，而且存在着一个称为“不动的推动者”(unmoved mover)的中心神，所以其观点总体契合基督教教义。② 虽然阿奎那的主要身份是哲学家和神学家，但是他也深刻影响了自然科学的进程。作为教会的管理者，他有权参与决定修道院(在印刷术流行之前，知识主要通过修道院传播)教授的课目与方式。

以(所谓)科学的名义伸张正义

渐渐有声音开始反对亚里士多德的目的论，但均遭到了天主教会——他们发现亚里士多德的观点符合《圣经》的指示——和科学群

---

① 更多有关阿奎那与亚里士多德对其影响的资料，参见 John O'Callaghan, "Saint Thomas Aquinas," in the *Stanford Encyclopedia of Philosophy*，可见 https://plato.stanford.edu/entries/aquinas/。

② 应该注意，亚里士多德作为基督教诞生以前的哲学家，他所提出的“不动的推动者”并不是永恒宇宙的创造者。亚里士多德在《形而上学》中探讨了“不动的推动者”，我们也建议阅读相关条目，参见 *Stanford Encyclopedia of Philosophy*。

体的一致压迫。即便如此，仍有一些杰出的哲人科学家扛着目的论
117 的压力，为现代的机械论（mechanistic）观点开辟出一条道路。机械论认为事物发展依据的是自然的物质法则，而非预先注定的目标。

其中有四个人尤其值得一提：

一、哥白尼（Nicolaus Copernicus，1473—1543）提出了著名的“日心说”，这个假说与亚里士多德的物理理念相悖，认为太阳才是宇宙的中心，而不是地球。

二、培根（Francis Bacon，1561—1626）批判了亚里士多德的逻辑学，更重要的是，他反对亚里士多德把关注点放在自然背后的原因，而因此忽略了如何去运用自然。

三、伽利略（Galileo Galilei，1564—1642），数学家、天文学家，他通过等加速度落体实验有力地反驳了亚里士多德的物理学，此外还通过新发明的天文望远镜观测行星。

四、开普勒（Johannes Kepler，1571—1630）在哥白尼日心说的基础上提出天体的运行轨道是椭圆形的假说（与亚里士多德的圆形轨道说相悖）。①

总的来说，这些思想者反对亚里士多德对目的论的关注[包括“是其所是”（essence）和分类编目法等其他方面的观念]以及广泛采纳的自然科学与数学之分。而在当时的环境下，任何新思想的提出者都有可能遭受迫害，比如伽利略就因异端指控入狱。

① 有关这些发展的详细解释，我们推荐参考 Frederick Copleston 的 *A History of Philosophy*，*vol. 2*：*Medieval Philosophy from Augustine to Duns Scotus* (New York：Doubleday，1993)。该系列共九册，拥有惊人的体量与丰富的细节，对于希望了解西方哲学历史的读者来说是非常优秀的阅读材料。

和亚里士多德的思想卫士一样，大统帅也试图打压违背自己想法的观念。他打着科学的旗号，实际上已经陷入盲目的狂热之中，对任何有可能动摇其正统信仰的证据都视而不见。手下向他汇报说奇异博士可能察觉到他们在猎杀至尊法师，那时他说："是时候把另一个世界从恶中解放出来了……我们的神圣审判还在继续…… 赞扬恩皮利库尔，让法术去死吧。"①奇异博士感悟到辩证思维和未知知识的价值，大统帅却将这二者都视作对自己掌控的伪科学世界观的威胁。

无论大统帅如何宣扬为科学奉献，他其实都更像个宗教狂热者，我们不妨回忆一下所有他的那些关于净化和献祭法术使用者的言辞。恩皮利库尔在至圣所外攻击奇异博士时，其中一个士兵还对他说："恭喜，法术者，你已经朝着纯洁前进了一步……科学的力量将烧 118
毁所有谎言与异常。"②大统帅的所谓科学不是开放研究、批判性思考或详细记录的实验，而是对无辜者的残害，是穷凶极恶的歪门邪道。他教训奇异博士道："你会被烧死，就像其他人一样。你的审判开始了，至尊法师。"③这句话将他宗教式的浮夸暴露无遗。

我们了解到，其实大统帅信仰"科学"不是因为对真理的无止境追求，而是出于对幼童时期威胁到他生命的魔法生物的仇恨。他是这么告诉奇异博士的："我本来都活不过小时候。从小我就被诅咒了，不像我的朋友们，他们生命的方方面面都与自己信仰、尊崇的上

---

① *Doctor Strange*, vol. 4, ＃3.

② *Doctor Strange*, vol. 4, ＃6.

③ 同上。

帝建立了联系，而我，我的生命却时刻面临那个名叫舒玛-哥拉斯(Shuma-Gorath)的邪恶眼魔的威胁。”①这个怪物也是奇异博士的老敌人。我们还了解到，大统帅的父母和他本人截然不同，他们应该是真诚友善的科学家，一直努力揭示舒玛-哥拉斯的真面目，告诉大家这不是一个值得信仰的神祇，而是残害小孩的恶怪。大统帅的母亲在临去世前吐露说，他们希望拯救生命，不希望惩罚或伤害任何人。她对丈夫说：“你是个好人……但是我们做不了救世主。我们从来就不是。”②他们死在宗教狂热者的手里，可是大统帅完全误解了他们的牺牲，导致他从不费力说服反对者，只是直接杀了了事。

技术的两面性

奇异博士深知大统帅的技术非常凶残。在他的一本书《瓦图姆魔杖》(*Grimoire of Watoomb*)失去法力后，奇异博士前往瓦图姆神庙展开调查，却被所见的景象震惊到了：“所有的防御体系都关闭了。这个地方的法力已经干涸了。”就在他思索什么法力能造成这种后果的时候，却意识到：“没有一丝法力的痕迹。是机器。”③他向所有的法术沟通频道发送了一条绝望的信息，警告大家：“我们的敌人不是法师。他们使用的是科技武器……这……是我从未见过的技术……

① *Doctor Strange*, vol. 4, #7.

② 同上。

③ *Doctor Strange*, vol. 4, #4.

拥有足以毁灭法术的力量。”①

大统帅对法术的敌意表明，虽然我们往往认为科学进步于人类 119
有利，但是它们也会带来负面效果。大统帅利用机械进行摧毁，实现统治，自认为是为了行大善来净化法术使用者之恶，实际却带来了杀戮和其他维度的倾覆性毁灭。奇异博士如此描述恩皮利库尔摧毁“无名基地”的行为：“都消失了。全部都烧毁了。”②

大统帅还向我们展现了技术可能具有的毁灭性以及非人性。他利用技术创造了一个完全隔离人世的世界。在逃离舒玛-哥拉斯的死亡魔掌，离开家乡星球后，他说：

> 我独自在科学的子宫里孕育成长。我只关心如何才能找到抹除法术的科技设备。我就是这样的人。大统帅就应该是这样的人。

他还将自己描述成人类以外的存在，自认为是“超级科学造就了现在的我。更加强壮。比我那个世界的任何人所梦想成为的任何人都要强大”。③ 之后在与奇异博士和“地窖里的东西”对战时，他说：“我学会导入超新星的白热炽焰、彗星的高速、巨型黑洞的量子威力——我在科学之水中受洗，如此我将重生。”④大统帅没有用科技改善人类

---

① *Doctor Strange*, vol. 4, #5 (February 2016)，收录于 *Doctor Strange: The Way of the Weird*。

② *Doctor Strange*, vol. 4, #7.

③ 同上。

④ *Doctor Strange*, vol. 4, #10.

生活，却用其抹去自己的人性，摧毁其他世界，从此那些地方将按照他的想法变得渺无人烟，一片荒芜。奇异博士直言道："比起法术，显然科学更易造就怪物。"①

与大统帅滥用科技毁灭性的情况不同，科学革命中有许多机械推动科学良性进步的例子。例如，笛卡尔提出了关于自然的机械论和数学观点，认为自然世界是惰性的物质，供我们去控制和操纵，与亚里士多德的目的论正相反。笛卡尔等革新性思想者们在科学界开疆扩土，为后来的领先发现开辟了道路，这才有了牛顿(Sir Isaac
120 Newton, 1643—1727)著名的万有引力理论、三大定律和微积分学——它们是太空航行和量子力学的基础。

此外，大统帅的科学理念否定所有的灵性(spirituality)，但事实上，科学与灵性是兼容的。无论是笛卡尔还是牛顿，都没有以科学的名义否定宗教或灵性，而是试着解决信仰科学与信仰高于人的存在之间的矛盾。以笛卡尔为例，虽然人们往往将他的物理学视为将科学从亚里士多德自然观(教会支持的观点)桎梏中解放的关键学说，但是他也提出了一种形而上理论，认为上帝创造了人类思想只为了让人们理解自然世界。② 牛顿不认可宗教对时间的主流解读，但这不妨碍他做个虔诚的信徒——他也进行炼金术试验，即现代化学的

---

① *Doctor Strange*, vol. 4, #7.

② René Descartes, *Meditations on First Philosophy*, 3rd ed., trans. Donald A. Cress (Indianapolis: Hackett Publishing, 1993). 有关笛卡尔对物理学和上帝的探讨，以及其与教会教条的冲突，参见 Tom Sorrell, *Descartes: A Very Short Introduction* (Oxford: Oxford University Press, 1987), 65－70。

前身，常常被视为与神秘学或魔法有关。①

哲学、科学与……魔法？

历史学家彼得·迪尔(Peter Dear)在《革命科学》(*Revolutionizing the Sciences*)中把亚里士多德等古代哲学家的作品置于科学革命的背景之中。② 迪尔强调，知识的进程是复杂的，并尤其质疑科学革命前只有迷信和魔法崇拜横行，而后无条件转换成新科学方法的单纯说法。他写道，在科学革命前那段时期，科学其实与魔法和迷信交织并存。

无论是否相信魔法，我们都可以认为在历史进程中，科学为许多曾被认定是魔法产物的事物提供了理论解释，而且今后也会有更多这样的理论出现。在当代，灵魂出窍的体验也许能用神经放电，甚至用其他维度的科学发现进行解释。我们或许能以奇异博士的知识储备作为例子，说明外行人士眼中的玄幻事件背后说不定都有相应的科学根据。奇异博士认为形而上领域是物质领域的映射，二者遵循

---

① Rob Iliffe 探讨了牛顿的炼金实验、宗教观念以及他与基督教正统的争执，参见 *Newton: A Very Short Introduction* (Oxford: Oxford University, 2007), 54-82。在漫威宇宙里，牛顿曾经就是至尊法师，利用法术寻找"神之道"(The Word of God)(*Doctor Strange and the Sorcerers Supreme* #5, April 2017，收录于 *Doctor Strange and the Sorcerers Supreme: Out of Time*, 2017)。

② Peter Dear, *Revolutionizing the Sciences: European Knowledge and Its Ambitions, 1500—1700* (Princeton, NJ: Princeton University Press, 2001). 这本书内容精彩，表述清晰，适合所有对科学进程感兴趣的读者。

基本相似但不雷同的规则（不过只有法师能解读这规则），由此可以想象，超越时代的科学家们大概有着相似的经历，一些无法解释的现象在常人眼里奇异而神秘，但是在他们眼里其缘由则清清楚楚、明明白白。

121 现代科学对于外行来说或许会比魔法更像魔法，量子力学就是典型代表。牛顿力学解释行星移动、物体掉落、波的传播等日常运动定律，量子力学呈现的则是亚原子粒子与众不同的运动状态。例如，在牛顿定律中，波是通过媒介传播的能量（想象一下声波或海洋内波），粒子是组成该媒介的物质（空气或水体），显然二者具有不同性质。但是在量子领域，它们似乎性质相同，比如光就同时具有波粒二象性。① 科学家现在已经接受了量子力学的超验，或者说形而上的本质，这打破了牛顿经典范式，在常人眼里无异于魔法——量子纠缠（quantum entanglement）的现象中，两个粒子能在超长距离外同步彼此的行为②，难怪爱因斯坦称之为“鬼魅般的超距作用”（spooky action at a distance）！③

漫画里也展现了类似的魔法观。奇异博士说那些不熟悉其他维度的人“感到了困惑和极度恐慌”，“他们第一次得以窥见阴影里的未

---

① 不相信？参见“The First Ever Photograph of Light as Both a Particle and a Wave,” *Phys. Org*, March 2, 2015，可见 https://phys.org/news/2015-03-particle.html。

② 参见 Frank Wilczek, “Entanglement Made Simple,” *Quanta Magazine*, April 28, 2016，可见 https://www.quantamagazine.org/entanglement-made-simple-20160428/。

③ 更多有关量子力学与量子力学引起的哲学难题，参见本书第 14 章。

知之物，窥见想象极限之外的领域一角”。① 他本人则熟悉这些维度的存在，所以能用类比的方式解释这些超乎自然的世界，他说：“人的身体是微生物的培养皿……人的灵魂也同样吸引寄生之物，不过并非在微观层面，而是在一个神秘的层面。”②通过书籍和理论指导，奇异博士得以理解另外维度的逻辑和科学，因为它们都遵循一定的可辨知的法则，可是对于其他多数人来说，这就是天书，要么就是魔法。

奇异博士用自己的话揭开了至尊法师的神秘面纱：“成为法师不代表能直接在纯粹的空气里创造法术。法师只会借助身边已有的法力，这有点像电工。”③这正是他对抗大统帅时的做法，“在哪里施咒都行不通，我周遭的法术领域正在枯竭……必须汲取一切存在的法力。抽干灵脉，抽干地球上的每一丝法术能量”。④ 奇异博士不是直接创造法术，也不是在体内生成法力，他只是了解如何在遵守其规则（就像规范牛顿定律和量子力学的法则一样，当然奇异博士的情况与这二者不同）的前提下找寻自然的能量口袋，从里面汲取能力并供自己使用。

上述两个例子都展现了奇异博士与常人的差别，前者用逻辑和 122
科学理论支撑自己的行为，而后者只会认为这些行为陌生而超乎寻常。当然，此处并非意指奇异博士的行为或遭遇都有现实基础——我们当然不会真的以为现实中存在来自外维度的噬魂者或精神蛆——而是想强调，历史上许多具有超前思想的哲人科学家并不被

① *Doctor Strange*, vol. 4, ＃1.

② 同上。

③ *Doctor Strange*, vol. 4, ＃2.

④ *Doctor Strange*, vol. 4, ＃7.

公众认可，甚至得不到同伴的理解，但是即便如此，一度被当作迷信象征的那些无解现象终将得到解答，并成为通俗易懂的常识，就像“苹果从树上掉落”的原理变得连小孩都能说出一二。

我们至少知道，生命是奇异的

长时间以来，科学、哲学与魔法纠缠不清，奇异博士的经历能帮助我们整理这三者的关系。我们大概很难在现代找出一位既是科学家又是形而上学者，同时还担任至尊法师的人物——至多兼任其中两种身份吧——不过我们都同意这个世界上还有太多奇异无解的事情，于某人而言是科学的领域，于他人来说大概堪称魔法。天才科学家、科幻小说作家亚瑟·C. 克拉克(Arthur C. Clarke，1917—2008)曾说过：“任何足够先进的技术都与魔法分不开关系。”[1]奇异博士能展现的至多也就是这个程度了。

---

① 参见 Arthur C. Clarke，*Profiles of the Future*：*An Inquiry into the Limits of the Possible* (New York：Harper & Row，1973)，21。

12

“此为时间”：用亨利·柏格森之钟设定《奇异博士》的时间

科里·拉塔

我们如何理解时间与我们的关系，我们就将如何生活。一不小心，我们可能就会淹没于现代世界的匆匆步履，只从时钟走过、日历翻过的痕迹中感知时间，然后把最雄心勃勃的愿景聚焦到未来，却忽视了当下对我们的塑造。又或者，我们可以学着更深入地思考与时间的关系，把时间当作一种力量，而其中融合了我们的情感乃至灵性生命力(spiritual vitality)。

电影《奇异博士》的一个主题就是感知时间的方式，它记录了主人公斯特兰奇从自我中心的唯物主义(materialism)到无我灵性(selfless spirituality)的精神蜕变。为了理解斯特兰奇与时间这种启发性的关系，我们将请教哲学变革者亨利·柏格森(Henri Bergson，1859—1941)。

柏格森的时间

很少有现代哲学家像柏格森这样影响如此深远，他曾被任命为法兰西学院古代哲学教授，并获1927年诺贝尔文学奖。就连外行人都知道，柏格森的讲座场场座无虚席，许多听众都只能站着听讲。美国心理学家和哲学家威廉·詹姆斯（William James，1842—1910）称
126 柏格森《创造进化论》（*Creative Evolution*）一书“堪称奇迹”，而且“开启了一个崭新时代”。① 哲学家让·瓦尔（Jean Wahl，1888—1974）认为“如果要列出四位伟大哲学家的名字，那就是这四位：苏格拉底、柏拉图——他们算一派——笛卡尔、康德和柏格森”。② 柏格森深受美国总统西奥多·罗斯福（Theodore Roosevelt）的赞赏，影响了T. S. 艾略特（T. S. Eliot）、弗吉尼亚·伍尔夫（Virginia Woolf）等作家，也遭到了哲学家伯特兰·罗素（Bertrand Russell，1872—1970）的犀利批判。而对本书读者来说，最重要的一点是了解柏格森的时间哲学体系之于哲学界就相当于爱因斯坦的狭义相对论之于科学界。

---

① 引自 Richard A. Cohen，“Philo，Spinoza，Bergson：The Rise of an Ecological Age，” in John Mullarky（ed.），*The New Bergson*（Manchester：Manchester University Press，1999），18－31，at p. 18；也可见 Jimena Canales，*The Physicist & The Philosopher：Einstein，Bergson，and the Debate that Changed Our Understanding of Time*（Princeton，NJ：Princeton University Press，2015），12。

② Jean Wahl，“At the Sorbonne，”in Thomas Hanna（ed.），*The Bergsonian Heritage*（New York：Columbia University Press，1962），150－155，at p. 153.

柏格森认为，十九世纪末二十世纪初的科学理性（scientific rationality）带来了时间感知的危机，因为科学定义下的时间扭曲了本质。在他看来，爱因斯坦他们的研究让时间禁锢于冷酷的经验主义（empiricism）之中，却忽略了时间的生命体验。“时间可以极大地，甚至无限地加速，只是在数学家、物理学家或天文学家眼里没有丝毫差别”①，毕竟无论时间如何流动，对科学家来说永远都只是静态的实验研究对象。他们对时间缺乏感知，所以看不到其对人类意识的关涉力量。

然而在现实中，时间里的生命体验却没有那么容易控制。柏格森强调我们与时间关系紧密，后者的任何变化都会被我们的思维敏锐察觉。正如他说，时间一旦出现变化，“意识将产生深远的差异”。② 作为有意识的存在，我们与时间的关系超越了经验之知——这关系深入人性的核心，我们灵性的核心。

柏格森的时间观开创了所谓“新灵性主义”（new spiritualism），标志着“向机械论（mechanism）的亮剑”。③ 他主张机械论在科学层面显得封闭保守，因为它仅仅将现实视作时钟的内部零件，而这扭曲了时间的本质，完全抹去了在时间内部活出意义的可能性。只有哲学上开放的灵性主义才能显示时间的本质——生命冲动（living force）。

---

① Henri Bergson, *The Creative Mind*, trans. Mabelle L. Andison (New York: The Citadel Press, 1946/1992), 3.

② 同上。

③ Robert C. Grogin, *The Bergsonian Controversy in France*, 1900—1914 (Calgary: University of Calgary Press, 1988), 39, 56.

正如柏格森所说，如果物理无法帮助我们理解时间，那我们必须找到更合适的途径。他倾向于使用“绵延”(duration)这一概念来区分“时间”和科学中量化了的时间(chronological)流动。① 持续时间就像一种力量，而我们能感受到这股力量在体内运作；我们不仅存在
127 于“时间”之中，更在其中成为我们自己。在成为自己的过程中，“是那个(时间)在流动，而科学充其量只是横跨在小溪上的座座桥梁”，所以我们必须超越科学，必须从静态理性和量化的僵化时间思维中解放出来，如此才能体验“时间”。②

《如沐春风》查克·曼焦恩，1977

电影初期的斯特兰奇尚属于柏格森分类中的另一个阵营，他是个科学工作者，聪明、理性，而且对物质世界以外的任何现实嗤之以鼻。他第一次出场时正在手术室操作一台脑部手术，却轻松得仿佛是在准备一碟沙拉。为了娱乐加炫技，他和手术技师玩起了随机放歌猜曲名的游戏，反应也的确够快：“《如沐春风》(*Feels So Good*)，查克·曼焦恩(Charlie Mangione)，1977。”③起初还以为他把年份说早了一年，但事实证明《如沐春风》的确发行于 1977 年，只不过到了

① 柏格森在《绵延性和时间性》第 2 版的前言中坚持将时间(time)的首字母大写，即“时间”(Time)，通过这种方式让时间超越科学上的时间概念。“时间”，超越了时钟。

② Henri Bergson, *Creative Evolution*, trans. Arthur Mitchell (New York: Dover, 1911/1998), 169.

③ 所有引用对话均来自 2016 年电影《奇异博士》。

1978年才名声大噪。瞧，斯特兰奇习惯了用历法来记忆模期的日子，执着于将时间客观量化。

随着对斯特兰奇的了解逐渐加深，我们从医学领域转向物质方面，从手术室走入他的顶层公寓。公寓位于曼哈顿市中心，高级又奢华。以手表为例，镜头扫过他的柜子时可以看见里面陈列着一排排手表，个个价值不菲——时间实实在在地展开在他面前。他拿起帕尔默医生送的那一块手表（电影版中，帕尔默医生是斯特兰奇一直爱着的女人），表的背面刻着“时间会证明我有多爱你”。

这块手表预示着，时间很快会发掘出斯特兰奇从未了解到的深层感性自我，不过在此之前他将被动地摆脱自己的浅薄性。接下来发生的一幕中，斯特兰奇狂妄又鲁莽，他竟然边飙车边查看或许能带来名誉的潜在病例，结果坠下了悬崖，也把他自我中心的生活带入深渊，瞬间打断了自己匆匆奔向未来的脚步。有生以来，他第一次正视当下。

奇异的多样性 128

斯特兰奇的科学理性在卡玛泰姬毫无价值。卡玛泰姬是他治疗之旅的终点，古一法师的大本营，这位医生在此受到了哲学观的大冲击，转而投向了柏格森的时间体系阵营。斯特兰奇与古一的会面不仅体现了两种世界观的差异，更是“绵延”的两种体验方式的较量。斯特兰奇代表了利用时间的野心派，因为他透过科学的锁孔看待时间，只着眼于下一时刻会带来什么成果。而古一生活在当下，表现着当下。现代唯物主义和科学主义（scientism）束缚了对超自然现象的设想，而她站在了对立面，利用神秘的维度力量不断激活每一刻的生命活力。

根据柏格森的观点，生命的目的就是从斯特兰奇的时间体验方式转为古一的时间方式，用他的话说，也就是从量化多样性（quantitative mulitplicity）转向质化多样性（qualitative multiplicity）。我们可以把多样性理解为一种表达现实多元性（multi-faceted nature）的方式——现实，或者说人类经验，并不是件单一的事物，多样性概念就是抓住了这种多元混杂的本质。“多样性”表达我们体验现实的多个方面，而“量”和“质”则区分了我们的体验方式，其中量化多样性通过测量和列举来了解事物，表现的是数量和数字；而质化多样性更加精细和微妙，稍后我们会有所了解。

柏格森认为，量化多样性发生在均匀或同质空间中。他举过一个数绵羊的例子，也就是在一个明确的空间中计量独立且大致相同的物体的数量。但这不适用于时间这类更抽象的事物，因为我们无法像数星星那样来计算时间，即无法用量化多样性来列举不能被列举的东西。斯特兰奇在电影初期就是用这种机械的方式理解持续时间：古一曾问“在你所感知的背后，还藏着怎样的奥秘?”，他却只会用量化多样性的局限思路进行回答，因为他困在自己的科学世界观里，只懂得各种加加减减。

不过，随着斯特兰奇更深入地掌握法术知识——随着他学会放下过强的自负心理——他逐渐培养起自己的灵性思维（spiritually-
129 minded），用质化多样性来体验时间，发展出一种直觉而主观的时间感知，不再量化持续时间。柏格森提出生命和时间不处于同质平面，我们不能用数星星或数羊的方式体验时间，也无从用这种方法测量时间或生命。相反，他认为我们的生命体验拥有深层的多元性或异质性，我们的意识在时间中的经验是异质的，也没有可以明确区分和计数的部分——如果存在这样的部分，那我们岂不是又回到了量化多样性的状态？我们必须接受时间的复杂性，不要抗拒或压抑它。

感受时间

人们错误地运用量化多样性来解析生命，试图用空间化的方式定义时间，将其细分并进行计数。质化多样性则把握时间绵延的力量以及我们体验生命的方式，有意识的心灵能感受到时间的力量，任自己在生命经验的多元本质中进行塑造。在质化多样性中，“几个有意识的状态组织成一个整体，相互渗透，并逐渐获得更丰富的内容”。① 绵延的流动将生命的力量赋予现在，一旦心灵直观感受到绵延，它便延伸到了每一个复杂的时刻。斯特兰奇在卡玛泰姬成为一个多元性的感性之人，对此，柏格森或许会说，斯特兰奇深入了“意识状态的量化多样性”之下并找到了“质化多样性”。②

要理解质化多样性，包括斯特兰奇在电影中展现出的个人转变，不妨试试去感受将我们与他人联系起来的情感。柏格森最喜欢其中

---

① Henri Bergson, *Time and Free Will: An Essay on the Immediate Data of Consciousness*, trans. F. L. Pogson (New York: Macmillan, 1910), 122.

② 同上，128。

的两种——同情（sympathy）和怜悯（pity），其中同情让我们脱离自我，感受他人的痛苦，也就是和他人一同经受折磨。在同情的状态下，自我被清空，所以不可能继续保持以自我为中心。作为一种质化多样性的状态，同情让我们不再用深思熟虑的理性去试图测量经验，而是进入更深层的直觉模式来了解生命的一切。

怜悯也是如此，我们通过怜悯看到并和他人一起经历痛苦，我们为之感到难过，由此摆脱了自己的浅薄性。怜悯使得我们对自己和
130 周围世界有进一步的了解，有助于我们忘却脑海中的量化知识。正如柏格森所说，“怜悯的本质是对谦卑的需求，是由表层而深层的渴望”。① 他将其称为“质变”（qualitative progress）。我们可以从斯特兰奇灵性和情感的成长轨迹中观察到质变，他在转向用质化方式感受绵延的过程中，逐渐脱离了曾经物质至上的贪婪欲望。他在古一这里学会了欣赏现在和绵延的力量，也因而理解了意识状态之庞杂，成了富有同理心的人。

卡西利亚斯不等人

我们第一次见到卡西利亚斯登场时，他从卡玛泰姬图书馆偷走了研究时间的《卡里奥斯特罗之书》。他用此书启动黑暗魔法，召唤

---

① 引自 Leonard Lawlor, “Intuition and Duration: An Introduction to Bergson's ‘Introduction to Metaphysics,’” in Michael R. Kelly (ed.), *Bergson and Phenomenology* (New York: Palgrave Macmillan, 2010), 25–41, at p. 36。

多玛姆——一个存在于时间之外，虎视眈眈想让自己的黑暗维度吞没多元宇宙的邪魔。

因为卡西利亚斯经历过失去家人的悲痛，所以他希望多玛姆能够停止时间。“真正的敌人是时间，”他对奇异博士说道，“时间是对人类的侮辱。”在他看来，时间流逝才致使“万物皆会老去”和“众生皆有一死”，所以终止时间就意味着终结人类的苦难。如果说斯特兰奇早期用科学主义的方式处理时间，古一从灵性主义的角度感受时间，那么卡西利亚斯就是“时间虚无主义”(chronological nihilism)的信徒，对这个绝望的法师来说，活在时间里根本就不能算是活着。

卡西利亚斯失去了生活在绵延里的能力，也就失去了理解生命意义的机会，而这又导致了他的非道德(amorality)。他仇视时间内的存在，从而否定了任何经历斯特兰奇那种质变的机会。时间在他眼中毫无道德意义，既然一切都存在于时间中，他就可以毫不犹豫地摧毁任何时间标记过的事物。对他来说，存在的目的就是消除存在自身，所有存在的事物在时间中都不外乎如此。卡西利亚斯否定时间，拒绝通过质化多样性来提高自我，他愤怒、倔强，自我毁灭——结果证明，这种全然自私的行为造成了他的灭亡。

卡西利亚斯认为多玛姆能给予全人类的馈赠——在超越时间的 131
地方实现永生——在柏格森看来是不可能实现的。生命的活力在于绵延。时间根据生命的本质而行动，生命本身总是“在时间中前进和延续”。① 时间对无生命的物体无害也无助，“对有意识的人来说，它

① Bergson, *Creative Evolution*, 34.

才是一种获得”。① 卡西利亚斯希望摆脱时间，多玛姆企图摧毁绵延本身，这些举动都是在尝试于遗忘（oblivion）中存在。我们通过绵延感受到时间的变革力量，所以卡西利亚斯试图终止绵延的流动，便在情感和精神上封闭了自我，让自己冻结在永恒的停滞中。

不在于你

卡西利亚斯否定时间的态度突显了斯特兰奇的质变，这个质变的过程在古一临终时突破了临界点，电影的情绪也在此达到高潮。临终前，古一凝视着狂风暴雨中纷落的细雪，这么多年了，这一幕依然如此美丽。她说她曾窥向时间的长廊，看到了无限的未来，但那其中并没有斯特兰奇的，对此她只看到了各种可能性。他的未来无所定性，因为他终于开始生活在多元的绵延中。

在关于斯特兰奇未来的那段谈话中，古一说他有着出类拔萃的实现崇高目标的能力，崇高目标是一种质化状态，可以承载绵延的多样性。现在斯特兰奇可以自由地将时间转为现实，他便可以创造自己的未来，但是古一提醒道，他必须克服心底残余的那些傲慢和恐惧，不然仍旧无法领悟生命的这个秘密：“生命的意义不在于你。”生命、时间和人类的存在，这些都超越了量化思维的狭隘自我中心性。这一番话将斯特兰奇送到了质化顿悟的大门前：他只需要做到同情他人，在为了更崇高目标的质变进程中奉献自我，就能活在不断绵延

① Bergson, *Time and Free Will*, 116.

的当下。

古一这一生一直在引导绵延的力量，她生命中的最后一席话听起来颇有柏格森的意思：“死亡赋予生命意义，让你知道时间短暂，去日无多。”知道时间宝贵，我们才能尽全力活在其中，绵延的生命了解 132
当下的力量，感受着时间为存在赋予意识。

古一临终前说：“你可能以为，这么久了，我已经准备好迎接死亡了，但是看看吧，我却还是想无限延长这一刻……来欣赏这美丽的雪景。”古一最后这几句感性自白呼应了柏格森所描述的持续感受，这是一种与时间的直观联系，“一种暴力的爱，一种深切的忧郁侵入我们的灵魂，激荡起一千种不同的元素，它们相互融合，相互渗透，没有明确的轮廓，也没有一点彼此分开的倾向”。古一和斯特兰奇都经历了这样一个时刻，这个时刻充满深层质感的体验，“感觉是活生生的存在，不停发展，因此不断在变化”。①

人类存在充满意义的关键在于生命远远超越了任何个人的冲动与心愿，这是古一给斯特兰奇上的最后一课，课程结束，她也准备好了以全然无私的方式来拥抱质化多样性，实现更崇高的目标。

此为时间

电影的最高潮是奇异博士正面迎击永恒的多玛姆，其中有一幕最直观反映了柏格森的思想。我们看到他为全人类牺牲自己，不断

① Bergson, *Time and Free Will*, 132－133.

地循环一个时刻——或者可以说，重复再现当下。多玛姆生活的环境里没有时间流动，因此他不曾领略过时间的力量和其对意识的影响。奇异博士便是利用了这一点来对付他，阻止这个邪恶存在用没有旦夕流转的地狱吞噬地球。时间咒语能让当下不断循环再现，奇异博士一次又一次的牺牲激发了时间重置，从而将多玛姆囚禁在循环当下的牢笼中。多玛姆困惑于这种似曾相识的感觉，问道："这是什么？幻觉吗？"

"不，这是现实，"奇异博士对他说，"就像你从你的维度给卡西利亚斯能量一样，我也从我那里带了些过来。这是时间，无尽循环的时间。"多玛姆衡量了循环时刻要付出的代价，警告法师道："你会这样无数次死去。"古一曾指出斯特兰奇有实现崇高目标的能力，现在就
133 是这个能力创造了一种可能的未来，而他全然接受，回答说："可地球上的人们会活下来。"多玛姆随之向其逼近，恐吓道"你可得受苦了"，斯特兰奇则回应以全然的质化多样之言，"痛苦可是我的老朋友了"。他最终领悟了能实现真正同情的那种质的状态，向我们展现了绵延流动在人类意识中带来的那种生命方式。他已经做好准备为了他人而经受痛苦，并在痛苦中超越他曾经浅薄的灵魂。

电影高潮的核心是不断重现的当下，这个概念拓宽了斯特兰奇在整部电影中一直在经历的个人转变。柏格森在描述时间是如何放大人类灵魂时写道：

> 我们一直在寻找我们的意识所赋予"存在"一词的确切含义，然后发现，对于有意识的人来说，存在就是改变，改变就是成

熟，成熟就是不断地创造自我。①

当斯特兰奇在循环的时刻中经历痛苦时，他成熟了，拓宽了自我，也重新创造了自己，他不仅没有辜负古一对他的期望，而且成了生命之力——柏格森所谓的生命冲力（élan vital）——可以成就的那一类人。有了时间给意识带去的影响，斯特兰奇可以根据自己的意志造就自我，而选择了经受痛苦后，他让自己成了理想质性的人。

从质化生活的角度来看，每个新的时刻都带来新的顿悟、新的实现和新生活本身。“有意识的人不会经历两个相同的时刻。”柏格森提醒我们道。② 质化多样性包含未分离的异质性，对于斯特兰奇来说，每一刻的确切本质都不相同，而他的内心、思想和灵魂不断进步，越来越具有牺牲精神。正如柏格森所说：“因为在人类的灵魂中，除了进步还是进步。”③

一切尚在奇怪的时间

奇异博士和多玛姆的对峙也让我们发现，时间是一剂良药。生物通过时间找到一种在时间之外不可能实现的满足感，正如我们从卡西利亚斯摒弃时间的尝试中所总结的那样，没有时间的力量就不

---

① Bergson, *Creative Evolution*, 13.

② 同上，164。

③ Bergson, *Time and Free Will*, 131.

134 会有任何改善，不会有个人或社会的进步。柏格森写道：

> 时间的绵延似乎是一个原因，而试图在一段时间后把东西归位是荒谬的想法，因为这种时间倒退在生物身上从未发生过。①

时间朝一个方向前进，每一个当下都会聚集起绵延的流动来创造下一刻当下。

柏格森认为，过去——在奇异博士与多玛姆的战斗中，过去意味着每个前一刻的当下——涌入现在，为每一个新的当下增加强度，因此，每一个动态的当下都是被前一动态时刻的能量加强过的当下：“过去的不断进步侵入未来，并随着未来的发展而膨胀。”②所以我们发现具有牺牲精神的奇异博士站在不停前进的时间长河中，随着时间推移改进了自己的意识水平，因为在时间里“一切都在内部经历变化”，而且“同样的现实细节永远不会重现”。③ 如果现实完全复刻，时间本身将无法再造就质的灵魂，人类意识将不再拥有成长的能力。

绵延之力的生命冲动冲击并膨胀着，完全将斯特兰奇改造成了至尊法师奇异博士，愿意且能够承担起保护世界免受卡西利亚斯和多玛姆等反派威胁的责任。电影的高潮之战是柏格森哲学的最终走向，故事的这一高潮时刻展现了时间流动和关于当下的精神内视是

---

① Bergson, *Time and Free Will*, 153.

② Bergson, *Creative Evolution*, 11.

③ 同上，31。

如何创造了一次充满意义的、（在此故事中）崇高的人类经验。斯特兰奇戴上了他全程不曾离身的手表，上面刻着克里斯汀的那句“时间会证明我有多爱你”，表面的玻璃碎成了一块块，碎得好似他以前感受时间的方式。这块表令人想起他曾经错误地量化并匆忙经历时间，但他已经不再如此了，因为他现在知道如何真正活在时间中，就像手表背面铭文中的质化意义那样，而不是手表指针所代表的量化方式。

只有时间会证明一切

希望史蒂芬·斯特兰奇的旅程能改变我们自己的路程。在这样
一部充满圣贤语句的电影中，有一句最能体现斯特兰奇灵性的成长，
那是古一在早期教育他时说的“抽刀断水水更流，你必须顺势借力”。 135
当然，时间不能被征服，也不会屈从于我们的意志。我们只能生活在
其中，知晓它，感受它。按照柏格森的说法，我们与时间的关系——
直到你看完这一章的那一刻——能像影响斯特兰奇那样影响我们做
人的方式。但是……只有时间会证明我们在时间中活得如何。

第四部分

『一个通过锁孔看世界的人』

13

一个关于范式转变的奇异案例

布伦丹·谢伊

2016 年的电影《奇异博士》中，主角经历了从知名神经外科医生到高超法师的巨大转变。这当然是一个艰难的过程，毕竟法术对他来说无异于“反科学”，但是到后来，他终于像认可医学那样全心接纳了法术。导致转变的理由有个人因素，包括治愈自己伤残的双手以及后来帮助他人的愿望；也有吸引每一位科学家的那种驱动力：对知识的好奇心驱使他去探索古一治愈瘫痪者的奥秘，对做出积极改变的渴望则促使他突破法术的极限。

本章，我们将探讨斯特兰奇的转变是如何表现科学求知的本质，更具体地说是探讨对于斯特兰奇医生这样的科学事业者来说，如何决定在何时改变自己的求知方法。由此，我们将明白实践科学具备的更广泛的意义。我们可能会得出一些出乎意料的结论。比如，于大家而言(也许对斯特兰奇来说也是如此)，法术必然不属于科学范畴，可是我们有理由质疑这个草率的结论，至少在奇异博士的世界里做出这样的定论需要再三斟酌。最后，本章将思考这些结论对我们这个世界的意义，毕竟这是个与奇异博士那里非常不同的地方。

140 普通人斯特兰奇

我们从科学家、历史学家及哲学家托马斯·库恩(Thomas Kuhn，1922—1996)的观点说起。主流观点认为科学是在应用通用的“科学方法”后实现了常规发展，得以站在巨人的肩膀上逐步挖掘真理，库恩于1962年出版的《科学革命的结构》(*The Structure of Scientific Revolution*)则对此进行了反驳。[1] 他所认为的“科学革命”类似于斯特兰奇的经历。通常科学家不会主动改变对世界的基本认知，即他们的“范式”(paradigms)，直到一系列危机事件迫使他们去迈出这一步，而一旦真的踏上了这条路，他们就得独自体验斯特兰奇所经历的转变，重新认识这个“世界”。

库恩列举了许多物理学、天文学和化学的案例，不过他的观念内涵远不止这些领域。总体而言，如果对立科学范式的差异确如神经科学和法术那般巨大，那科学本身的客观性似乎就遭到了动摇。也正是因为如此，奇异博士作为一个能够理解多重范式的人，他的故事有可能引起广泛的兴趣，无论读者是否来自有法术的世界。

和奇异博士一样，库恩起初的专业领域与后来的成名领域截然不同。他是哈佛大学的物理学博士，但在工作了几年后发现自己最

---

① Thomas S. Khun, *The Structure of Scientific Revolutions*: *50th Anniversary Edition*, ed. Ian Hacking (Chicago: University of Chicago Press, 2012).

得意、最具创新性的想法其实在科学史方向。他认为多数人对于过去科学的发展方式有许多不准确的认识，从而对于科学的当下产生了疑惑。

以其中一种流行观念“证伪主义”（falsificationism）为例。科学哲学家卡尔·波普尔（Karl Popper，1902—1994）提出了证伪主义，认为科学理论（对比政治理论等）可以由某种观察证伪，而科学家是愿意在这种证据基础上改变想法的一群人。① 因此，举个例子，波普尔会比较认可早期的斯特兰奇医生，因为他是个敢于冒风险又具有英雄气概的神经外科医生，自愿为了救人而挑战已有的医学知识。更重要的是，斯特兰奇这样的科学事业者都有一个共同点，即严肃对待错误，在犯错后相应地调整自己的理论与方法——如果病人去世， 141
下一次斯特兰奇必然会选择另一个医疗方案。

虽然波普尔的证伪主义影响深远，但是库恩反驳称这个概念不适用于“常规科学”（normal science），也就是普通物理学家、生物学家等开展的再普通不过的日常科学研究，他们毕竟不是牛顿、爱因斯坦或达尔文。首先，按照库恩的说法，斯特兰奇这样的创新者实属少见，大部分实践型科学家一辈子都忙于解决某些确切范围内的小问题——或用库恩的话说，“谜题”（puzzle）——它们都是相应领域挑选出来的急需答案的问题，只要运用多年系统学习到的理论和方法，最终都能解决。这种科学家很少发明出全新的技术或方法，更不会

① 有关波普尔、库恩和我们将提及的其他科学哲学家的观点，下述著作提供了简短且可读性非常高的介绍，参见 Alan F. Chalmers, *What Is This Thing Called Science?*, 4th ed. (Indianapolis: Hackett Publishing, 2013)。

关注法术一类的旁门左道，即使遇到严重的问题也不会有太大改变。其次，除了特殊情况（稍后讲到），否则无论面对怎样的疑难杂症（例如现代医学无法治愈的诸多疾病和案例），他们几乎从不否定自己最基本的方法、理论或价值观。在多数情况下，这些挫折并不足以令研究员放弃他们探索问题的基本方式。

从科学到法术：科学革命如何开展？

如果库恩的想法有一定的道理，那么斯特兰奇最初对法术的质疑正是实践型科学家可能产生的心理，因为在常规情况下，科学就是用多年学校教育和职业实践所积累的知识技巧解决各种谜题，例如发现新的病原体、钻研手术技巧、开发新药等。要是从这些知识技巧转向“使用维度能量对抗神秘敌人”这种陌生的新观念，几乎就相当于把科学整个抛弃。其实，库恩认为在研究人员就通用范式达成共识之前，甚至不存在生物学、物理学这类“成熟的”科学，因为只有公认的通用范式才能使他们将时间和精力集中于寻找和解决具体的谜
142 题，而不是无止境地争论应该采用哪些基本理论、方法论或价值观。

但是在历史的某些时期，科学家改变了他们的范式，比如淘汰了旧的托勒密地心说，转而采纳了哥白尼的日心说体系；在斯特兰奇的特殊例子里，他抛下了外科医生这个职业，转而立志在法师界立身。库恩在《科学革命的结构》中花了大量笔墨讨论这种革命性变更出现的理由和方式。他提出，至少在个人层面，这个过程比科学家、历史学家和哲学家想象中的更加令人费解，更少一丝典型的理性。

库恩认为科学革命源于所谓的“解谜”，也就是斯特兰奇医生这些科学事业者参与的研究，其本质就在于实现更准确的测量和预测。但是，总有一天，这些测量手段将呈现反常结果，或通过现有范式得出的预测将不再准确，而且再多的微调也无济于事。以古天文学的地心说为例，这个范式流行了数千年，可是后来天文学家发现需要不断做出调整，假设出越来越复杂的行星绕地运动的本轮（epicycle），才能使他们的范式符合愈发精确的天文观测结果。

一旦出现了反常，科学家就得进行更加理性的思考，直到达到现有范式的解释极限。斯特兰奇经历了一个非常快的过程，在治疗双手的寻医之路上，他先是走到了医学的最前端，接着找上奇迹般恢复的潘伯恩，最后被引向了古一和她展现的种种现象。即便到了这一地步，他仍然没有抛弃自身范式的核心理念，相信治愈之法必定基于人类生理学知识且符合基础的生物学和物理学理论。

根据库恩的观点来看，斯特兰奇不愿意改弦易辙，这完全可以理解。他其实也提出，单纯靠反常误差不足以让科学家放下他们一直学习的范式，这跟误差的重要程度无关，真正导致范式更迭的是出现
另一个可接受的替代性新范式。（他们并不会经常替换范式！）新范 143
式不仅要解答复杂的误差，还要提供新的预测，确保未来的研究足够吸引人，足够讲究，而且针对未解谜题拥有足够的发挥空间。正是因为古一向斯特兰奇展现了这样一种选项，他才终于愿意放下过去的生活。

黑暗维度？ 为何比想象中更难理解

到目前为止，我们所讨论的内容基本就是许多科学家、历史学家和哲学家所描述的科学方法。斯特兰奇遇到无法解决的问题后，多次假设并验证以得到解答，最后的确找到了一个可行方法。尽管该方法，即法术，与我们熟知的科学理论不同，但是这无损于斯特兰奇所用方法的科学性。然而，在库恩看来，这并没有总结出故事的精彩部分，也就是范式之间的转换。回顾科学史（或者当至尊法师奇异博士回首自己的生涯），我们倾向于认为危机中选择的新范式显然比旧范式更接近真理，因而是无可否认的进步。可是库恩相信，科学史揭示了更为混乱的发展进程，很多时候往往不存在能让一种范式的追随者合理说服另一种范式的人“弃暗投明”的所谓明确、“客观”的标准。

库恩尤其认为，范式改变不是大家以为的由科学家一点一点在现有范式里吸纳新证据的那种缓慢而逐步的过程。相反，新范式出现得比较突兀，初期的支撑性证据也不太显眼，远远比不上旧范式在历史上的瞩目成就。首批采用新范式的科学家看中的是它们引领进步的潜力，而对信奉旧范式的人来说，这基本无异于盲从，这也是因为新范式几乎都包含一些当时无法理解的想法和方法论。（不妨想象一下，斯特兰奇的医学院老师们在听说他会成为法师后有什么反
144 应！）库恩提出了新旧范式“不可通约”（incommensurable）的概念，即一个范式的概念不可能翻译成另一种范式的语言，所以，采用不同范

式的科学家的的确确处在不同的世界中，他们理解的内容截然不同。

库恩关于范式的不可通约论是整本书最具争议也最有影响力的部分，但是也非常容易被误解。了解这些后，我们可以借助不可通约的概念进一步解读斯特兰奇的经历。最先接触到法术的证据时，比如一度瘫痪的潘伯恩居然在球场上奔跑跳跃，比如自己与古一接触后的颠覆性体验，他表现出的是质疑态度。不过最终这个态度发生了转变，他开始相信法术能为自己观察到的反常现象提供最佳解释方案，并且能解决自己在意的问题(例如双手的伤)。尽管如此，他也没有因此就立志要成为一名法师，直到明确自己能为这个领域做出实实在在的贡献，能帮助应付连古一和莫度都感到棘手的情况后，这个目标才算确立。

此时斯特兰奇第一次遇到不可通约的问题。他希望成为法师，或许还想理解"其他维度的存在"等有关法术的基本概念，可事实证明，转向一种科学范式需要的不仅仅是背诵公式。为了真正理解维度能量本质等知识，奇异博士必须首先掌握操纵这种能量的方法，这就需要对每个小咒语进行长期、枯燥的重复性练习。由此看来，法师新手——就像刚上手的物理学家——无法通过阅读教科书或聆听资深法师、物理学家的教诲充分领悟理论，他们必须明白如何应用这些理论应对一些标准的情况，库恩称这些情况为"范例"(exemplar)。奇异博士在此过程中学到的知识是"方法的知识"(knowledge how)，而非"知识的知识"(knowledge that)——他学会了应用方法，而不只是僵硬的理论。

库恩认为，转向新范式的科学家在转换的过程中学会了用新方式"看"世界。因此，在接受法术训练之后，奇异博士远不止记忆了一

些新把戏、复杂咒语和手臂动作，他发现自己进入了一个新世界，里面充斥着原世界不曾出现的事物，要求他用全新的方式去应对。此
145 外，他很难向身边的人解释清楚这个世界。如果库恩的说法正确，那么不出意外的话，即使斯特兰奇自己理解了这些新概念，也难以说服老同事相信它们的合理性。法术怀疑论者会反驳称，当代医学解决了无数疑难杂症，如果仅凭一个奇怪医生身边发生的部分反常情况就放弃医学，未免太愚蠢了。

有些出乎意料的是，按照库恩的说法，斯特兰奇尤其适合在自己新的法术领域推进范式转移。他注意到，历史上的大部分科学革命推动者既不是最资深、最有经验的域内实践者，也不是几乎毫无专科训练经历的业余者，而往往是斯特兰奇这样的领域新人。他们已经接受了训练，足以理解该范式的运转原理，而实践方法却又尚未僵化。这种创新者一般来自其他学科，并会针对新领域内"常规"实践者未曾探索的问题寻求答案。

有关范式的谜题

库恩和波普尔一样从根本上改变了许多学者看待科学的方式。过去他们看到的是对真理缓慢而有序的深入理解，而现在，比起学校里教的缺乏激情的"科学方法"的应用，科学革命似乎与政治革命甚至改宗(religious conversion)有更多相同点。"科学方法"在常规科学中有其显著地位，但是革命性科学更接近斯特兰奇与古一最初相遇时的那种费解情况，可见科学家如果要转向新范式，不仅要理智地

对理论和方法进行再次思考，更要重新厘清他们对世界本质和自身角色的想法。

这对现实世界的科学意味着什么呢？是否可以总结得出，法术的范式就像医学范式一样值得信赖，而且无论好歹，同样能算作“科学的”范式？在这一方面，库恩表述得模棱两可。《科学革命的结构》初面世时，许多读者认为该书意在表达科学共同体转向另一个范式的颠覆性决定从根本上而言是不理性的过程，其驱动因素也不同于 146
常规科学的相关解释。从这个角度理解，不同范式的不可通约性阻止了任何范式间的任何对比，也就不可能带来理性的选择。举例而言，身为神经外科医生的斯特兰奇有卓越的能力使用最精湛的手术技巧，也能向实习生和同事解释和说明这样选择的理由；成为法师的他同样能针对法术做出相关的选择和说明。然而，他却无法对神经外科医生提供理性且有力的理由说服他们成为法师；反之亦然。

在后来的版本里，库恩更加强调能用来判断不同范式的更普遍意义上的科学规范(scientific norms)，也强调了“翻译”(translate)对立范式的可能性。最后，库恩认为科学家自己才最适合判断何时且如何更换范式，即便有时候他们选择的理由无法向外人道明。他还注意到斯特兰奇这类人——掌握多种范式的专家——在这个过程中起着关键作用，因为他们可以帮助对立范式的科学家理解对方成员的研究内容，并明白采纳对方的范式将带来的后果。诚然，这种翻译避免不了偏颇和不完整性，毕竟只有另一个法师才能真正清楚斯特兰奇这个法师对法术的说明，但是这至少对于开放思想的人来说是个良好的开端。

与多数哲学家和科学史家一样，库恩没有直接给当代科学家提供研究的建议，但是他担忧，人们无论在关注哪个领域时，都太快关注到“范式”，他们会因此忽略物理学、化学这类成熟科学与其他人类活动的真正区别。在他看来，采纳一种范式不止意味着认可一种人生观。科学的范式需要在“要解决什么问题”和“解决问题的具体方法”两方面的细节处达成共识。科学家就是因为有了这些共识，才能进入解谜的阶段，也就是他们的常规工作生活。对库恩来说，成熟的科学几乎与人类的所有其他行为有着切实和根本的不同。

147 库恩之后，事情变得更奇异了

《科学革命的结构》是科学哲学界出版的最重要、最有影响力的作品之一，改变了许多人——哲学家、社会学家、历史学家，甚至科学家自己——看待科学的方式。可是这本书不但没有终结对科学本质的辩论，反而引发了一系列新的争论。在本章尾声，让我们简要了解库恩之后的两位科学哲学家，看看他们能为这场关于斯特兰奇从医生转成法师的讨论带来怎样的新内容。

包括保罗·费耶拉本德(Paul Feyerabend, 1924—1994)在内的一些哲学家赞同，不存在能权衡对立科学理论优劣性甚至区分“科学”和宗教或玄学理论的客观理性标准，费耶拉本德的“方法论无政府主义”(methodological anarchism)认为，科学唯一的规矩就是“怎么都行”(anything goes)。他说，每次我们试图用法则把某些理论排除在考虑范围之外，我们就会发现其中其实包括了非常合理的科学

理论。①

举个例子,试想一下斯特兰奇医生最初是如何看待法术的。法术不符合基础物理学,反而根源于多数人早已摒弃的“原始”思想。而且法师的行事风格也完全不同于当代科学家,这群人不发表自己的发现,不举办研讨会议,实验随心所欲……这些因素似乎足以判定法术的出局,但是按照费耶拉本德的说法,如果我们仔细观察科学史,会发现许多科学理论(比如日心说)在初期就呈现出这样的状态。因此,我们在判定某些理论“不可行”,或完全忽略其可能性之前,应该谨慎思考。

若事情确实符合费耶拉本德的理念,那么在现实中,神经外科医生和研究员或许能学习像斯特兰奇那样的开放思想,包容主流科学外部的声音,从中获益。他尤其提到,科学欲进步,科学事业者们就必须一直秉持这种开放态度,明白异类理论无论在此刻显得多么怪异,都有可能在之后摇身成为另一个医学或科学的进步之源。而且,如果拒绝这些理论仅仅是因为它们看似迷信或玄学,这理由本身就站不住脚。虽然它们基本上都有这样或那样的缺陷,但是我们要尽 148
力解决,这种尝试的过程将帮助我们更好地理解采纳现行理论的原因,以及它们的实际运作方式。哲学界和科学界仍然为费耶拉本德的观念争论不休,毕竟,认为法术可能属于另一个世界(例如奇异博士生活的世界)的科学体系是一回事,可是主张现实中的科学家应该认真对待法术,将它们视作政府资助的潜在对象,或者高中科学课堂的潜在教学内容,这完全又是另一回事。

① Paul Feyerabend, *Against Method* (London: New Left Books, 1975).

库恩强调了科学共同体的共识，费耶拉本德主张方法论的无政府主义，而伊姆雷·拉卡托斯(Imre Lakatos，1922—1974)却提出可以用客观明确的标准区分进步(progressive)和退化(degenerating)的科学研究项目。有意思的是，拉卡托斯的区分重点在于科学家应对失败的方式。和库恩类似，他认为鲜有科学事业者会抛弃理论“硬核”(hard core)，也就是其研究世界的核心纲领，所以古一不会因为一次失败的咒语就放弃法术，帕尔默医生不会因为一例病患的死亡就放弃医学。反而，科学家会调整“硬核”的“保护带”(protective belt)，比如古一可能会尝试新的咒语发音，帕尔默会相应地更换药物的剂量。拉卡托斯认为，进步性研究项目对保护带的调整能带来新的预测和发现，而退化性研究做出的调整仅仅只是防止弄虚作假的保护性手段。再次以古一和帕尔默为例，进步性研究会给她们带来切实的改良成果，退步的研究则只会成为各自失败的“借口”。

拉卡托斯强调，不存在能让哲学家或科学家判定当下某个科研项目是否能带来进步的所谓万无一失的方法。整个科学史不乏这样的例子，曾经充满希望的项目遇到始料未及的问题，或是早已遭人遗忘的旧理论在实验中又“重获新生”。他或许会提醒奇异博士，切记要坚持谨慎、诚实地记录自己在医学和法术领域成功与失败的经历，
149 除此之外大概也没有别的建议了。不过，他会坚持认为，到哲学家和历史学家将斯特兰奇弃医学而转投法术界的故事告知世人的时候，他们应该做到在客观标准的基础上解释清楚这个选择的合理性所在。按照拉卡托斯的想法，库恩和费耶拉本德一直在强调科学史的社会性和非理性方面，所以他们偏偏无法做到这一点。

有关科学、法术与哲学

对库恩和其对手来说，斯特兰奇这类人的故事或许只有用来与我们的世界进行对比，才能发挥最大的价值。他的经历清楚地展现了一个看似诡异的观点变成科学范式所需的因素。重要的是，根据库恩的看法，触发这种过程的远远不只是当代医学在某些问题上的无能为力。首先，我们既要向斯特兰奇一样发现目前科学的重大反常点，也要发觉能解决这类反常的法术方法。其次，不仅需要给出认为法术有作用的理论性原因，还需要为年轻法师制订严谨的教育计划以教导不同咒语的具体技巧。最后，也是最关键的，我们需要确保该范式能通过系统的解谜方法解决新问题，而且我们能像斯特兰奇一样，最终找到通向新维度的道路。

或许有人会问一个更宽泛的问题：为什么要关注科学哲学？那么多科学家从不曾考虑这种问题，他们似乎也过得很好，研究工作也没有受到影响。然而，这种不假思索的轻视忽略了一些重要的有利之处。一来，正如库恩所强调的，科学家通常不需要考虑哲学问题，但不代表他们从来不考虑。若科学家像斯特兰奇那样发现自己置身于科学革命中，他们别无他选，只能去思考关于现实、知识和二者关系的哲学大问题。二来，即使对那些没有科学革命志向的人来说，科学的哲学也可以帮助揭开了解世界的"科学"方法的神秘面纱，就算对奇异博士采纳的那种法术性理论也适用。

14

奇异博士、多元宇宙与测量问题

菲利普·伯格霍夫

“我们从多元宇宙的其他维度获取能量，念出咒语，铸成盾牌和武器，从而施展法术。”由此，古一法师在2016年电影《奇异博士》中将法术的概念引入了漫威电影宇宙（MCU）。到目前为止，MCU构架的是一个狭隘的科学宇宙，超级英雄的能力或多（钢铁侠）或少（雷神）可以用科学来解析。而法术是相当棘手的内容，所以一些粉丝担心，纯粹依靠法术的奇异博士可能不太适合这个宇宙。由这部电影看来，将法术容纳进来的方式不仅从科学角度而言很复杂，而且触及了物理哲学中堪称最核心的一个问题——测量问题（measurement problem），有关多元宇宙本质的探讨更是引发了如何解释量子力学的深层哲学问题，而答案可以从奇异博士那里获知一二。

一只奇异的猫

我们从古一的说法中得知，MCU里的法术是从多元宇宙的其他维度汲取能量后生成的，这听起来像是科幻小说的设定，但其中有一点很可能在科学上站得住脚，即我们生活在一个巨大的多元宇宙中。当前的科学思辨给出了多种有关多元宇宙的概念，其中有一个便是基于我们要探讨的量子物理学。

物理学家、天文学家亚当·弗兰克(Adam Frank)是《奇异博士》的科学顾问，他分享了一些关于在电影中引入多元宇宙的想法： 152

> 多元宇宙有[一]个量子力学的多世界诠释说(many-worlds interpretation)，每当量子事件发生时，宇宙就会分裂出一个平行版本，而且每一个平行的宇宙都在不断演化、分裂、演化、分裂。你可以把这个额外的其他维度想象为其他宇宙——我们谈论过很多次这个想法，电影中也有大量借鉴。①

多世界诠释说将多元宇宙比喻为一棵树，量子层面每一种可能发生的结果都形成了自己的现实分支。用著名的思想实验"薛定谔的猫"(Schrödinger's cat)举例。假设有一只猫在一个装有不稳定原子的盒子里，原子可能衰变然后杀死这只猫，量子物理学倾向于认定猫并非活着或死了，而是既活着又死去，直到有人打开盒子去查看，猫的状态才能确定为其中一种或另一种。而在多世界版本的多元宇宙中，我们打开盒子时就形成了一个猫活着的现实分支，同时形成另一

---

① Sarah Lewin, "'Doctor Strange' Physicist Talks Mind-Bending Marvel Science," *Space. com*, November 3, 2016，可见 http://www. space. com/34604-mind-bending-science-doctor-strange. html。

个猫死去的分支，两者都存在于多元宇宙的平行宇宙中。

量子力学的论调或许听起来很古怪，但是在实证和阐释方面这是最成功的科学理论，只是其核心仍然留下了一个深刻的哲学难题。量子力学似乎认为，连猫那么大的物体也会同时拥有两种对立的状态，既死又活，可是我们从未见过这样的情况，更无法对其进行测量。这是否代表量子力学有误，还是我们的生活经验其实只是幻觉罢了？关于量子力学的诸多解读对这些问题给出了不同的答案。这也表明解释物理的理论堪称哲学思考，严格来说，它其实超越了纯粹的科学任务。

哲学与物理——并不是那么奇异的组合

《奇异博士》中有个重复出现的主题尤为关键，那就是我们人类在宇宙中应当扮演的角色——我们只是无情宇宙中的一粒粒微小尘
153 埃吗？更确切地说，我们只是无情多元宇宙中的微小尘埃吗？漫威漫画（Marvel comics）里建立了完善的多元宇宙体系，现在 MCU 已经正式将其引入，而其引入方式涉及物理学哲学的一个核心问题。

哲学和物理学两个学科自萌生起就密切相关。米利都的泰勒斯（Thales of Miletus，公元前 624—前 546）是公认的西方哲学和希腊数学之祖，也因成功预测了公元前 585 年 5 月 28 日的日食而名动四方，此外他的贡献还包括引入了探索自然的新方法，让从神话传说中找寻答案的做法上升为观察、提出假说、总结理论的科学方法。举个例子，就是在观察到苹果落地后，先提出“质量物体互相吸引”的假

说，假说必须具有可检验性，或者提出能在实验过程中得到验证或证伪的预测。假说经过成功检验后，就可以得出牛顿万有引力定律这样的科学理论。不过即使是经过缜密验证的科学理论也可能与最新的观察结果不符，或者被新理论推翻，就像万有引力定律已经被爱因斯坦的广义相对论超越。

由于自然科学取得了巨大成功，许多科学家(也包括许多哲学家)开始相信科学能够解答所有重要问题，毕竟，如果经验方法是获得知识的唯一正当途径，那么所有哲学都可以归结为自然科学。这正是电影开头斯特兰奇医生表现出的态度。但是很多哲学问题无法通过观察和实验得到答案，比如：对与错的差别是什么？何为幸福的感觉？我们怎么知道自己知道什么？其中许多问题本质上是超越了物理层面的形而上问题，自然无法用科学来回答。

哲学和物理学之所以关系密切，是因为它们共同关注变化、时间、空间和物质等事物的本质。① 所以我们丝毫不意外笛卡尔等著名哲学家为数学和物理学做出过重要贡献，而爱因斯坦(Albert Einstein，1879—1955)等物理学家也促进了哲学的发展，甚至使用思想实验之类的哲学方法培养物理洞察力。② 154

---

① 但是需要指出，许多物理学家并不认为哲学可以为物理学做出任何有用的贡献，正如一句名言所说："科学哲学对于科学家的作用就像鸟类学对于鸟类一样。"

② 除了爱因斯坦之外，我们常认为伽利略(Galileo Galilei，1564—1642)进行了思想实验以了解大自然的运作规律。参见 James Brown，*The Laboratory of the Mind*：*Thought Experiments in the Natural Sciences* (London：Routledge，1991)。

物理学哲学是两个领域交汇之处，关注的是如何解读物理理论。① 但这些数学模型告诉了我们哪些现实，又揭示了现实世界的哪些方面呢？量子力学在这方面就有着其特殊的地位，因为如前所述，量子力学是物理学家提出过的最成功的理论之一。而对于我们日常所见的现实，量子力学的运算又能向我们展现什么？物理学家——至少关注这个问题的物理学家们——和哲学家还没有定论，不过多元宇宙给我们提供了探讨解读方式的机会。

提升等级

最小物质与最大物质通过某种方式紧密关联，这是物理学向我们展现的一个最美的物理现实，只有深入了解粒子物理，才能解释恒星为何闪耀而行星为何拥有质量。根据多世界诠释说，有关最小物质的理论，也就是量子力学，表明了我们生活在一个庞大且不断分支的多元宇宙中。

古一告诉斯特兰奇医生，“此间宇宙只是万千宇宙中的一个”，不过已知最早的关于多元宇宙的科学言论其实来自诺贝尔奖得主埃尔温·薛定谔(Erwin Schrödinger，1887—1961)，他于1952年在都柏林的演讲中宣称自己理论所预测的不同现实并不仅仅代表着可能

---

① 更多请参见 Dean Rickles，*The Philosophy of Physics*（Cambridge：Polity Press，2016）。

性,“它们都在同时发生”。① 多元宇宙的概念通常被认为是科学的理论,然而,或许更应该称之为某种科学理论的预测。② 例如,有经验证据表明空间可能是无限的,如果确实如此,如果空间并非绝对真空,而是充斥着均匀分布的物质,那么由此可得,宇宙间存在着无数和我们可见的宇宙一样大的区域,在无数个这样的平行宇宙中,又有无数个宇宙与我们的相同……无限性对直觉来说着实是一种挑战!

或许有人会说,如此一来,我们这个宇宙“也只是无情多元宇宙
中的另一粒微小尘埃”。用当代宇宙学家麦克斯·特马克(Max
Tegmark)的概念来描述,我们刚刚所说的是一级(Level Ⅰ)多元宇 155
宙。如果 MCU 是一级多元宇宙,那么就存在着无数个奇异博士,彼
此隔着遥远的距离。二级(Level Ⅱ)多元宇宙则由许多平行的一级
多元宇宙组成,目前很多关于宇宙膨胀的学说都对此进行了预言。
一级宇宙都遵循相同的物理定律,但二级中的宇宙会体现出更大的
差异,光速等物理常数也不尽相同。

稍等,接下来更加精彩——比一级和二级多元宇宙更违背直觉的是三级(Level Ⅲ)多元宇宙,这个概念要追溯到引入多世界诠释说的物理学家休·埃弗里特三世(Hugh Everett Ⅲ, 1930—1982)。让我们回忆一下,多世界诠释说认为宇宙每经历一次量子事件,就会

---

① David Deutsch, *The Beginning of Infinity* (New York: Penguin, 2011), 310.

② 参见 Max Tegmark, “Many Worlds in Context,” in Simon Saunders, Jonathan Barrett, Adrian Kent, and David Wallace (eds.), *Many Worlds?* (Oxford: Oxford University Press, 2012), 553 - 581。

产生一个分支。因此，多元宇宙中存在着无数个你我的副本。①

这一种多元宇宙与一级/二级的版本有显著区别，倒有些类似于《奇异博士》所引入的多元宇宙设定。一级/二级多元宇宙里的个人不会影响现实框架或其他平行宇宙，但是在三级多元宇宙中，可以通过量子实验来开辟现实分支并创造出一整个宇宙。此外，有些人认为后者可以通过量子计算，如果在该领域取得成功，那么表明我们确实生活在这样一个多元宇宙中。② 正如特马克写到的，量子计算机"最简而言之就是利用三级多元宇宙的并行性进行并行计算(parallel computation)"。③

这些听起来都像 MCU 里法师在做的事，就如古一对奇异博士说的：

> 这神秘法术的语言自文明诞生起就存在。很久以前，法师们将这种语言称为"咒语"，如果你觉得这个词不够现代，那就理解为程序，是搭建现实的源代码。我们从多元宇宙的其他维度获取能量，念出咒语，铸成盾牌和武器，从而施展法术。④

---

① 我应该说明，特马克的分类中还有一种多元宇宙——四级(Level Ⅳ)多元宇宙。这一级别非常疯狂，因为在这里，只要是数学上可能存在的一切都实际存在着，平行宇宙的基本物理方程式可能天差地别，使得这些宇宙远远超出你(或《奇异博士》的幕后特效法师)的想象极限。

② 参见 David Deutsch, "Apart from Universes," in Saunders et al, *Many Worlds?*, 542 - 552, at p. 542；以及 Deutsch, *The Fabric of Reality* (New York: Penguin, 1997)。

③ Tegmark, "Many Worlds in Context," 578.

④ 所有引用对话均来自 2016 年电影《奇异博士》。

就像斯特兰奇最初并不相信法术，一些当代科学家对多元宇宙也持有疑虑，部分原因在于有关多元宇宙的许多预言都无法进行检验。很多科学家完全没把它当回事，但其他一些却认为“量子理论证实了存在着多个宇宙，毋庸置疑”，①并且“到这个时候了，唯一令人震惊的就是这点居然还有争议性”。②

漫威多元宇宙与 MCU

重要的是，MCU 只是漫威漫画庞大多元宇宙的其中一部分。 156
漫威多元宇宙（Marvel Multiverse）有许多拥有编号的平行宇宙，地球-616（Earth-616）是漫画情节的主场地，奇异博士便是其中一个超级英雄，也是该领域最强大的存在之一。但是，来自地球-616 的奇异博士绝不是漫威多元宇宙里的唯一，比如在地球-199999（Earth-199999，也就是 MCU）里同样有一个奇异博士。奇特的是，MCU 本身就是多元宇宙，相当于庞大漫威多元宇宙之下独立出来的一个多元宇宙。

与地球-616 相比，科学在 MCU 的分量更重。漫威试图保持 MCU 电影和电视剧在科学方面的协调步调，所以漫画中的所谓“法术”在电影中得到了一些科学解释，除了《奇异博士》、《雷神》等早期

---

① David Deutsch, “Comment on Lockwood,” *The British Journal for the Philosophy of Science*, 47(1996): 222-228, at p. 224.

② Deutsch, “Apart from Universes,” 542.

电影也同样如此——从细节方面来看，简·福斯特(Jane Foster)在漫画中是地球-616的一名护士，而在MCU中是一位一流的天体物理学家；从宏观设定来看，比如，用爱因斯坦-罗森桥(Einstein-Rosen bridge，一种特殊虫洞)的原理来解释彩虹桥(Bifrost)。

在2014年的电影《银河护卫队》中，收集者(the Collector)提过MCU诞生于六个奇点(singularity)塌缩导致的大爆炸，在这一过程中，奇点压缩形成了六个无限原石(Infinity Stones)。其中一颗是时间宝石，保存在阿戈摩托之眼中，奇异博士在电影尾声便是使用了时间宝石制造时间循环，困住多玛姆，然后拯救地球。数千年前，第一任至尊法师阿戈摩托发现了其他维度的存在，他学会从这些平行宇宙获取能量，也意识到潜伏在那里的威胁，于是建立了三座圣所来捍卫地球，抵御最强大的外维度威胁——邪恶的黑暗维度统治者多玛姆。除了黑暗维度，MCU中还有星灵维度(Astral Dimension)和镜像维度(Mirror Dimension，见《奇异博士》)，量子领域[Quantum Realm，见《蚁人》(*Ant Man*)和《奇异博士》]，地狱和暗力维度[Hell and the Darkforce Dimension，见《神盾局特工》(*Agents of S. H. E. L. D.*)]，以及昆仑[K'un-Lun，见《铁拳》(*Iron Fist*)]等其他平行维度。

回顾上一节中有关多元宇宙的分类，我们可以提问：MCU属于
157 其中的哪一类？《奇异博士》所引入的多元宇宙大量借鉴了著名量子力学多世界诠释说的概念和观点，不过这个问题很难回答，因为电影没有提供足够的信息，而且物理学哲学中尚有一个最重要的问题——测量问题。

奇异博士既是又不是至尊法师?

量子力学无疑是最重要的科学成就之一,就解释力和预测的准确性而言,这是物理学上最成功的理论,可以认为它与广义相对论一起构成了所有物质科学的基础,其应用范围涵盖了激光技术、磁共振成像(MRI)、电子显微镜和我们每天使用的电脑及手机等电子设备。然而,在某种意义上,量子力学也是“物理学的巨大丑闻”。[①] 尽管量子力学极其成功地告诉了我们可以测量的事件可能性,即预言测量结果和宏观现象的发生,但是它未能提供可以解释其自身成功的可靠概念框架。简而言之,什么是测量?为什么量子领域和我们看到的宏观领域之间如此天差地别?

量子力学的核心是量子叠加(quantum superposition),这一原理似乎与我们日常所见所得均有所冲突,毕竟我们从未见到过猫处于既死又活之类的叠加形态。所以出现了一个令人迷惑的局面:要么量子力学错了,要么我们的日常经验完全错了。

双缝实验(double-slit experiment)展现了量子力学最迷人的方面之一,它表明光子这样的物质会处于粒子和波的叠加态,直到我们试图去观察或测量它。我们或许认为单个光子会像粒子一样,要么

---

① David Wallace, “Philosophy of Quantum Mechanics,” in Dean Rickles (ed.), *The Ashgate Companion to Contemporary Philosophy of Physics* (Abingdon: Ashgate, 2008), 16-98, at p. 16.

通过隔板上的左缝，要么通过右缝，但它其实会像波一样同时穿过左缝和右缝（处于波粒叠加状态），这就是双缝实验的结果。但是诡异的事情发生了，实验者在缝隙旁装上探测器之后再去观察，却发现光
158 子不再同时通过两道缝，而只通过其中某一条。也就是说，当我们在缝隙旁检测到光子时，它们就不再显示波状行为，因此观察或测量本身似乎会导致波函数的塌缩。

此外，薛定谔方程（Schrödinger equation）提出“叠加可以通过相互作用‘扩散’”并“放大到宏观层面”。[1] 那么不仅像光子这样的量子对象可以处于叠加形态，就连猫、石头和至尊法师等大物体也可以做到。可是为什么我们观察不到这种宏观叠加呢？量子力学错了吗？一种颇为流行的说法是观察会导致波函数的塌缩，这就引出了我们的重点。

猫和不稳定原子进了间酒吧……[2]

理解“观察导致波函数塌缩”是测量问题的核心。对此学界有不同的解释，统称为量子力学的“诠释”（interpretation），这已经到达了哲学的层面。物理学建立量子力学形式体系，编辑方程式，做出可检

---

① Rickles, *Philosophy of Physics*, Section 7.4.

② 比较著名的英语双关笑话，包括“A guy walks into a bar. Ouch!”（一个人撞上杆，痛死了！）或者“Three guys walk into a bar. The fourth guy ducks.”（三个人撞了杆，第四个人躲开了。）这一系列笑话的关键在于“walk into bar”的双重含义，因为“bar”一词既有酒吧的意思，也有杆子的意思。此处标题说“a cat and an unstable atom walk into a bar ...”那么你觉得后面会发生什么？——译者注

验的预言，但是这体系所解读的现实——例如，波函数是真实的物体还是仅仅是数学工具——严格意义上来说超越了物理学。波函数塌缩现象的量子力学诠释也是如此，其中最有影响力的是由尼尔斯·玻尔（Niels Bohr，1885—1962）发展起来的哥本哈根诠释（Copenhagen interpretation）。哥本哈根诠释发展出了不同版本，不过根据最贴近玻尔本意的那个版本，我们能知道波函数在受到测量时塌缩，只是我们不知道这种情况为何发生。由这种实用方面去理解的话，量子力学和科学往往只能提供精准预言可观测现象的方法，而无法解释世界的本质或其原因。

不少研究人员认为这像是一种逃避。我们希望科学不只能用来对世界做出预测，也能解释自身的运作原理。以和量子力学共同构成当代物理学基础的广义相对论为例，它告诉我们时空（spacetime） 159
是弯曲的，且质量和能量都能导致时空弯曲，此时我们不仅相信该理论能帮助我们成功地预言，更想要相信时空确实是弯曲且可以被弯曲的。对于量子力学，我们似乎没有理由区别对待——不过这属于哲学判断，而不是纯粹的科学论断。

哥本哈根诠释的另一个版本最先由冯·诺伊曼（John von Neumann，1903—1957）提出，后来得到了尤金·魏格纳（Eugene Wigner，1902—1995）的发展，该版本认为观察者的意识导致了波函数在受到观测时塌缩。在 MCU 中，古一所说的“思想塑造现实”便体现了这一点。如果该假设成立，冯·诺依曼-魏格纳诠释对解读思想与物质的争论就具有深远的哲学意味，比如，坚称意识和物质独立存在的二元论会受到挑战，将所有心理现象归因于物质状态的唯物主义也会出现不同的意见。

著名思想实验“薛定谔的猫”的本意在于动摇哥本哈根诠释的基石，但具体看来更适合用来反驳冯·诺依曼-魏格纳的诠释。如上所述，假设盒子里有一只猫和一个不稳定原子，一个小时内，原子核有50%的可能性不会衰变，有50%的可能性会衰变，后者就会导致猫毙命。这个不稳定原子处于衰变与不衰变的叠加态，如果叠加可以通过相互作用传播，那么猫是否也处于死亡和活着的叠加态？冯·诺依曼-魏格纳诠释认为，只有在打开盒子并观察时猫的状态才会塌缩成死亡或活着中的某一个，在此之前它实际上处于看似荒谬的既死又活的叠加态。不过多世界量子力学诠释说，以及由其发展出的多元宇宙说，能帮助我们理解这一切。

那么多猫，那么多奇异博士

起初多世界诠释说并没有受到重视，现在却已经是测量问题的主要方法之一，得到了许多知名物理学家的认可。其支持者认为每
160 当量子事件发生时，波函数并没有塌缩，而是现实分裂成所有可能的分支。如果打开盒子看到猫还活着，这意味着在我们这个现实分支中原子没有衰变，但在另一个分支中它衰变了（盒子里的猫也已死去）。

不过猫也好，所有人也好，乃至我们整个宇宙都依然处于叠加态。在每个现实分支里，我们只观察到量子事件的其中一种结果，即猫要么死了，要么活着，但是猫在不同宇宙中的不同化身既死又活，所以整个多元宇宙本身还是叠加态。多元宇宙的状态本身可以由这

个波函数表示——宇宙波函数。多世界诠释说称，我们的宇宙因为不断发生的量子事件而不断分裂，在多元宇宙中的不同分支中创造出无限个现实世界和无限个自己。（也就是说在多元宇宙中确实存在一些暗黑、可怖的宇宙，甚至是从未发表过《奇异博士》——和本书——的宇宙！）

尽管科学家们对多世界诠释说的接受度较高，但仍然有很多人持反对意见，部分原因就是该说法与我们的直觉相悖。直觉是哲学推理的一个关键，当代哲学家阿尔文·戈德曼（Alvin Goldman）写道："哲学方法论与科学方法论的分水岭就是对直觉的依赖性，前者在各种方面都依赖直觉。"①我们就是"知道"，一条陈述不可能既真又假，站得住脚的论点胜过站不住脚的论点，谋杀违背道德。

然而，我们对物理世界结构的许多直觉都被证明是错误的。我们直觉地球是平的，但地球其实是宇宙里的一个球体；我们也感觉不到地球居然在绕着太阳高速旋转。更违背直觉的是空间和时间的弯曲实质，且质量和能量会导致时空弯曲，但是大量实验都证实了这一点。数千年的进化历程至少在一定程度上塑造了我们对物质世界的直觉，不过时空形状或多元宇宙本质的真理并不是生存繁衍的必需信息。在很多领域，直觉或许是值得信赖的认知来源，但在宇宙结构领域里不是。莫度建议斯特兰奇"忘掉你自以为知道的一切"，这句忠告不只适用于刚刚启蒙的巫师，也适用于你我这样试图理解宇宙

① Alvin Goldman, "Philosophical Intuitions: Their Target, Their Source, and Their Epistemic Status," *Grazer Philosophische Studien*, 74(2007):1 - 26, at p. 1.

基本规律的普通人。

多世界诠释说似乎也与奥卡姆剃刀原理（Ockham's razor）冲
161 突。这个原理也称为简单原则，它提出要“避繁就简”：如果对于同一个现象有两种科学假说，那么在其他条件相同的情况下，就选择更简单的那一个。① 直观看来这非常合理（而且非常直观）。例如，行星运动的一种假说是所有行星以太阳为中心绕着太阳旋转，另一种假说是地球位于中心，太阳围绕地球旋转，而所有其他行星绕着太阳转。二者的区别可能就在于看待的角度——你要是愿意，也可以将月亮放在中心——但是最简单的肯定是以太阳为中心，而地球作为其中一个行星绕其旋转，越简单就越利于预测和理解。

多世界诠释说认为存在着无数个平行宇宙，而作为量子力学唯一需要多个世界存在的解释，它不太符合简单的原则，所以奥卡姆剃刀原理似乎会动摇其地位。不过它的简单性体现在其他重要方面，我们能够凭借它优雅地解决测量和叠加问题，而不必使用“隐藏变量”（hidden variables）之类的替代性解释，不用诉诸更复杂的动力学，或将观察者的意识归纳为强大的“波函数塌缩因素”。由此看来，奥卡姆剃刀或许会认为多世界诠释说是我们最简单的理论。

---

① 正如莎兰雅·米斯拉（Sharanya Misra）医生试图理解所目睹的神秘现象时，王对她说的：“解释简单些的，往往比复杂的更好。”（Devin Grayson, *Doctor Strange: The Fate of Dreams*, New York: Marvel Worldwide, 2016, 18.）

我们脱离了时间……真的吗？

多世界诠释说允许人类在塑造现实方面发挥惊人的主动性，我们可以通过量子实验来分裂现实，创造全新的宇宙，也可以利用多元宇宙结构进行量子计算。甚至有人认为，通过多世界诠释说可以解决时间旅行的“祖父悖论”，这意味着一个人可以回到过去杀死祖父，自己也不会因此而无法出生，因为一个不同的宇宙（或时间线）被创造出来了。① 关于奇异博士用时间循环困住多玛姆的方法，多世界诠释说肯定会给我们提供另一种思路：除了将多元宇宙用作法术之源，这也是奇异博士操纵多元宇宙的另一种方式。在某种程度上，可以他的法术“简单”地看作量子实验——就像把猫带出盒子一样。

---

① 参见 David Deutsch, “Quantum Mechanics near Closed Timelike Lines,” *Physical Review D*, 44(1991): 3197 - 3217；以及 David Wallace, *The Emergent Multiverse* (Oxford: Oxford University Press, 2012), Section 10.6。

15

奇异的悖论世界：卡玛泰姬里的科学与信仰

马修·威廉·布拉克

“真信徒。”传奇人物斯坦·李总是这么称呼漫威漫画的粉丝。人们信仰许多事物——魔法、上帝、爱的力量……信仰赋予生命以形状和意义，但在科学时代，信仰无形之物常常受到他人嗤笑。委婉地说，这是一厢情愿的想法，是弱者的拐杖；不客气地说，这是一种危险甚至痴狂的妄想。无法在物理世界中检测到的东西，我们如何能说它真的存在？

电影《奇异博士》为我们提供了一个独特的机会来探索该问题。虽然漫威电影宇宙更倾向于用科学解释魔法（如电影《雷神》），但是导演斯科特·德瑞克森（Scott Derrickson），作为一名信教人士，点明了他的电影“不是在科学地解释法术，法术就是法术”。他还说：“我无法不用一种神秘的视角看这个世界。我就是这么去理解世界的。我不是虔诚的唯物主义者，这个世界应该远远不只有我们五感所感知到的东西。"①德瑞克森表示自己避免了让电影陷于浅薄的宗教与无神论之争，不过他确实希望能在这二者间找到适中的方法来"谈谈法术，聊聊神秘主义，说说不同的可能性和其他现实"。②

如果要换个角度理解德瑞克森的想法，先让我们跟随《奇异博士》走近丹麦哲学家克尔凯郭尔（Søren Kierkegaard，1813—1855），进入奇异的悖论世界，和他一起思考是否有可能"探寻到思想所想不 165
到的存在"。③

在卡玛泰姬的门口

一个胡子拉碴的男人在尼泊尔加德满都的一条普通街道上，捶着一扇看似平凡无奇的门。"不！开开门！求求你了！别把我关在外面，我哪儿也去不了了。"④这是史蒂芬·斯特兰奇，一位天才但过于自傲的外科医生。粉丝都知道这个男人注定会成为我们维度的至

---

① Jayson D. Bradley, "The Complex Faith of 'Doctor Strange' Director Scott Derrickson: Why He's Hollywood's Most Interesting Filmmaker," *Relevant Magazine*, issue 84, November/December 2016，可见 http://archives.relevantmagazine.com/culture/film/director-strange。

② 同上。

③ Søren Kierkegaard, *Philosophical Fragments*, ed. and trans. by Howard V. Hong and Edna H. Hong (Princeton, NJ: Princeton University Press, 1985), 37.［其实这本书是克尔凯郭尔用克利马科斯（Johannes Climacus）的笔名发表的。克尔凯郭尔的作品经常借用笔名发表，这是他精心构设的特点，不过在本章中这一点并不重要……或者这点本身就不重要。］

④ 本章所有引用对话均来自 2016 年电影《奇异博士》。

尊法师，支撑起抵御神秘势力威胁的战线，但现在故事刚刚起步，斯特兰奇还只是个普通医生——一个不断展现医疗“奇迹”的普通医生。

斯特兰奇无疑是个成功的医生，可是他的医者生涯终结在了开车跌下山崖的那个夜晚，因为破碎的玻璃和扭曲的车骸伤毁了他的手。苏醒后他看到自己双手被架起，扎满了金属针，显然遭受了严重的神经损伤，他知道自己必须尽一切方法恢复手部功能，不然所有的事业和名望都将化为乌有。于是就有了加德满都门前的那一幕，那里是卡玛泰姬圣所的入口，斯特兰奇希望在卡玛泰姬找到治愈的方法。

在卡玛泰姬之旅启程前，斯特兰奇曾尝试了自己唯一能理解的方法——医学与科学。医学和科学的发展不断加深我们对人体和宇宙的了解，通过研究和实验，我们也在不断发现新方法和新药物，而斯特兰奇仍在努力突破医学理论和临床知识的局限。他曾主动要求接受一台实验阶段的手术，虽然风险极大，可至少还有一线希望，当时他说“我需要的就是‘一线希望’”。斯特兰奇试图推动自己这种案例的治疗水平，但即便天才如他，也无法在短期内促使医学进步到足够挽救他受创双手的程度。

斯特兰奇为恢复双手而做的努力有助于我们理解克尔凯郭尔的这句话，“这就是思想的终极悖论：想要揭示思想本身不可能想到的东西”，这倒不是件坏事，“因为悖论是思想的激情之源”。[1] 我们想要去发现一些思想无法想象的事物，这种激情驱使我们进行更多思

① Kierkegaard, *Philosophical Fragments*, 37.

考，而缺乏这种悖论的思想者“就像没有激情的爱人，一个庸人罢 166
了”。① 事故之后，斯特兰奇便一直热衷于寻找思想所想不到的东西，这份激情带动探索，但套用克尔凯郭尔的话说，斯特兰奇遇到了来自“思想所想不到之物”的阻碍。

未知、边界与碰撞

克尔凯郭尔写道：“也正是认识的最高激情决意要去碰撞。”②虽然斯特兰奇在前往卡玛泰姬的路程中一直寻求这种碰撞，但他并不知晓自己要为窥视未知的冰山一角付出多少代价。古一的得意门生之一莫度曾向他暗示了这代价之巨大，当时他说：“我能给你一些建议吗？忘掉你自以为知道的一切。”

斯特兰奇希望治好双手的迫切心情并没有影响他身为外科医生所拥有的专业知识与自信，所以在他与古一的对话中出现了一个误会。古一问：“当你重新连接严重受损的神经时，是你在治疗，还是身体在自愈？”他答道：“是细胞。”那个瞬间，斯特兰奇以为古一实现了细胞再生技术的实验性（却未经批准的）突破，但他很快便会失望，因为对方向他展示了一张针灸穴位图并将其等同于核磁共振图像，称两者只不过是以不同角度呈现的人体构造图。于是他意识到这并非医学的科学治疗，难以置信地质问说：“你现在跟我说靠信念来

① Kierkegaard, *Philosophical Fragments*, 37.
② 同上。

治愈?”

作为一名医生，一名科学事业者，斯特兰奇拥有坚定的唯物主义世界观。克尔凯郭尔抨击这类人，称他们是“妄图用刀和显微镜解释一切的见习屠夫”。[①] 他认为，一心扑在物理解释和计算上或许是“一种自我开脱和逃避的狡猾借口。我有没有因为生理学而偏离了最重要的事情呢？我不知道”。[②] 唯物主义者或许会承认自己无法解释所有事情，但是，“那么他做了什么？他切组织，做解剖，努力把刀刺入更深的人体内部——来展现他的无能！”。[③] 克尔凯郭尔强调
167 了“这个定量固有的悖谬的”愚蠢性，“差不多类似”唯物主义思想者了。[④] 科学唯物主义者反而需要“承认有些东西是他们无法理解的，或者更确切地说，有些东西是他们明白自己无法理解的”。[⑤]

在寻求治疗的过程中，斯特兰奇一直在寻找自己科学思维想象之外的东西，而现在发现了，他又不认可克尔凯郭尔所说的“将未知理解为新边界”。[⑥] 但是认识本身无法超越这个界限，即便这是“激情的折磨与诱因”。[⑦] 好似未知与绝对差异“像是要被揭晓了，但实际上并非如此，因为认识甚至无法去思考这绝对差异”。[⑧] 这就是斯

---

① Søren Kierkegaard, *Søren Kierkegaard's Journals and Papers*, Vol. 3. 1, L-P, ed. and trans. Howard V. Hong and Edna H. Hong (Bloomington, IN: Indiana University Press, 1975), 241.

② 同上。

③ 同上。

④ 同上，247。

⑤ 同上，406。

⑥ Kierkegaard, *Philosophical Fragments*, 44.

⑦ 同上。

⑧ 同上，45。

特兰奇无法(也不愿)跨越的边界。

面对斯特兰奇的执拗，古一伸手一击，将他的灵魂推到了身体之外的“星灵维度”。显然这一击过于震撼，所以待灵魂回归身体后，他问古一道：“刚才怎么回事?”她说：“一瞬间，你进入了星灵维度，也就是灵魂离开身体后所在的地方。”当问及这么做的理由时，她答道：“为了告诉你未知的东西太多了。”随后她又把斯特兰奇送上了多元宇宙的迷幻之旅，突破他的思维界限。其间，古一对他说：

> 你自以为通晓世事运行?你还以为物质宇宙就是全部?什么是真?在你所感知的背后，还藏着怎样的奥秘?在存在的源头，精神与物质相连。思想雕琢了现实。此间宇宙只是万千宇宙中的一个。世界是无限的。有的美好，生机勃勃；有的邪恶，充满杀戮。在那些黑暗的地方，蛮荒之力贪婪地蛰伏着，伺机等待。在这多元宇宙之中，斯特兰奇先生，你是谁?

斯特兰奇猛地被拉回卡玛泰姬，跪倒在地。他已经付出了与未知相撞所需的代价：对自我的认知和把握受到了动摇。他抬头仰望古一，恳求道：“教我。”但遭到对方的拒绝。斯特兰奇被扔出门外，他瞥见了未知，却再次发现自己与思想所想不到之物间隔着一道障碍，或者说边界。

168 苏格拉底与以“神”为师

克尔凯郭尔在《哲学片段》(*Philosophical Fragments*)的开头问道:“真理(truth)可以学吗?”①可以,他说,但是人们往往从老师那里习得真理。斯特兰奇的卡玛泰姬之旅始于一次与乔纳森·潘伯恩的对话。他的治疗师在复健时透露说,有一名男子曾因严重脊髓损伤而瘫痪,后来却康复了。起初斯特兰奇只把这件事当故事听,不过最后他还是去某个篮球场找到了潘伯恩,而对方果然身姿矫健。潘伯恩对他表现出敌意,转身准备走开,斯特兰奇当即在后面喊道:“当时我根本救不了你。你从绝望中带回了希望,我也在试着找到自己的希望。”潘伯恩的态度有所松动,告诉斯特兰奇自行前往卡玛泰姬,就是在那里,“我找到了我的导师,思想也上升到了新境界”,最后得以痊愈。

克尔凯郭尔在《哲学片段》中描述了两种不同的老师。第一种是苏格拉底式老师(Socratic teacher),他认为古希腊哲学家苏格拉底的信念是,为了学习真理,必须寻求真理。然而,这里就出现了一个问题,因为

> 人既不可能探究自己知道的东西,也不可能去探究自己不知道的东西。对于自己知道的东西,既已知道就无须探究;对于

---

① Kierkegaard, *Philosophical Fragments*, 9.

> 不知道的东西，人甚至根本就不知道自己要探究什么。[1]

听起来有道理：如果连未知的存在都不知道，如何能探寻未知？又如何有人能知道探索之路已经启程？

苏格拉底式老师的答案是，人其实已经拥有了关于未知的知识，他们只是遗忘了，需要得到帮助，回忆起所知道的东西。[2] 苏格拉底称自己是帮助他人诞下真理的"助产士"，这是"人与人之间所能建立的至高关系"。[3] 教师不是学生的领导者，而是认知的催化剂，推动学生了解到"认识自己就是认识上帝"（self-knowledge is God-knowledge）。[4] 个人本身就是中心，教师则"不卑不亢地"帮助大家实现正确的认识——自若地充实自己，自若地让这段关系对于"哪怕愚蠢至极的人"来说也不失为意识到固有真理的机缘。[5]

克尔凯郭尔说的第二种教师，即以神为师（god as teacher）。[6] 169
他探讨了在人类本身如果并不拥有真理的情况下，人们需要什么类型的老师。如果人类其实处在"真理之外"，并且本身就是"没有真理的"，那该如何是好？[7] 若是如此，那"有什么方法能让他回忆起自己

---

① Kierkegaard, *Philosophical Fragments*, 9.

② 这与苏格拉底对于灵魂现在性（pre-existence）的观念有关，参见克尔凯郭尔同上书，10。

③ 同上。

④ 同上，11。

⑤ 同上。

⑥ 虽然克尔凯郭尔的文学作品确实总体基于基督教背景，但在《哲学片段》中，他对神的描述只代表一个"基督教诞生前"的思想实验。

⑦ Kierkegaard, *Philosophical Fragments*, 13.

所不知，从而最终也不可能回忆起来的真理”？① 与其说以神为师是学生回忆起所拥有真理的机缘，不如说是厘清自己没有真理的机缘，而且“甚至比他们尚不知自己没有真理的时期更被排除在真理之外”。②

克尔凯郭尔的这段话仿佛就是在描述古一把斯特兰奇请出卡玛泰姬的场景：

> 结果，教师通过这种唤起回忆的方式，反而把门徒推开，在这个问题上，除非让学生们靠自己，不然他们不会发现自己原本知道真理，而只会发现自己没有真理。这种意识行为适用以下苏格拉底的原理：不论教师是谁，即使是神也好，都只是个机缘，因为只有我自己才能发现自己没有真理，而且只有在我如此发现时，我没有真理的真相才算被发现，否则就算全世界都知道这一点，这个没有真理的发现也绝不会早于我自己发现它。③

斯特兰奇的同事都看透了他自以为是的缺点，前女友克里斯汀·帕尔默医生知道，连他的复健师也有所了解。而莫度甚至在请他进门之前就清楚这一点。但是他本人直到遇见那些颠覆了他认知的事情并被扔到街上时，才明白了自己的真实情况：他处在真理之外，他没有真理。这位学生的唯一希望就在于，神不仅给予真理，还会赋予他

---

① Kierkegaard, *Philosophical Fragments*, 14.
② 同上。
③ 同上。

接受真理的能力。

古一好似苏格拉底和神两种教师的结合。她点明潘伯恩不是她治愈的，是他自己治好了自己，而她做的仅仅是说服他可以做到。这表明潘伯恩早已拥有了所需的知识，只是需要回忆起来。然而，在古一与斯特兰奇的交流中，她就像神那样的教师一样，揭示了他没有真理的情况——在她的指点下，他才得以意识到自己没有真理。他因自己的傲慢而处在真理之外，或者如克尔凯郭尔所说的那样，"他没有真理，而这又是因为他自己的过错"。① 最终得益于古一，他才有 170
机会接受真理、迎接未知——思想所想不到的东西。

冒犯与悖论

克尔凯郭尔写道："如果悖论和认识能带着对彼此差异的共同了解而相遇，那么这就是一次愉快的相遇。"②可是我们都知道，斯特兰奇与古一的初次相遇远远称不上愉快。回到古一描述核磁共振图和人体针灸图的那一幕，斯特兰奇表现得极为懊恼：

> 斯特兰奇：我花光最后一分钱买了这张单程票……你现在跟我说靠信念来治愈？
>
> 古一：你一直从锁孔中看世界。你一生都在尝试把这个洞

---

① Kierkegaard, *Philosophical Fragments*, 15.

② 同上，49。

弄得更大些，想要见识更多，了解更多，可是如今你知道了它能以超乎想象的方式拓宽，你却拒绝这种可能性。

斯特兰奇：我拒绝是因为我不相信什么脉轮或能量的童话故事，也不相信什么信念的力量。根本不存在灵魂！人类是物质的，仅此而已，你也不过是这宇宙中的一粒微小而无关紧要的尘埃罢了。

古一：你太小看自己了。

斯特兰奇：你觉得已经看透我了，是不是？告诉你吧，其实是我看透你了！

为了从本章的角度解读这段相遇，让我们看看克尔凯郭尔如何将冒犯(offense)描述为多种形式的苦难(suffering)：

无论它如何表达自身，即使它幸灾乐祸地庆祝冷漠的胜利，它仍是一种苦难。无论这被冒犯的人是否被打击到坐下，几乎像个乞丐那样盯着悖论，因自己遭受的苦难而发呆，还是他用笑料武装自己，仿佛从远处将智慧之箭瞄准这里——他依然是在遭受苦难，并且不留一丝余地。①

斯特兰奇或许试图通过言语攻击压过古一的气势，用这种行为摆脱对方说法带来的刺激，不过他这种强烈的情绪揭示了“(他)所受冒犯

① Kierkegaard, *Philosophical Fragments*, 50.

受悖论影响的程度”。① 171

斯特兰奇经受的冒犯“由于悖论而得以实存”，悖论源于与未知的相遇。② 冒犯误解了悖论，克尔凯郭尔称其为悖论的“记错本”和“不实的结论”。③ 冒犯表示“悖论是愚拙的”，但悖论使“认识成为笑话”，所以“认识视为非常重要的东西”不再重要。④ 认识和冒犯不再自知，而是“被悖论所知”。⑤ 同样，斯特兰奇在碰撞有关未知的悖论时，不理解与自身认识相关的冒犯，但是古一做到了，她能够为斯特兰奇提供摆脱冒犯、迎接未知的条件。

向未知借力

古一将斯特兰奇从卡玛泰姬驱逐出去后已经过了五个小时，他消沉了下来，靠在门上。突然，从里面传来一阵开门的嗡鸣声，门开了，他朝后摔进了门廊里，一边带着歉意说了句“谢谢”。

这位因认识到自己的谬误而感到谦卑的新学生开始了他的训练。他首先学习使用悬戒，这种法器能使法师建立传送门前往任何可以想象出来的地方。斯特兰奇试着建立传送门，却屡屡失败，他将之归咎于受伤的手，但古一请了一位断了手却仍能熟练使用悬戒的

---

① Kierkegaard, *Philosophical Fragments*, 51.

② 同上。

③ 同上。

④ 同上，52。

⑤ 同上，50。

法师出来演示，借此表明问题不在于他身体上的伤，而在于他的认识：

> 古一：抽刀断水水更流，你必须顺势借力，就仿佛那力量源自你自身。
>
> 斯特兰奇：要控制它必须先放弃控制它？这根本行不通……
>
> 古一：世间万物自有其自身的道理。你靠自己的聪明才智获得了成功，但到此为止了。觉悟吧，史蒂芬。

如果想要发现思想无法想到之物，那么就必须放弃通过自身认识而预先拥有的控制权。此处存在冒犯的可能性，问题便随之变成了："你会不会服从……还是会感到冒犯？"①

172 人们通过理解事物的能力控制这件事物，却无法像这般掌握未知。那么如何是好？斯特兰奇留意到古一的话，从中找到了解决方案，如此，"认识屈服了自己……悖论放弃了自己"②。

觉悟未知的生命是充满信念或信任的，它根据思维理解范围之外的原则运作。正如克尔凯郭尔所写，

> 拥有信念就是通过承受超大重力来实现浮力，学会客观就是通过将货物抛到船外来实现浮力。去相信就像是去飞行，但

① Kierkegaard, *Søren Kierkegaard's Journals and Papers*, vol. 3.1, 366.
② 同上，54。

是是借助了反向重力的飞行。①

信念就好似在更大的重力中试着飞得更高，或者通过放弃控制而控制法术。这意味着放弃虚荣心——“不愿意作为孩童服从，但是想成为一个能够理解并且不服从自身无法理解之事物的成年人的那种虚荣心”。② 至于未知，我们必须接受未知的指导，“避免让自己拥有想要理解的空虚想法，以及自认为能够理解的徒劳想象”。③ 但是，如果想要探寻未知，那么必须沿着一条路，那条路上“所有的行人标志都写着：回去，回去，回去”。④

敲敲门，门会开的……最终

克尔凯郭尔在文章中写道：“如果敲门，门就会开，这是永恒的定理。但是假设我们遇到的困难使得我们害怕向前，那就更不用提敲门了。”⑤让我们再回到斯特兰奇拼命敲开卡玛泰姬大门的那一幕，寻找“那个思想无法想象之物”的过程可能就像这样——敲着门，但无法保证它会为之而开。话又说回来，究竟有多少人在寻找未知呢？

① Søren Kierkegaard, *Søren Kierkegaard's Journals and Papers*, vol. 2, F-K, ed. and trans. Howard V. Hong and Edna H. Hong (Bloomington, IN: Indiana University Press, 1970), 9-10.

② 同上，14。

③ 同上。

④ 同上，22。

⑤ 同上。

事故发生前的斯特兰奇显然没有。他的确一直在拯救患者生命，提升医学知识，但就如克尔凯郭尔医生所描述的，他救死扶伤是因为这行为本身很有意思，是因为某种虚荣心。① 命运的打击才是最终将他引向寻找未知的转折点。

173 许多人就像斯特兰奇一样，若不是生活变得不幸而存在变成一种折磨，若没有由此产生的极度渴求与绝望，他们永远不会出发去找寻不可能的未知。② 在能够自我掌控的情况下，谁都不希望正常的生活和预期被颠覆。而如果必将踏上寻找之路，那么希望我们都是满心自愿，不需要先经受双手——和自我——的粉碎。

① Kierkegaard, *Søren Kierkegaard's Journals and Papers*, vol. 3. 1, 246.

② Kierkegaard, *Søren Kierkegaard's Journals and Papers*, vol. 2. 8, 24.

第五部分

『不在于你』

16

至尊法师背负的超俗负担

马克·D. 怀特

史蒂芬·斯特兰奇是孤独的。这位至尊法师是地球上抵御神秘力量毁灭性侵袭的特殊保护者，只有他才能察觉各种魇魔、外维度恶魔和邪恶法师共谋摧毁人类的危机，只有他能运用老师，即前任至尊法师古一所教授的法术奥秘进行反击。正如他在最近连载的漫画中所坦露的："我在法师界的地位无人能替代。如此重的负担和责任，没有任何生物可以分担。"①

斯坦·李和史蒂夫·迪特科在1963年为连载漫画《奇异故事》添加了奇异博士这个角色，他们笔下的奇异博士一直表现出一种孤独感，而这在画师克里斯·巴查洛近期为编剧杰森·亚伦配制的精彩插画中尤为明显。② 在很多场景中，奇异博士正行走在曼哈顿的

---

① *Doctor Strange and the Sorcerers Supreme* ＃1 (December 2016)，收录于 *Doctor Strange and the Sorcerers Supreme*：*Out of Time* (2017)。

② 李和迪特科的原故事参见 *Marvel Masterworks*：*Doctor Strange*，*Volume* 1 (2003)和 *Volume* 2 (2005)。亚伦和巴查洛从 *Doctor Strange*：*The Way of the Weird* (2016)开始接手。

街道上，别人眼中的黑白世界在他眼里却遍布着奇形怪状、大大小小的神秘威胁，它们身上笼罩着炫目的彩光。只有他能看到（即便没有使用阿戈摩托之眼），因此他只有独自背负起对抗它们的特殊使命，使世人得以继续幸福地无知着。①

他自愿承担这份使命，没有怨言，所以他是英雄。然而，就像其他英雄一样，他有时未免有些操之过甚。本章，我们将探讨奇异博士
178 的几次失去稳妥的表现，看他如何偏向极端，未能实现德性伦理学（virtue ethics）的伦理学家们所崇尚的“中庸”（golden mean）。

的确是个奇异的医生

奇异博士的粉丝都了解，这位至尊法师曾经是世界顶尖的神经外科医生，一些人——尤其是他本人——或许会称他为该领域世界最一流的医生。他对手术挑挑拣拣，不是为了实现最好的结果或挽救更多的生命，而是为了确保金钱和名誉的最大化。他吹嘘技巧，炫耀财富，将女性视为达成目的的工具。可以说，他就是拿着手术刀的

① 不过，奇异博士确实希望公众能够有所了解。德文·格雷森（Devin Grayson）在她的小说 *Doctor Strange*: *The Fate of Dreams* (New York: Marvel Worldwide, 2016)中写道：（斯特兰奇）发现，自己多么希望能找到更妥善的方式，既能将这些玄妙莫测、超越常识的魔法领域展现给大家，又能继续保护他们，不因黑暗中潜伏的危险而感到恐慌。事实上，他也在委婉地揭秘超自然现象的知识，一点又一点，期待着以一种可以忍受的速度慢慢提升他们的认知。(pp. 27 - 28)

托尼·史塔克，可见这两个“胡子兄弟”的共同点远不只是山羊胡子。①

作为一名医生，斯特兰奇生活在极端状态之下。他医术水平高超，而且公平地说，虽然没有一颗救死扶伤的医者慈心，但是他确实运用医术帮助了不少人。就如斯坦·李和迪特科在另外一部知名漫画里设计的剧情②，斯特兰奇忽视了自己作为神经外科专家的强大能力所带来的巨大责任。③ 手术室外的他就像个纵情享乐的大男孩，不停找着乐子，又只展现出三分热度，从不去考虑存在或生命的深奥本质，从不把目光放在获取古哲学家们称为“幸福”(eudaimonia)④的真实幸福或人性成长上。

那些追求“幸福”的哲学家们或许还认为斯特兰奇，堂堂一名医学博士，生活方式却离德性生活相去甚远。德性伦理学(virtue

---

① *Invincible Iron Man*, vol. 2, #3 (January 2016)，收录于 *Invincible Iron Man: Reboot* (2016)。斯特兰奇对托尼的这个称呼嗤之以鼻……或许他也很喜欢？(参见同书#5)

② 此处指的是蜘蛛侠系列。漫画中，彼得·帕克在得到超能力后只是希望借此当个电视明星，并没有锄奸扶弱的想法。一次，他没有理会警察的求助，任由对方所追赶的歹徒逃走，结果这个歹徒后来杀死了他的叔叔。受此刺激，他选择了成为蜘蛛侠，立志保护普通人不受伤害。——译者注

③ 虽然奇异博士和蜘蛛侠在各自出场后很快就碰面了，但是小蜘蛛一直没有机会把叔叔本杰明·帕克介绍给他(可怜的本叔叔!)。参见 *Amazing Spider-Man Annual*, vol. 1, #2 (October 1965), “The Wondrous World of Dr. Strange,” reprinted in *Doctor Strange*, vol. 1, #179 (April 1969) and collected in *Marvel Masterworks: Doctor Strange, Volume* 1 and *Spider-Man/Doctor Strange: The Way to Dusty Death* (2017)。

④ “Eudaimonia”来自古希腊语，词源上由“eu”(善)和“daimon”(灵魂守护)组成，所以虽然中文里普遍将这个词翻译为“幸福”，但是其内涵超越了表示愉悦、满足状态的狭义的“幸福”，还包括善行和灵魂的守护等。——译者注

ethics)是伦理学三大派系中最古老的一派，由亚里士多德和斯多葛学派(Stoics)于两千多年前创立，另外两派分别是义务论(deontology)和功利主义(utilitarianism)，这两派更加年轻，它们当前流行的版本都是十八、十九世纪发展起来的。亚里士多德是德性伦理学家中最著名且最有影响力的代表人物，我们将在本章中充分借鉴他在《尼各马可伦理学》(*Nicomachean Ethics*)中阐述的对于德性的理解。①

德性概括了一切积极正面的品格特征，例如勇气、诚实和慷慨，为拥有德性的人和与之交往的其他人带去美好生活及“幸福”。人们对于符合德性的具体品格几乎没有争议——任何名副其实的道德体
179 系都会认可诚实通常是一种道德的品质②，不过亚里士多德对我们理解德性的独特贡献在于提出了“中庸之道”(golden mean)的概念，即在两个极端中间的(或称“中庸”)方是德性。以勇气为例，若太单薄则过于懦弱，若太强横则走向蛮勇；同样，在欺骗(彻头彻尾的谎言)和直白(完全未经过滤的坦诚)这两种极端的中庸才是诚实。中庸容易定义，但实践中却很难照搬理论，需要随情况和所面对的人而变化。再看回勇气那个例子，亚里士多德写道，勇士是“以正确的动机，在正确的时间通过正确的方式面对并操心着正确的事务”。③ 这

① Aristotle, *Nicomachean Ethics* (350 BCE)，可见 http://classics.mit.edu/Aristotle/nicomachaen.html。关于这三种学派的概述和比较，参见我的“Superhuman Ethics Class with the Avengers Prime,” in Mark D. White (ed.), *The Avengers and Philosophy: Earth's Mightiest Thinkers* (Hoboken, NJ: Wiley, 2012), 5-17。

② 更多关于德性的讨论，参见本书第2、6、7章。

③ Aristotle, *Nicomachean Ethics*, Book Ⅲ. 7. 15-20.

不是一个简单的德性观念，反之，它涵盖了许多方面，若想在每个特定情境中将其付诸实践，需要经验磨炼后的判断。①

医生时期的斯特兰奇与德性毫不沾边。或许可以说他做了正确的事，磨炼和提升了才能，成为一名顶级神经外科医生拯救他人的生命，但是他没有用正确的方式或为了正当的理由行医，反而只挑选那些能为他带来极大名声和财富的病例。他没有追寻无私与贪婪之间的慷慨之道，而是选择走向贪婪那个极端。他的个人生活遵循了类似的模式：他无视了克己与贪妄之间的节制之道，走向了贪欲的极端。就医术和学识而言，斯特兰奇大概是位优秀的医生，但他并不是一个有德性的人。

极端的法师

斯特兰奇不思后果的鲁莽性子导致了一场汽车事故，就是那场事故粉碎了他的双手，结束了他的医生生涯，并引导他动身寻求古一神秘治疗能力的帮助。最初他将法术视为一个“骗人的把戏”，后来接受了这个超越自身认知的世界的存在（正如2016年电影的精彩展现），放下了他的傲慢与自我中心主义，虚心听取古一的教导，并承诺

---

① 更多关于超级英雄所做的判断，参见我的文章“Moral Judgment: The Power That Makes Superman Human,” in Mark D. White (ed.), *Superman and Philosophy: What Would the Man of Steel Do?* (Hoboken, NJ: Wiley, 2013), 5-15，以及 *The Virtues of Captain America: Modern-Day Lessons on Character from a World War II Superhero* (Hoboken, NJ: Wiley, 2014)第五章。

帮助保护地球抵御神秘威胁。训练结束后的奇异博士带着随从王和林林总总的法术道具回到纽约市，驻扎在至圣所里。最终，在古一灵魂飞升，与宇宙结为一体后——正如你将来的去向——他接过了这个维度里象征至尊法师的法袍。①

180 身为法师的奇异博士是不是比作为医生的斯特兰奇更有德性？“以霍格斯上古之躯的名义，”你喊道，“当然是啊！他是个无私的英雄了，不再是曾经那个自恋的外科医生了。”没有那么快，年轻人。德性不仅关乎某个人做了什么，更关乎这个人做事的方式。我们之前看到，斯特兰奇医生做了很多好事，用精湛的手术挽救生命，然而他行医和生活的方式并无德性可言，总是走向极端，从未关注过中庸之道。而经历了法术指导后的他也并未放下对极端的追求——只不过换了种方式。

1986年漫画《奇异博士：进入香巴拉》(*Doctor Strange*: *Into Shamballa*)中，当斯特兰奇第一次为找寻古一而登上喜马拉雅山的时候，有段话写道，

> 他当时不过是个普通人：苦涩、恶毒、贪婪——冷酷似“死亡”(Death)②。现在，低语的传说会说服我们，你已经走出来了，走得更远。现在的你是——神秘法术大师。自从有了这个响亮的头衔，你似乎已经摆脱了内心的怒气、恶意和贪婪。有些

---

① 这段历程基于漫画剧情，不过电影与漫画的主要步调非常一致。

② “死亡”(Death)，漫威宇宙五大创世神之一，是生命终止的具象化。——译者注

可惜的是你还未学会微笑。①

斯特兰奇经历了精神顿悟后，确实从一个极端走向了另一个截然相反的极端。具体来说，这位曾经以自我为中心的人现在变得无私无我，他的信念是保护全人类，而不再是自己的狭隘利益。“过去，我是个不完整的人：一个自私、冷酷的有钱混蛋，然后受了打击，成了个酒鬼、流氓。我的导师古一为我指明了道路，做她的弟子，奉献——克己！”②应该可以说，极端的慷慨好过极端的匮乏慷慨，不过从德性伦理的角度来看，若奇异博士能找到两个极端的中庸之道，便可以实现最佳的慷慨方式，也就是在帮助他人的同时不会忽视自己的幸福。

可是，一次又一次，奇异博士依然没有找到这条中庸之道，依然表现着极端的慷慨与无私。从奇异博士这个角色被创作出来开始，他就已经担负起了保护全人类免受各种神秘威胁的重任，并说：“在受到法术威胁的地方……奇异博士必然会现身打败它！”③后来，他感叹道：“有许多事情，人类一定不能知道——至少在人类做好准备之前不会知道的，但这些事情永远都不会捅到他们眼前！无名的威
胁动摇着世界的安危——我必须独自面对！”④在早期另一个故事的 181
结尾里，有这么一段话：

---

① *Doctor Strange*: *Into Shamballa* (1986).

② *Strange Tales*, vol. 2, #1 (April 1987), “And Have Not Charity ... ,” collected in *Doctor Strange*: *Strange Tales* (2011).

③ *Strange Tales*, vol. 1, #118 (March 1964), “The Possessed!”, collected in *Marvel Masterworks*: *Doctor Strange*, *Volume* 1.

④ *Marvel Premiere* #3 (July 1972), collected in *Doctor Strange Epic Collection*: *A Separate Reality* (2016).

> 黎明缓缓照亮城市——这座城市毋庸置疑潜伏着人类想象之外的奇异势力！但是，既然它们在此，奇异博士就会前来对抗它们，以人类之名！①

我还有很多例子——相信我——但关键的一点在于，奇异博士独自承担着保护地球乃至整个维度生命的责任，并且不计代价。②

孤独的法师

这代价很大，奇异博士对待自己的方式尤其得狠，不眠不休也是常有的事。他很早就感受到成为地球的法师守护者将面临的精神与身体损伤："我已经超支了！几天来我从未合过眼，有超自然力量企图侵害人类，我一直在对抗它们，无休无止！"③其他人也知道，正如他的弟子兼情人克莉所说的那样："他也会累，也会饥饿，也会犯错…… 但是他依然选择去保护其他毫无防备的人们，使他们免受邪恶侵害，任自己独自对抗神秘领域潜伏的未知危险。"④面对近期漫

① *Strange Tales*, vol. 1, 122 (July 1964), "The World Beyond," collected in *Marvel Masterworks*: *Doctor Strange*, *Volume* 1.

② 有一次他喊道："我没有保护好这片宇宙！"开启了另一个成功的漫威故事！参见 *Doctor Strange*, vol. 2, #25, (October 1977)，收录于 *Essential Doctor Strange*, *Volume* 3 (2007)。

③ *Strange Tales*, vol. 1, #122.

④ *Doctor Strange*, vol. 2, #1 (June 1974)，收录于 *Doctor Strange Epic Collection*: *A Separate Reality*。

威宇宙遇到的威胁，奇异博士甚至利用了他的灵魂（或者还剩下的可以利用的部分），以获得绝对的力量来阻止世界末日。①

当然，没有人比王更了解这一切，王告诉克莉说："这些年来他一直肩负着整个世界……而且他性子独，没什么别的爱好，他是个孤独的人！"②孤独是斯特兰奇医生和奇异博士共同选择的极端，尽管背后的原因不尽相同。在事故之前，斯特兰奇过于自我，所以鲜少与他人建立联系，而且因为他以俯视的心态看待大多数人，又把女人视为玩物而非合作伙伴，所以他几乎没有朋友。他是医学博士，是斯特兰奇医生，无论是别人还是物件或金钱，甚至是自己的医术，都是他用来娱乐且可以随意丢弃的东西。

事故之后，他变得谦逊，学会用新视角看世界，懂得欣赏生命的价值并全心保护人类。只是他依旧不断将别人推离自己，不过现在是因为他觉得自己的使命优先于人际关系——又一个过度慷慨和无 182
私的体现。克莉质问他的爱，当时他是这么说的："我对古一有个承诺要去完成。你知道的，我必须维持善恶的平衡，为此我几乎没有时间做其他事情。"③在后来的类似谈话中，他告诉她说："我必须克己！我必须保持纯粹和专注，只做必须做的事情！我不能，我不能够，我

---

① 分别参见 *New Avengers*, vol. 3, ＃14 (April 2014), ＃20 (August 2014)，和 *Annual* ＃1 (August 2014)，前两者收录于 *New Avengers: Other Worlds* (2014) 以及 *New Avengers: A Perfect World* (2014)。

② *Doctor Strange*, vol. 2, ＃15 (June 1976)，收录于 *Essential Doctor Strange*, *Volume* 3。

③ *Doctor Strange Annual*, vol. 1, ＃1 (December 1976)，收录于 *Essential Doctor Strange*, *Volume* 3。

不能爱别人！”[1]由于这种自我强加的孤立，他与其他人都没有真正的互动——亚里士多德这样的德性伦理学者一致认为，相互往来是真正友谊的必要元素。[2]

有三段关系对奇异博士来说至关重要：与古一的师生关系，与王的主从关系以及一些情人关系，而其中他与克莉的感情纠葛最为重要。显然，他与古一之间是弟子与师傅的不平等关系，并且在古一升天之后依然以这种方式延续着（偶尔古一也会回归人的形态，等Netflix的戏份结束后再回去）。这种风格继而延续到奇异博士与王一直以来的关系中，他们明明有时间成为好朋友，原本可以变得比奇异博士与古一的关系更加亲密（想象一下，或许王的父亲哈米德与他服侍多年的古一之间就是这样的亲近）。奇异博士与王显然非常关心彼此，但他们内心仍然将这段关系定位于主从，而不是亚里士多德所描述的理想的平等友谊。

奇异的浪漫

最有意思的是奇异博士成为地球保护者后与身边女性的关系。诚然，他已经摒弃了曾经的偏颇态度，但是仍然保持着与心系女人之间的情感距离。就如近期一个故事的旁白所述：“他与认识的每个女人……都保持距离。当托帕兹（Topaz）热情地亲吻他时，他退开了！

① *Strange Tales*, vol. 2, #1.

② Aristotle, *Nicomachean Ethics*, Books Ⅷ and Ⅸ.

行为上和精神上都退却了！”①奇异博士对关系最持久的外维度女法师克莉也不例外。克莉起初是个典型的“落难女子”，但是后来很快成为奇异博士的弟子、恋人——以及妻子，虽然是在别的维度交换的婚姻誓言——她的法术水平也显著提高，最终替代了她的母亲奥马尔(Umar)和其前任，奥马尔的兄弟多玛姆，统治了黑暗维度。（想象一下，他们的家庭晚餐是什么情形！） 183

奇异博士和克莉先是在各种事件中相遇，后来又成为师徒，他们没有按照其他经典漫画夫妇的套路建立起爱的感情纽带，比如超人和露易丝、蜘蛛侠和玛丽·简，或托尼·史塔克与托尼·史塔克②。反之，这种双重性质的关系注定两人无法拥有平等的地位，也就无法发展真正的友谊和浪漫的爱情。奇异博士意识到了这一点，他想：“也许我不应该收克莉做弟子，这双重关系总是阻碍我们的爱情。或许…… 如果我不是师傅，她不是弟子……我们可能还是恋人。”③克莉显然也认识到这段不对称关系所导致的问题，所以放弃了弟子身份，全心扑向他们的爱。随着时间推移，她开始怀疑自己的爱可能只是一种钦佩，于是决定离开，回到黑暗维度。④ 这两人的关系从未曾

---

① *Doctor Strange*, vol. 2, #77 (June 1986)，收录于 *Doctor Strange*: *Don't Pay the Ferryman* (2015)。

② 原文如此。——译者注

③ *Doctor Strange*, vol. 2, #54 (August 1982)，收录于 *Essential Doctor Strange*, *Volume* 4 (2009)。

④ *Doctor Strange*, vol. 2, #45 - 53 (February 1981-June 1982)，收录于 *Essential Doctor Strange*, *Volume* 4。

定性过，因为其中最基本的不平衡问题从来没有得到真正的解决。①

所以，史蒂芬·斯特兰奇似乎注定建立不了亲密关系，注定要孤独一人。这并非不可理解，毕竟亚里士多德认为真正的友谊必须建立在平等的基础上，而奇异博士是唯一的至尊巫师，没有法师可与之比肩，也就无平等可言。然而，成为朋友不需要精准的匹配，只需要确保相对的协调即可。与普通人亲近或许比较难，但对于超级英雄，就算他们本质上也不属于神秘力量，奇异博士却也可以试着去建立联系。即使他自认为是一匹独行狼，他依然可以与团队配合，偶尔是复仇者们或光照会（Illuminati），更经常是捍卫者（Defenders），以及近期，他开始和历史上的其他至尊法师合作。不过，捍卫者联盟内与他关系最好的海王纳摩（Namor the Sub-Mariner）、银影侠（Silver Surfer）和无敌浩克（Incredible Hulk）也并不是漫威宇宙中特别善于交际的英雄，或许这表明斯特兰奇的关系问题并不仅仅在于难以找到队友。②

---

① 奇异博士和克莉结成了“神秘联盟”（mystical union），参见 *Doctor Strange*, *Sorcerer Supreme* #3 (March 1989)，收录于 *Doctor Strange*, *Sorcerer Supreme Omnibus*, *Volume* 1 (2017)，但是多年来，他们继续分分合合，直到近期达成共识，保留他们的神秘联盟。奇异博士说：“朋友，仅此而已。”（*Doctor Strange Annual*, vol. 2, #1, November 2016, “To Get Her. Forever,” collected in *Doctor Strange*: *Mr. Misery*, 2017.）

② 更多关于斯特兰奇与爱和友谊有关的探讨，参见本书第 3 章。

“我必须拯救人类。大部分人类。至少救一个也好。” 184

奇异博士将保护地球的使命置于个人生活之上,他对这使命的态度甚至有些偏执,但是在这过程中他所做的选择却有些微妙。他时常谈到自己该如何保护全人类(或者这个维度里的全部生命),但他又经常表现出对某些生命的倾向性,有时候是选择这个世界或这个维度的人而放弃其他人,有时候甚至是只选择某一个亲近的人,而放弃无数人。

这样的例子有很多。在最早的一段经历中,奇异博士意识到,要拯救地球上的所有生命,就必然威胁到黑暗维度的居民,因为多玛姆保护着黑暗维度不受失心魔(Mindless One)的侵害。就连克莉也为自己的人民向他恳求,但是奇异博士垂下头,说:“我不希望波及这个世界……可是我的责任所系是地球……还有地球上的住民们!我别无选择……唯有遵守誓言!”①而在近期的故事中,奇异博士和光照会——一个自我宣称是世界保护者的天才超级英雄秘密组织——的剩余队员逐渐意识到平行地球在不断“入侵”,因此必须将其销毁以捍卫自己这个地球。② 捍卫者联盟的老搭档纳摩首先按下按钮,毁灭了第一个平行世界,但奇异博士认为这是他们共同导致的后果,他

① *Strange Tales*, vol. 1, ＃127, “Duel with Dread Dormammu!”,收录于 *Marvel Masterworks*: *Doctor Strange*, *Volume* 1。

② Beginning with *New Avengers*, vol. 3, ＃1 (March 2013),收录于 *New Avengers*: *Everything Dies* (2013)。

发问(并自己回答)道："如果我走的每条路都会引向此处，那么这还是我做的选择吗？我想是的。我不是受害者，不是棋子。这是我的选择。"无论如何选择，结果都一样令人难以接受。①

这种必定会带来灾难性后果，决策者亦无法保证"双手不沾染鲜血"的决定，正是哲学家们所谓的悲剧困境(tragic dilemma)，它们构成了很多超级英雄故事的核心。试想，我们的英雄不得不在两个星球间做抉择，而拯救一个势必导致另一个的毁灭，还有什么比这更戏剧性呢？理想的情况是英雄能找到两全之法，但在现实条件下，这根本无法保证。在一次光照会内部针对入侵的争论中，美国队长孤军奋战，力劝其他成员不要采取毁灭性措施，并称："我相信能找到方法阻止它。不必要像大家所想的那样，我们不用牺牲任何人。"奇异博士代表其他人说道："你只是换了种方式来说'我希望'。而且今
185 天——目睹了这么多——我又如何能从你的话里得到我想要的保证？"②为了突破悲剧困境，势必采取一些可能并不正当的措施，因此在这种简单德性规则失效的情况下，对于选择何种行动的判断显得尤为重要，这是伦理学家几千年来所一直强调的。③

但奇异博士面对的困境并非都是星球与星球、数十亿人与数十

---

① *New Avengers*, vol. 3, #22 (October 2014)，收录于 *New Avengers*: *A Perfect World*。

② *New Avengers*, vol. 3, #3 (April 2013)，收录于 *New Avengers*: *Everything Dies*。在其他光照会成员一致否决了美国队长的提议后，托尼·史塔克示意奇异博士抹去美国队长关于这件事的记忆——对此奇异博士已经驾轻就熟，每当普通市民看见了他认为"不应该"看见的神秘领域事物后，他都是这么抹去对方记忆的。

③ 例如，参见 Rosalind Hursthouse, *On Virtue Ethics* (Oxford: Oxford University Press, 1999), Chapter 3，以及本书第 227 页注①中列出的书目。

亿人的均衡局面，有时他的选择表现出令人震惊的偏向性，比如只留下少数几个与他走得近的人——有时甚至只有一人——而放弃其他依赖着他保护的无数生命。在一次事件中，他被迫摧毁至圣所，从名为厄索娜(Urthona)的外域巫师手中救下王和托帕兹(还记得那个令奇异博士退缩的吻吗?)，并防止厄索娜得到至圣所里的法术古件和道具。就在施展最后一道法术的关头，他问自己，

> 但是我的选择呢？我被选中守护这些强大装备——我能摧毁它们吗？毁掉保护并协助我抵抗黑暗力量侵略世界的装备吗？可是万一它们落到厄索娜手中……必须先应对当下最棘手的威胁，我一定能应对任何后果！还是说我太过关注朋友的安危，所以自乱阵脚，以至于看不透于长远而言最佳的选择?①

其实还有几次类似的事件，当时奇异博士自行放弃了部分力量，或选择了退居幕后。② 这或许表明他正在尝试适度调节生活方式，更愿意去平衡他身为地球保护者和斯特兰奇的两种生活。只不过这并非常态：他的退休生活往往持续不了多久，而就算舍弃部分力量，他似

---

① *Doctor Strange*, vol. 2, ＃81 (February 1987)，收录于 *Doctor Strange*: *Don't Pay the Ferryman*。

② 奇异博士第一次“退休”见 *Incredible Hulk*, vol. 1, ＃126 (April 1970)，但随后回归，见 *Marvel Feature*, vol. 1, ＃1 (December 1971), “The Day of the Defenders!”，二者均收录于 *Doctor Strange Epic Collection*: *A Separate Reality*。他后来拒绝了古一关于“完整性”的提议，拒绝“超越肉体，成为宇宙间的一种灵魂存在”，于是他的前任导师撤销了其至尊法师的头衔。他对克莉说：“我又是一个人了……就是这样。”(*Doctor Strange*, vol. 2, ＃19, October 1976，收录于 *Essential Doctor Strange*, *Volume* 3。)

乎也无法放下任何责任(可见英雄即使放弃了强大力量,其责任感也永不安分)。

为了王的性命

在近期发生的一次事件中,奇异博士选择了以无数人的生命为代价去救一个人:王。这个故事与他的法师和医生身份都有所关联,因为他要阻止的反派是药企 CEO 尼科迪默斯·韦斯特(Nicodemus West),对方得到了传说中包治百病的“灵丹妙药”。① 在这期间,王
186 发现自己长了脑瘤且不宜手术。随着故事推进,“灵丹妙药”丢的丢,少的少,最后唯有一滴尚存。此时奇异博士面临着非常个人的悲剧困境:要么复刻灵药,拯救世界上无数生命,但与此同时王会死去;要么用这最后一滴去救王。“太不公平了,”他说,“我不能陷全世界于危机中,只为救我的朋友。”韦斯特在回答讯问时故意提及斯特兰奇医生的特殊(仅仅是一小部分)职责:“不过你发过誓,从不拒绝治疗名下的病人……你能做的就是看看哪个选择能让你坦然面对自己。”②

最后,奇异博士是把最后一滴药用在了王身上,然后告诉这位随从兼朋友,为了最近的或许还有将来的救命之恩,这都“是我欠你的”。此行的同伴夜班护士(Night Nurse)给了他一个很好的理由:

---

① *Doctor Strange: The Oath*, #1-5 (December 2006-April 2007),收录于 *Doctor Strange: The Oath* (2007)。

② *Doctor Strange: The Oath* #5 (April 2007).

“瞧,你我都心知肚明,我们救不了所有人。如果能够照顾好将性命托付给你的人,那身为医生的你已是做到最好了,至于研究新药的事情,就交给那些医药企业吧。”①

奇异博士把亲近之人的生命看得比无关之人更重,这是自私的表现吗?表面上看来是如此:若我们相信每个生命都具有同等价值,那么的确没有合适的理由失去偏颇,将重心倾向于碰巧与你亲近的人,而不是那些不太幸运、不认识你的人!或许令人惊讶的是,哲学家往往支持某种程度上的偏向性,尤其是那些强调友谊和判断的德性伦理学家,他们普遍认可人在面对求助的选项时青睐那些关系更亲近的对象:当一个人要选择救朋友还是救陌生人的时候,选择救朋友是她的权利,因为她毕竟只能救出其中一个。②

但是奇异博士的选择更加极端:他救了王,无视的却是无数人所遭受的生命威胁。纵使偏向性在一定程度上合乎德性,可是对于这种为一个亲近的人而舍弃数十亿陌生人的行为,恐怕需要极其可观的借口才能为其正名。③ 奇异博士此举充分表明了他和王的友谊深

---

① *Doctor Strange*:*The Oath* #5 (April 2007). 更多有关医生(包括这些“奇异”医生)的探讨,参见本书第 19 章。

② 例如,参见 John Cottingham, “Partiality and the Virtues,”in Roger Crisp (ed.), *How Should One Live? Essays on the Virtues* (Oxford: Oxford University Press, 1996), 58 - 76。

③ 有意思的是,蝙蝠侠的选项完全相反,他拒绝杀掉小丑,即便知道这么做能拯救对方在将来会杀死的无数无辜市民:奇异博士忽视无数人的生命,只为了救最亲近的朋友;而蝙蝠侠也置无数人的安危不顾,却是为了不杀死宿敌。关于蝙蝠侠,更多的讨论参见我的文章“Why Doesn't Batman Kill the Joker?”,选自 Mark D. White and Robert Arp (eds), *Batman and Philosophy: The Dark Knight of the Soul* (Hoboken, NJ: Wiley Blackwell, 2008), 5 - 16。

厚，甚至可能超越了二人的不平等地位，不过也确实影响了他的道德判断——从另一方面来看，也证实了他本质里依然存有不完美性，让他显得更加人性化了。

187 如此人性的法师

奇异博士对好友的偏向性也有积极的一面，至少，他那极端苦行僧的表象裂了一道缝。虽然在由迪特科灵感引申出的各种故事里，他依然没有选择中庸之道，但是他的确有某些时刻表现得格外不同。例如，他拒绝了古一提供的升华机会，有克莉陪伴身侧，他告诉自己的导师“我还在找寻答案，没有问题，何来提升？我还年轻，生活和所爱还在前面等着我”。[1] 偶尔他也会敞开自己，感受一些浪漫情感，比如，告诉摩根娜·布莱辛（Morganna Blessing）他“已经掌握了很多东西——并承担了相应的责任。不过，我却因此失去了做人的能力”。她说，拯救世界，抵抗神秘力量的侵袭更为重要，奇异博士则回应道：“人类内心的爱与恐惧，就跟维山帝与霍格斯之躯的力量加起来一样重要！”[2]可惜他似乎无法长期坚持这个中庸而合乎德性的观念——便是阿戈摩托之眼也不能帮助伟大的法师永久地看透这个真理。

---

① *Doctor Strange*, vol. 2, #19 (October 1976)，收录于 *Essential Doctor Strange*, *Volume* 3。

② *Doctor Strange*, vol. 2, #79 (October 1986)，收录于 *Doctor Strange: Don't Pay the Ferryman*。如果维山帝在看此文，可不是我透露的消息。

17

古一与“脏手问题”

迈克尔·莱昂斯

斯特兰奇对古一的怀疑几乎在踏入卡玛泰姬的那一刻起就存在了,而即便如此,当得知对方一直以来都在借用禁忌的黑暗法力时,他仍然深感意外。斯特兰奇并不是唯一感到震惊的:这个事实也打破了莫度心中古一的理想化形象,从那一刻起,他渐渐不再对古一和卡玛泰姬热诚以对。

如果使用黑暗法术真的像古一警示弟子的那样大错特错,那么她如何解释自己的行为?是否黑暗法术带来的好处足以抵消她违反重要规矩的事实?换句话说,特别是在攸关人命的时候,遵守规矩这个理由又是否充分到足以为此放弃打破规矩带来的好处?哲学家将这类道德冲突称为“脏手问题”(Problem of Dirty Hands),这是构成超级英雄故事的重要基础——想想奇异博士和同伴每天都面临的抉择。

脏手问题："不在于你"

是应该为了实现合乎道德的目的而违反自己的道德原则，还是应该坚持个人道德原则而放弃这一目标？当代哲学家迈克尔·沃尔泽(Michael Walzer)将这种难题形容为"脏手问题"。[①] 沃尔泽更是
192 将这个问题放在政治背景下进行探讨，并假定当权者有能力追求更高利益，但为此必然会违反道德约束。

在2016年电影《奇异博士》中，有三个角色面临着这种抉择：古一、卡西利亚斯和奇异博士。古一利用了禁忌的黑暗法力延长生命，然后继续对抗神秘威胁，保护地球；卡西利亚斯企图召唤多玛姆降临地球并通过这种方式逃避死亡，但是他自认为是为了全人类的利益，而不是仅仅为了他自己，就像他对奇异博士说的："我们并非想统治这个世界，而是想拯救它！"[②]虽然卡西利亚斯的理由不像古一那么令人信服，但是奇异博士似乎仍因二者各执一词而感到无所适从，他发现自己已经被动卷入了他们之间的斗争。

我们可以换个说法：这两种选择，一个更看重行为是否达成了具有价值的结果，体现的是被称为结果论(consequentialism)的伦理学说；另一个关注行为本身是否遵循了应循的原则，其背后则是义务论

---

① Michael Walzer, "The Problem of Dirty Hands," *Philosophy & Public Affairs* 2(1973):160-180.

② 所有引用对话均来自2016年电影《奇异博士》。

(deontology)伦理学说。① 如果你更在意行为结果，那么只要能实现所追求的成果，脏了双手就显得没那么重要；如果你更执着于行为的原则性，那么一旦脏了手，对你来说就是越过了道德红线，即便实现了目标也无济于事。其实还有第三种选择：不要对原则或结果表现出绝对的偏向性。例如，你或许将原则性作为行为的首要准则，但是在极端情况下大可不必如此，因为坚守原则的代价可能令人难以承受。奇异博士似乎就是做出了第三种选择，他在平时遵循着卡玛泰姬的规矩，但是最后破戒使用了阿戈摩托之眼，只为了与多玛姆谈判，扭转地球的命运。

诚然，我们会质疑这究竟是否算个问题。以奇异博士为例，他有办法将多玛姆赶离地球——这显然是值得称道的，对吧？为此他违反了古一的规矩，打破了“自然法则”，可是这些真的重要吗？你也许认为这个例子给我们的教训是，应该将结果而不是道德原则作为道德层面的指向标——除非那道德原则是你借以立身的指导性原则。不过，让我们更聚焦于卡西利亚斯和古一，在他们的情况中这种做法的真实问题本质暴露得更加彻底，因为我们有充分理由指出，他们为“更高利益”所采取的行动实实在在地违背了道德。

① 结果论的典型例子是古典功利主义(classical utilitarianism)，最著名的支持者是杰里米·边沁(Jeremy Bentham，1748—1832)和约翰·斯图尔特·密尔(John Stuart Mill，也译作约翰·斯图亚特·穆勒，1806—1873)，认为能给人带来幸福的就是合乎道德的行为，而造成痛苦的就是不符合道德的行为。义务论的代表人物往往是康德，他写道，行为正当与否取决于行为人是遵守还是违背无条件适用的义务，而非取决于结果。

193 黑暗法力受到了不公的评价吗？

卡西利亚斯自认为在借助黑暗法力为地球和地球上的所有生命谋求一种终极利益，但他的这种选择有许多方面在义务论层面显得极其背德。不妨回想一下，他背叛了老师古一，窃取了《卡里奥斯特罗之书》的书页，还有谋杀……他的所作所为堪称滥杀无辜。如果召唤多玛姆的意图确实合乎道德，那么卡西利亚斯面临的就是一个切实的道德困境：是坚持道德原则而放弃召唤多玛姆，还是坚持召唤而违背这些原则？不过，我们也可以合理地认为召唤多玛姆根本不符合道德，那么卡西利亚斯根本就未曾陷于道德问题的困境，反而是在以不道德的行为追求不道德的结果。

古一的故事更适合用来探讨“脏手问题”，因为她表面上违背道德，背后却的确有其正当目的。但首先我们需要思考一个问题：为什么使用黑暗法力本身就是错误的行为？最明显的原因，正如奇异博士得到的叮嘱，是黑暗法力“不稳定”且“危险”，它所带来的极端负面后果是导致其成为禁忌的主要原因。这就解释了为何能否使用黑暗法力与法师的水平高低无关，也无法因为情势紧急就允许施展黑暗法力。这些都不成为理由，黑暗法力过于有威胁性，所以它们就是禁术，即使对于古一这类最资深的使用者来说也是如此。

这种反驳意见本质上并非出自义务论的角度，它没有厘清为什么使用黑暗法力本身是错误的行为。我们往往认定谋杀、偷窃、说谎本质上就是错的，那么，将使用黑暗法力归入其中又是因为什么？似乎无从答起。禁止的原因则是从结果论方面考虑的：使用黑暗法力是恶劣行为，因为它经常导致负面后果，百害而无一益。有时我们会因为行为造成的影响过于负面，所以希望将其一律禁止，比如说谎。规则功利主义者(rule utilitarian)认为我们不应说谎，不是因为谎言或行为本身不合乎道德，而是因为说谎往往伤人。诚然，有些时候谎言有益，但是我们仍应制定反对说谎的规则并认真遵循，因为长远起见，这种通用规则将比因情况而异的灵活规则效果更佳。

由此看来，可以理解因为使用黑暗法力过于危险，所以法师们便 194
制定了规则将其完全禁止，如此，这些最初通过结果论的推断发展而来的规则便拥有了其义务论意义。此外，这也解释了古一如此坚决地反对黑暗法力的原因——她非常后悔自己违反了这条规则，即使是为了反抗多玛姆、拯救地球维度这种从结果论角度看来至高至善的目标。

古一的真正问题

如果我们认同古一借用黑暗法力的做法违背了原则，那么这便可以用作“脏手问题”的一个例子，因为她虽然违反了原则，但是死守原则的代价太过巨大，所以她的做法情有可原。不过这种说法有一个前提：使用黑暗法力必须是避免这些巨大代价的唯一方法——别无他选。古一让自己身处打破规矩使用黑暗法力和无法拯救地球的两难局面，她认为自己没有别的选择，因为保护地球在她心中远重于自己的原则。

但凡古一有其他——尤其是不与道德原则冲突的——选项，那她破坏规矩的理由便站不住脚（你也可以说成“撑不住悬戒之门”）。而事实上，确实可能有其他方法。比如，她说自己必须延长生命，因为她是唯一能对抗多玛姆的存在。可是她有弟子，弟子中也不乏天资聪颖的奇异博士和出众的莫度与王（这几位尚且只是我们看到的一些），就算他们尚未完全掌握必要的法术或是能力尚缺，她也可以在自然逝去前教会他们，或教导其他有资质的弟子，而不是认定自己只有从黑暗维度吸取能量这“一种选择”。

话说回来，或许她的确是仅有的能与多玛姆匹敌的法师，也没有时间寻找或培养继任者（至少在她第一次尝试延长生命之前），但即便如此，在那个关头将一切坦露给其他人也理应是更合适的做法。特别是莫度，正是这种隐瞒导致他在得知真相后理想幻灭，转而开始与法师同袍们作对。如果古一坦白相告，哪怕莫度内心仍不赞成，也
195 许还是会理解她的决定，如此便不会有后来他内心的幻灭，更没有堕落和背叛。

笃，笃……

莫度向奇异博士解释自己的沮丧之情，他说：“是时候付出代价了，你看不到吗？她的违禁之举为多玛姆带去了无数狂热者，卡西利亚斯……是她酿成的错！我们也是……蒙受欺骗，受其摆布。世界危在旦夕。”言语中，莫度指出了古一“脏手问题”的另外一点：她应当为自己的错误行径所导致的所有后果负责，就算她的本意是为了维

护大局。

义务论者康德所用的一个臭名昭著的例子正好展现了这点，这个例子就是“门外的凶手”(murder at the door)。① 奇异博士的版本可能是这样的：王敲了古一的门，询问是否可以借地藏个身，因为有人要杀他。古一同意了，随后又听见一阵敲门声，这回是多玛姆的仆从，带着一把沾着血的巨型斧头，问王是否在这里。问题来了：古一应该为了保护王而对这个杀手撒谎吗？康德认为不行，因为不说谎言的义务至上，只要不说谎，那么无论王是生是死，古一的双手都是干干净净的；而一旦她确实用了不实的言语保护王，她就要对所发生的一切承担责任——说不定这个邪恶的仆从会因此感到不高兴，然后开始一场杀戮狂欢——既然古一说了谎，之后的一连串事件都将脱离正轨，而她让自己陷在里面，也理应对这些后果负责。若是她据实相告——或者至少闭嘴不言，这与撒谎有本质的不同——她就站在了正确的一边，无须为因此而发生的任何事情负责，甚至包括王的死亡。

康德关于不说谎比保护朋友性命重要的论述固然引起了广泛争议，但是人们普遍接受了其中要为负面后果负责的观点。即使一个小小的安慰他人的善意谎言——比如告诉奇异博士，他两鬓的白发看起来一点儿也不老气(其实真的显老)——也可能适得其反，而说谎者要为所有由此带来的后果担责。如果我们都认可使用黑暗法力

---

① Immanuel Kant, “On a Supposed Right to Lie Because of Philanthropic Concerns,” in *Grounding for the Metaphysics of Morals*, trans. James W. Ellington (Indianapolis, IN: Hackett Publishing, 1993), 63 - 67.

是错误的行为，那么古一的确应该对自己行为的结果负责，包括莫度的心灰意冷和叛离，也包括拯救了世界这件好事。

196

迟早会付出代价

我们谈论了三个角色，其中古一所面临的有关“脏手问题”的抉择最为直接。奇异博士说“她做了她认为正确的事”，同时她显然也做了她自知错误的事，即使是为了大局。这种困境并不只有至尊法师或漫威超级英雄会遇到：我们所有人，时不时地，都会在一些情况下倾向于违反规则以实现心中的更高追求。请一定保持谨慎，不要完全摒弃自己的道德原则，也不应全然忽视结果的价值，而是将两者都记在心里，结合所有实际情况和道德因素再做出自认为正确的选择。可惜，有时候并没有明确的“最佳”或“正确”的选项。不过奇异博士令人钦佩的一点在于，他向我们亲身展示了当有必要时可以打破规则并承担了相应的后果和责任。他随时随地准备着付出代价——这就是他能成为英雄的原因。

18

侍立的人与王，同样为他服务①

丹尼尔·P. 马洛伊

放眼整个超级英雄团队，奇异博士也是出了名的古怪和孤僻。这位至尊法师通常不擅长团队合作，即便加入了捍卫者联盟，里面的成员也都像他一样孤独且游离，相互之间仅保持着松散的联系。

但是在奇异博士对抗古老威胁、恶魔邪魇和反派法师的这一路上，有一个人一直陪在他身边：他忠诚的随从王。有人觉得王像个卑微的奴隶，空有法术本事却缺乏自尊，他们认为王应该为自己挺身而出，做回自己，不要再对这个傲慢的法师俯首帖耳。在他们看来，王不够争气，他安于仆从的身份就是在糟践自己。

本章将探讨尊重、自重、统治与奴役的概念，以表明王用自己一生追随奇异博士的做法并无错处，甚至本质上非常高尚。他们两人的地位也许不完全对等，但彼此的关系远比主从名义所代表的含义

① 标题原文“They Also Serve Who Only Stand and Wong”，改编自弥尔顿《十四行诗之十九》的最后一行“They also serve who only stand and wait”（但侍立左右的，同样为他服务）。——译者注

要复杂得多，一方面奇异博士可以向王下命令，但另一方面他完全依赖王。这种依赖便注定了他对王的所谓权威都是虚无，他们绝不是简单的主人和仆从，而是伙伴。

198 阿尔弗雷德、贾维斯与王

漫画故事里从来少不了仆从和管家——蝙蝠侠的管家阿尔弗雷德(Alfred Pennyworth)，钢铁侠和复仇者们的得力助手贾维斯(Jarvis)，当然，还有奇异博士身边的王。他们的主要职责似乎都一样：看家、下厨、保洁、护卫、行程安排(包括日常事务和英雄事务)以及各种家庭事务。这些确实是仆从或管家的工作，但是漫画里表现得未免有些夸张，实际上这些工作会交由一群下人共同分担——要让可怜的阿尔弗雷德独自打理偌大的韦恩庄园，这比让他掰手腕赢过超人还要困难。阿尔弗雷德毕竟是庄园的管家，理应像总经理一样，监督好大量人手就够了(就像《唐顿庄园》里的卡森管家那样)。

在那些极其日常的工作之外，他们分别也都为自己特殊身份的主人做着一些极其不寻常的事务。阿尔弗雷德需要清理蝙蝠洞——你难道以为所有鸟粪都会自己蒸发吗？——并维护蝙蝠侠的装备，保护其双重身份；贾维斯是复仇者联盟大厦的最后一道防线，也是唯一能定位到所有事物和人员的人；王则是奇异博士名副其实的贴身保镖，在这个至尊法师因各种原因必须进入星灵维度时保护他的肉身。有一次奇异博士从星灵维度回来，就看到王正在与可怕的神秘生物搏斗，而对方只是说："……请见谅，午饭得迟些了。"①

在他们的众多职责中，最重要的莫过于为主人提供情感支持。阿尔弗雷德就如同布鲁斯·韦恩的老父亲，贾维斯好似复仇者的某种教管妈妈，而王则是奇异博士在这个维度里拥有的最接近朋友的存在——他们每一个人都为各自的主人提供了驻足停留的港湾，都是超级英雄团队得以支撑的基石。如此想来，也许一些超级英雄拥有仆从的事情也就不足为奇了，我们反而更好奇为什么大部分英雄都没有仆从（除了恼人的资金问题之外还有什么原因）。

二等的贾维斯

不过仆从的生活吃力不讨好，他们要随时回应超级英雄的每一个需要和每一次心血来潮的想法，因此几乎没有留给自己的时间。仔细想想，阿尔弗雷德、贾维斯和王在工作之余似乎确实没有真正的私人生活。

我们或许会疑惑，王他们几人为什么会在一开始接受这份工作。199
其实阿尔弗雷德和贾维斯算是身不由己：作为管家，既然自己效力的富豪名流转行当起了超级英雄，那么他们也不得不多方面地"扩展"业务。而王从小接受的教育就是如何做好至尊法师的随从及保镖，所以他注定要踏上这条路。漫画里第一次见面时，他就是这么告诉

① *Doctor Strange*, vol. 4, #3 (December 2015)，收录于 *Doctor Strange: The Way of the Weird* (2016)。

奇异博士的："我将会是你的随从，负责照顾你，看护你！就像我的父亲、祖父、曾祖父……他们都曾服侍过古一。所以这就是我注定要走的路！"①

王因此就成了奴隶吗？他的职责和态度的确好似有一丝奴性的意味，但他不是。奴隶是完完全全受其他智慧生物掌控的智慧生物，王却并非奇异博士的所有物，即使在名义上他称后者为主人。不过从另一方面来说，王也不完全属于自己，因为他这一生都为了奇异博士而活，他的本事和一身力气都是为了协助与维护奇异博士而训练的，理所当然地我们会以为王把自己放得太低。

换言之，王缺少自我尊重(self-respect)。自重的人懂得表达自己的想法，而不仅仅是盲目听令；不会为了去完成他人微不足道的小事而忽视自己的事情。可是王会这么做。他不是奴隶，但他确实显得有些卑屈。

拯救了世界，耽搁了午餐

有一种思路认为，这样做并非全然不行。既然他想过着仆从的生活，好吧……那是他的人生，不是吗？只要自己愿意，每个人都有权利选择做一只没有骨气的爬虫。在此之外还有更直观的另一种思路，认为过于卑屈的表现辜负的是所有人的期待，而不仅是影响自

① *Doctor Strange*, vol. 2, #56 (December 1982)，收录于 *Essential Doctor Strange*, *Volume* 4 (2009)。

身，所以是错误的人生态度。

当代哲学家托马斯·E. 希尔（Thomas E. Hill, Jr.）在康德的思想基础上提出，奴性的问题在于，被奴役者身为有尊严的人却无法声张自己的权利。① 正如康德所说："如果自己甘愿做一条蠕虫，就不要抱怨别人践踏你。"②从根本上说，奴性代表着缺乏自我尊重。自重的概念很复杂，但我们必须注意不要轻易将其与自尊（self-esteem）混淆。自尊关乎个人特性，例如，王非常擅长自己的工作，所以自尊心大概比较强；以前的斯特兰奇医生医术精湛，所以自尊心也 200
强（可能有些过于强了）。而自重则关乎人之为人的本质。王既生为人，便是个有自由意志的理性人，自重就意味着珍惜这一身份，不要让自己的意志屈于他主人的意志之下。

从这个意义上说，仆从也只是个工作罢了，就像其他的工作一样，本身不含任何奴役意味——奴性是仆从个人如何看待自己的表现，展示的是他或她缺乏自重、否认自我价值的态度。再看看阿尔弗雷德，一名卓越的管家，精明能干又兢兢业业，没有表现出丝毫卑屈的奴性，他机智地与韦恩建立了一种近似父子的关系，在道德层面便与主人拥有了同等地位，从而保持了自重之心。阿尔弗雷德清楚自己的价值，也确保他的"韦恩老爷"充分了解他的价值。

然而，王大概确实是一个有奴性的仆从。无论奇异博士提出的

---

① Thomas E. Hill, Jr., "Servility and Self-Respect" and "Self-Respect Reconsidered," in Thomas E. Hill, Jr., *Autonomy and Self-Respect* (Cambridge: Cambridge University Press, 1992), 4 - 24.

② Immanuel Kant, *The Metaphysics of Morals*, trans. Mary Gregor (Cambridge: Cambridge University Press, 1797/1996), 437.

方案有多么疯狂，他都很少反驳，少有的几次提问往往也是为了奇异博士或奇异博士的使命着想，从来都不是为自己打算。例如，某次奇异博士动身寻找治疗王的癌症的方法，但是王请求他不要去，因为风险太大，就算事成之后自己能够活命，这结果也远远不值得，毕竟他已经安排了人接替他。① 从童年开始，王的全部生命，包括他这个人，都是为了向至尊法师效力而存在的。

我们得明确一点：王所做的一切非常重要，而且他自己也明白这点。奇异博士作为我们维度唯一能够抵御各种神秘威胁的人，他需要王的帮助才能成功。王非常清楚这点。这份自知，再加上对尽职尽责完成工作的这份自信，无疑给了王一定程度的自尊心——也理应这般。不过问题在于王懂不懂得自我尊重。他是否重视工作之外的自己？如若不重视，那么希尔关于奴性的论述便有了一定道理，也就意味着王的做法有失妥当。

王也重要

我们有两种方式为王辩护。要么说他其实并不是个奴性的人，要么反驳称，人可以在卑屈的同时保持对自我的尊重。笔者则想提
201 出，虽然王是仆从，而且似乎行事方法总带有过分的卑顺感，但他并没有康德和希尔批判意义上的那种奴性。

---

① *Doctor Strange*：*The Oath* #1 (December 2006)，收录于 *Doctor Strange*：*The Oath* (2007)。

以任何形式为奴性辩护都有难度，不如让我们先考虑一下所谓奴性的品格特质。表现出奴态的人会否定或忽视自己的利益，反而维护他人的利益。请注意，此处有两个重点：一是奴性的人会做什么，二是其缘由。奴性就是将自身利益置之不顾，因为他们更关心另一个人的利益，通常对方拥有更高的阶级或地位——若是在地位更低的人面前低眉顺眼，那一般不是奴性，而会被认为是慷慨、心地善良，或者是虚伪、高人一等和居高临下。

让我们分别看看这两个重点。忽视自己的利益就不对吗？如果由此导致健康或生活状态恶化，那便是错的；若是没有妥当缘由就做了，那更是错得离谱。可是自我忽视也有可能不算错事，甚至是件好事——完全取决于你的动机。像所有英雄一样，奇异博士时常顾不上自己，这也是他需要王的一个原因，因为没有王的提醒，他可能会因为过于投入与外维度敌人的战斗而忘记了与自己息息相关的诸多琐事，比如用餐和睡觉。

要说奴性有何错处，那必然和另一个重点有关，即忽视自己的利益是因为更关心他人，而且往往是来自更高阶层或拥有更高地位的人。将他人置于自己之上，这的确是定义奴性的关键，但是如果仅凭这点，那么前文所探讨的缘由同样重要——最关键一点的还是在于这个“他人”必然是指更高地位的人。可是地位这个因素应该不止这么简单。笔者认为，判定奴性的一个重点是服务方和受服务方之间的实际地位差别，二者应该不存在切实的地位等级差异，只是奈何一方心甘情愿屈居于下。

让我们试着回忆莫度在拜师期间向古一直白表露出的奴态，他表现得恭顺又忠心，方方面面都以古一的利益为先。然而莫度绝非真正的奴性之人，因为他从不曾认为古一高他一等——诚然，他承认古一比自己强大且法术精湛，但也只是出于敬重，真要说到尊敬，他其实一直认为自己与古一地位相当，就差没有认为自己比她地位还高。真正的奴性是将地位差异内化于心，相信自己顺服的对象在本
202 质上比自己更优秀或更有价值。莫度的情况绝非如此，所以无论表面上他表现得多么恭顺，心底里却没有奴性。真正卑顺的人会全心接受自己低一等的地位，这就是有关奴性的道德论辩的焦点：他们否定了自己身为平等生灵的价值。卑顺行事本身没有错，错的是所显露出的那种类似自我奴隶化、过分克己的态度。

神秘事务与干净袜子

话又说回来，笔者不认可将王看作比莫度更奴性的人，一个尚能说得过去的理由是，奇异博士与王的地位确实不对等。前者是至尊法师，至高的存在，因而的确可以名正言顺地受到王的那种恭敬对待。不过这个理由并不十分令人满意，原因有几个。首先，笔者相信这两位都会抗拒这种说法，因为他们认为众人拥有平等的尊严，所以这个论调便显得招人厌恶。其次，这里混淆了敬重与尊敬的概念：或许斯特兰奇的至尊法师身份使他比王更令人敬重，但是那并不足以让我们敬其为尊。王告诉一些说他自贬身份为奴为仆的人："在我出

生的地方，智慧受到尊重，为有智慧的人服务是真正的好事！”①王了解并敬重奇异博士那份超越了自己的大智慧、大本事，但这并没有提高——也没有降低——王最基本的人类尊严。

幸好还有一个更合适的理由来为王做非奴性的辩护，亦即王其实并不认为奇异博士更优越或更有道德，只是对方在他们共同的战斗中更为关键。他们两个人都是地球的守护者，共担责任，但扮演的角色有所不同，王无法成为至尊法师，奇异博士也做不了王的工作。从这种方式去理解的话，王不是将奇异博士置于自己之上——而是将这共同使命放在了二人之上。王远不只是仆从，他是伙伴，负责帮奇异博士处理日常事务，确保法师能专注于应付外世界的威胁。

这种伙伴关系超乎常规，绝非大部分人的首选。打个比方，这就像是在A和B合伙开办的企业里，A负责决策和享乐，还领走所有收益，B却负责所有繁复的苦差事。如此看来，王好似成了法师界的 203
汤姆·索亚②，然而这种观点对于双方合作关系及收获的认识太过狭隘，一个更具概括性的——笔者认为也更准确——解读角度引申自黑格尔(G. W. F. Hegel, 1770—1831)，他在颇具影响力的1807年

① *Doctor Strange*, vol. 2, #15 (June 1976)，收录于 *Essential Doctor Strange*, *Volume* 4 和 *Marvel Masterworks*: *Doctor Strange*, *Volume* 6 (2013)。王的早期人物形象因展现了不当的刻板印象而受到批判，本章的相关讨论都基于王近期以来更加饱满、更具内涵的形象展开。

② 在马克·吐温1867年的小说《汤姆·索亚历险记》中，年轻的汤姆对朋友要了个小花招，让他们帮他做了件家务。汤姆因为犯错被姨妈惩罚，被逼着刷篱笆，他假装那是有生以来最好玩的事情，于是朋友们纷纷提出要帮忙，此时他便向大家收取好处。——译者注

作品《精神现象学》(*Phenomenology of Spirit*)中分析了主仆关系。①

可以看到这段关系给主人带来的益处显而易见：奇异博士得以从困扰所有人的诸多小事中脱身，不用支付账单、买生活用品、打扫至圣所……王统统接手了，因此奇异博士可以专注于他感兴趣的那些神秘事物(包括他的外维度弟子兼情人，克莉)。因为有王常伴左右，奇异博士不但摆脱了柴米油盐的日常烦恼，也有了更多的自由利用时间和发挥能力。

至尊法师从中获益匪浅，但先别急着认定这段关系绝对有利。倒不是说让王成为仆从会让奇异博士感到为难——毕竟有王这样的人响应自己的每项需求，生活必然充满了惬意。问题在于，如黑格尔所预言的，主人会越来越依赖仆从。某一次，奇异博士正潜心研读一部奥秘之书，一伙歹徒在此时靠近了他和王，他两耳不闻窗外事，而王轻松打败了这伙人。等他回过神来，注意到地上倒了一片，便问怎么回事，王跟他说："把这些麻烦交给我，主人。"②王既可靠，办事也有效率，所以只要有王在，奇异博士就可以放心地依赖他。可是现实就是现实，王不会永远留在他身边，当王离开后，至尊法师将处于一个尴尬的境地，他作为这个星球上最强大的存在之一，却可能连双干净的袜子都找不到。若是让王继续留着，固然能给奇异博士极大的自由，但也剥夺了他培养生活技能的所有动力。

---

① G. W. F. Hegel, *Phenomenology of Spirit*, trans. A. V. Miller (New York: Oxford University Press, 1807/1977).

② *Doctor Strange*: *The Oath* #1.

世俗事务

至少根据这个逻辑，王在这段合作关系中居于更有利的地位。想象一下，如果王和奇异博士同时竞争一个岗位，王有多年统筹家务、管理多种事务的经验，也锻炼出了相当丰富的能力，能适应各种 204
职场环境；反观奇异博士，披着领子比脑袋还高的斗篷，走进来后就开始喋喋念叨着阿戈摩托之眼和霍格斯之躯。你会雇用哪一个？如果你选奇异博士……那么请尽情享受破产的乐趣吧。王当然是不二之选，他不仅是理想的员工，还会成为比奇异博士更优秀的管理者，因为王处理至圣所的常规事务时经常与地球上形形色色的人类交涉谈判，而他的主人大部分时间却都在和多玛姆、梦魇这样的生物打交道。

当然，这段关系给王带来的障碍也比带给奇异博士的更加明显。仆从的生活并不容易，其存在就是为了处理我们多数人都讨厌做的烹饪、打扫、洗衣等杂事。过好自己的日子本已不易，更何况还要额外承担主人的生活事宜。

不过这场合作对于王来说也有其他的好处，黑格尔对此也有所提及。为了保障主人与自己的生活，王锻炼了许多技能，也在此过程中对自己和这个世界有了更深入的了解。可以从这个角度去想：如果奇异博士有什么想法，身为主人，他可以吩咐王去做；身为法师，他也能用咒语解决。如果王想要什么，他却得细细考虑自己所处的环境，琢磨其中所具备和缺乏的条件，以及思考自身的定位，他需要明白自己拥有什么资源，能力适用何处，又如何获取所需的材料或技能。因此，他能够更加了解自己、主人、这个世界以及他们在此中的地位，奇异博士在这方面也比不上他。黑格尔认为，这种反思是培养自我意识的关键："在工作中，仆人逐渐了解到自己的本质。"①

我们看到了由王所谓的奴性延伸出来的意识。王效力的不是奇异博士这个人，也不是至尊法师的头衔或职位，而是他们的使命担当。在某种程度上，王已经被挪出了日常的法师班底，转而去打理法师领域和普通世界的事务，所以他比任何人都理解这个使命与其重要性——甚至超过他的主人。王曾一度被调去为复仇者联盟帮忙，暂时中止了奇异博士这边的事务，那一次使他对自己的定位认知更
205 为明确。重新回到主人身边后，王开玩笑道："我用这一生帮你，至尊法师……我记得那时我闭上双眼祈祷，有一天能成长到二等贾维斯的程度，为二等复仇者服务。"②他非常看重自己在这个共同使命中所扮演的角色……也希望一直这么继续下去！

斗篷之后的力量

总的来说，王在尽职完成仆从职责的时候没有显露太多的奴态，反之，正是因为卑顺，他才在这段关系中占据了有利的因素，培养出

① Hegel, *Phenomenology of Spirit*, 118.

② *New Avengers*, vol. 2, #7 (February 2011)，收录于 *New Avengers by Brian Michael Bendis: The Complete Collection*, *Volume* 6 (2017)。

更坚实的自我意识，对世界的了解更进一步。而自我意识是自我尊重的重要基石，因此对王奴性的指责显然不能成立。在为奇异博士做事的过程中，王更深入地认识自己，明白自己在保护世界中的作用，也因此更清楚自己为何值得尊重，世界为何需要被守护。由此证明了王的卑顺并不代表缺乏自重，而正是一直以来深刻了解自身价值的表现。

19

奇异博士——医术与武术大师

布鲁斯·怀特 & E.保罗·泽尔

提起奇异博士，你可能最先想到的是浮夸的服装、酷炫的法术和电影中那些造型格外别致的敌人，那么关于他的医术、伤痛……与武术呢？在医生视为行业规范的希波克拉底誓言（Hippocratic Oath）中有一句著名的话："首先，不造成伤害。"（希腊原文为"Primum non nocere"，或者更常见的英文版本为"first, do no harm"。）或许很多人料想不到，这也是许多武术实践中的准则，即"出手点到为止"，意味着打击对手，给他造成短暂的不适，但是不要留下永久性损害。

斯特兰奇在"前世"是位知名的神经外科医生，但是进入卡玛泰姬后，他几乎全身心扑在法术的学习和使用上。本文将向大家展现，他在法术领域所运用的技能与所遵从的德行规范无一不让人联想到医学和传统武术训练。

斯特兰奇医生，医学博士

2006至2007年的迷你系列《奇异博士：誓言》(*Doctor Strange: The Oath*)凸显了这位超级英雄医生与法师的双重身份。在这个系列里，他发现自己多年来的朋友、伙伴兼武术老师王患上了无法手术的脑肿瘤，于是前往其他维度找寻神秘的奥特基德灵药(Otkid's Elixir)，只是后来他发现这灵药的作用远比治愈脑肿瘤更加强大，它 208
是名副其实能够包治百病的灵丹妙药。争斗中，大部分的灵药都不幸丢失，所以奇异博士面临着两种选择，要么用仅剩的药救自己的伙伴，因为王时日不多了，实在等不起；要么交给科研人员研究药物配方，这样就有望治愈人类所有已知的疾病。他选择了王。

一位自我尊重的医生——此情此景，或许该称为法师——会做出这样的道德选择吗？关于这个奇异的(双关)选择，尚有一些问题，首先就是人数之间的权衡，也就是说，灵药本可以在当下和未来救治无数的病患，而现在只用来救了一个人。诚然，王是奇异博士最亲的朋友，但是从医学道德的层面而言，没有充分的理由能够为这种因一人放弃(毫不夸张地说)无数其他人的做法开脱。奇异博士给出的唯一解释是“他不能拒绝给自己名下的病人治疗”，这意味着其他人必须忍受病痛，因为他们不够幸运，没能成为他的病人。的确，若是眼睁睁看着王死去，势必会给他带来极大的悲痛，但是如果他为了拯救数十亿其他人而选择让这一位牺牲，才是更好地遵守了“首先，不造成伤害”的原则。而且我们认为王也是如此希望的。

以希波克拉底古老之躯的名义！

比较讽刺的是，奇异博士最初寻求灵药就是因为他曾用希波克拉底誓言宣过誓，承诺要为病人寻找治疗方法。我们所说的“希波克拉底誓言”由来已久，而且在漫长时间里经过了不少改动。[1] 其最核心的部分包含这些关键信息：

> 我将尽我能力与判断力之所及帮助病人。
>
> 我绝不伤害或危害病人。
>
> 我不得将毒药给任何人，虽有请求也不予同意，也绝不授意
> 209 别人使用它。
>
> 无论何时进入何家，我只为救治病患，不做伤人害人之事，不利用身份做诱奸之事，无论对方是同性或异性，常人或奴隶。
>
> 凡我所见所闻，无论是否相关，只要是应守的秘密，我将为其守密。

奇异博士的做法与其中一些原则背道而驰。更令人震惊的是，他明明有能力帮助病人，而且是世界上所有的病人，他却选择了只救

---

[1] George K. Daikos, “History of Medicine: Our Hippocratic Heritage,” *International Journal of Antimicrobial Agents* 29(2007): 617 - 620; Larry Smith, “A Brief History of Medicine's Hippocratic Oath, or How Times Have Changed,” *Otolaryngology-Head and Neck Surgery* 139(2008): 1 - 4.

一个，这如何能算得上"尽判断力之所及"？

不过，当我们用希波克拉底誓言衡量奇异博士的选择时有一个问题：这份誓言适用于医患之间，可是奇异博士并非王的医生，他们是朋友，整个故事中他其实也更常以王的朋友自居，而不是医生——也只有在解释自己为何救王的时候，他才以医生的身份提到了"不能拒绝治疗"。更因为他们是朋友，所以他才不应该做王的医生，毕竟按照规矩，医生不得为朋友或亲人提供医疗服务，以避免利害冲突。

也许我们不应该对奇异博士在《誓言》中随意利用希波克拉底做借口的行为感到惊讶，他在因车祸终结职业生涯之前，也实在算不上是个"优秀"医生。毫无疑问，他作为外科医生，一身本事极其精湛，且富有天赋，堪称世界最一流，可是他仅仅用这些才能来达成自己的利益，走上职业高峰，而且对此毫无歉意。优秀的医生可不只擅长专业技术——他们还懂得使用正确的方式。总体而言，优秀的医生行为处事依据的是社会契约，必须将病人的利益置于自己之前。

斯特兰奇医生的许多所作所为都违反了这种社会契约，比如在2016年电影《奇异博士》中，他拒绝给无法带来足够金钱或名望的病危案例进行手术。但是转变成为至尊法师后，他做出的大多是纯粹利他的英雄性举动，有时甚至甘愿去冒巨大的风险。斯特兰奇无法再做手术，却真正变成了一名德性意义上的优秀医生，只不过手里拿的不再是手术刀，而是阿戈摩托之眼，这显得有些讽刺。也许奇异博士的创作者斯坦·李和迪特科就是为了向大家展示，失去外科医生的能力反而使奇异博士学会了如何做一名优秀的医生。

210 以维山帝之名，我发誓！

誓言是公开的承诺，在道德上将宣誓人与宣誓行为关联起来，因此，在特定关系中通常会有不同的誓言，例如出庭的证人需要起誓保证所说均属实，无所隐瞒，无所添加；人们在婚礼上会交换感人的誓词；当然，还有医生们发誓保证救治病人。

斯特兰奇在失去进行精细手术能力的那一瞬间，就不再是真正的医生了。他确实还被称作“医生”，而不是“斯特兰奇先生”(不过古一在他们第一次见面时叫了他“先生”)，但是可能只是出于礼貌，就像在法官、教练和总统退休很久后人们仍会以头衔相称。无论称呼如何，只要离开医学界，那么他身为医生所立下的誓言便不再作数，需要的应该是法师特有的誓词。

奇异博士提起希波克拉底誓言，更像是在提醒自己和他人他曾经的医生身份——估计他心底依然认定自己是个医生，而使用医者的誓言作为衡量他身为法师是否优秀的道德指标，必然也有些好处(请记住，他在做医生的时候反而很少这么做)。电影里，奇异博士在战斗中不得不夺走对方的生命，然后他对古一提起了希波克拉底誓言，告诉她：“我当医生的时候发了誓，不伤害任何人，可我刚刚就杀了一个人。我不会再继续了。我当医生是为了救人，不是为了杀人。”可是在法师的新身份下，他大概发现自己既然处在这个位置，就必然会为了拯救其他众多生命而选择牺牲另外一条生命，此时希波克拉底誓言就不再是帮助，而成了阻碍。既然不再是医生，那么便不必要也不适合再用这个誓言去解释或证明他的行为——尤其是在《誓言》这类情况中，它无论如何也不能起到很有效的作用。

走近奇异博士

或许我们应该认为奇异博士在新身份下的行为纲领是武术德性，而不再是医学道德。显然，斯特兰奇需要身体上的技能来配合施 211
展法术，《奇异博士》里就有几幕展现了许多新人在卡玛泰姬中进行武术训练的场景，设计灵感可能直接来自《龙争虎斗》(*Enter the Dragon*)等李小龙电影。我们还了解到，掌握肢体技巧也是掌握法术的重要一步，就像莫度说的："熟练使用悬戒，在法术中十分关键…… 你只需要高度集中注意力。"在《誓言》里，奇异博士解释了他为何向王求教武术：

> 离开古一后，我意识到自己的学习之路才刚刚起步，所以我决定学习武术。我肯定无论如何也打不赢铁拳(Iron Fist)……不过至少是个进步。①

《漫威宇宙官方手册》(*Official Handbook of the Marvel Universe*)

---

① *Doctor Strange*: *The Oath* ＃1 (December 2006)，收录于 *Doctor Strange*: *The Oath* (2007)。

也写道："奇异博士擅长多种……武术。"①

不过，奇异博士为什么需要习武呢？原因之一是，法术就像任何工具一样都可能会失误，到那时法师就失去了防御能力。创立了多种武术体系[包括唯心会(Yuishinkai)]的日本武术大家井上元胜(Motokatsu Inoue)曾写道："你须得学会使用武器，但从不依赖武器。"②近期的一篇漫画就设计让奇异博士的法术遭到了极大程度的削弱，他必须找到其他方法来保护自己，拯救世界。在与多玛姆的一场打斗里——这可与法力耗尽的那种危机截然不同——他弄丢了自己的小刀，于是多玛姆嘲笑他说："你没有武器了，奇异博士。"奇异博士从来不会认输，当即答道："错。我还有一个武器，最危险的那个武器——我自己。"③就在同个系列的早些时候，他还用弓箭来对付敌人，一边感叹："还好鹰眼在复仇者大厦教的那些射箭课程，我全都参加了。"(只是在失去准头后，他又马上补充道："只可惜一次考核都没过。")④

奇异博士使用武术的例子在漫画中比比皆是。某一次，漫画描绘了奇异博士与古一训练的过往片段，他那枯瘦的老师告诫他要"集中注意力，如果你要当法师……必须接受身与心的双重训练"，就在

---

① *The Official Handbook of the Marvel Universe*: *Deluxe Edition* #4 (March 1986)，重印于 *Doctor Strange*: *Don't Pay the Ferryman* (2015)。

② Motokatsu Inoue, *Bo*, *Sai*, *Tonfa*, *and Nunchaku*: *Ancient Martial Arts of the Ryukyu Islands* (Tokyo: Seitosha Co., 1987), 6.

③ *Doctor Strange*, vol. 4, #16 (March 2017)，收录于 *Doctor Strange*: *Blood in the Aether* (2017)。

④ *Doctor Strange*, vol. 4, #8 (July 2016)，收录于 *Doctor Strange*: *The Last Days of Magic* (2016)。

另一格漫画里，矫健的奇异博士对着一个沉重的沙包飞起侧踢的画
面跃然纸上。① 就连惩罚者(Punisher)都对他的武技印象深刻，评价
说“这是个懂得如何挥动斧头的人”。② 在最早期的《奇异故事》中，
奇异博士与多玛姆(他最喜欢的陪练伙伴)徒手肉搏，并宣称说：“我
们人类，也就是你嘲笑、藐视的对象，懂得一种叫作柔道的科学……
教我们如何利用敌人自己的力量反击敌人的科学！”③在另一个早期 212
故事里，奇异博士跟与他交手的刺客说：“法术不仅意味着掌握古
老的咒语，还重视肌肉力量与战斗技能！”④就某种程度而言，施展
法术会带来体力消耗，所以任何增强身体素质的方法都能使法师更
好地运用法术。它还带来了一个额外的好处——当法术失去作用时
能够自保。

以月神蒙诺波之力，法术与医学的奇异结合！

除了体技或武术，奇异博士的形象塑造还涉及许多令人想起东方的传统哲学的元素。在日本，禅宗(Zen Buddhism)对武士道

---

① *Doctor Strange*: *From the Marvel Vault* #1 (April 2011).

② *Doctor Strange/Punisher*: *Magic Bullets Infinite Comic* #3 (December 2016)，重印于 *Doctor Strange/Punisher*: *Magic Bullets* #2 (March 2017)并收录于 *Doctor Strange/Punisher*: *Magic Bullets* (2017)。

③ *Strange Tales*, vol. 1, #140 (January 1966), “The Pincers of Power!”, 收录于 *Marvel Masterworks*: *Doctor Strange*, *Volume* 1 (2010)。

④ *Strange Tales*, vol. 1, #131 (April 1965), “The Hunter and the Hunted!”，收录于 *Marvel Masterworks*: *Doctor Strange*, *Volume* 1。

(bushido)的武术精神影响深远。这种“武士道”精神表现为极度的自律，1900 年，新渡户稻造(Inazo Nitobe)从七个方面对其进行了分解，即义、勇、仁、礼、诚、名誉、忠义。①

保护生命这个概念乍看之下与大多数武技都毫不相关，因为武技似乎一般都用以取人性命。这种广为流传的误解却是武术训练悖论的一部分：真正要掌握夺命的武技，还得学习如何谨慎为之，学会用造成最小伤害的方式去使用武术。奇异博士在电影中告诉古一：“我刚刚就杀了一个人。我不会再继续了。”那时，他说不定指的是武士道精神(而不是希波克拉底誓言)。

年龄稍微大些的读者肯定都记得 20 世纪 70 年代的电视节目《功夫》(*Kung Fu*)，记者亚历克斯·吉利斯(Alex Gillis)称之为“东方哲学与武术在美国狂野西部混为一体”。② 一些闪回片段记录了甘师傅(Master Kan)指导主角金贵祥(Kwai Chang Caine)学习精湛的武术动作和武术的核心哲学的场景。而在试播的电影中，甘师傅给金贵祥提了以下建议：

> 认识自然之运转，便无人之力可以伤害你身。面对大浪，切勿迎头直上，避之躲之。无须止住力量，更善者乃引导力量。掌
> 213 握更多保护而非毁灭的方法。躲避胜过观察，观察胜过伤害，伤

① Inazo Nitobe, *The Way of the Samurai* (London: Arcturus Publishing Limited, 2011), 128.

② Alex Gillis, *A Killing Art: The Untold History of Tae Kwon Do* (Toronto: ECW Press, 2016), 264.

害胜过致残，致残胜过杀戮。所有生命都宝贵而无可取代。①

其中一个关键概念就是“伤害胜过致残”，或者说“致伤，但不要有所损害”，即出手点到为止。

《功夫》的这句话也深深扎根于诸多传统武术规范。例如，唯心会空手道体系中的基本型系列名为“平安”(Pinan)，意为“平和、安全”。平安型的初始动作就包括击打，并非所谓的“防御性”动作，不过击打不是意在伤害对手的身体，而在于轻击对方进攻的部位，提醒他们把握机会退出打斗。其原理就像日本谚语所言：“痛み くじく”(Itami ku ji ku)，即“疼痛消磨斗志”。当代哲学家、武术家巴里·艾伦(Barry Allen)曾提及类似的概念，写道“武技是为了强迫对手服从，击毁其战斗意志”，由此就有了一种不致伤、不致死而取胜的方法。②

以全能欧希特之名，武术和医术大师！

在车祸之前，斯特兰奇医生曾在一晚“送走”了三位病人，他与同事罗宾逊医生谈道：“我不行了，罗宾逊——我不能眼睁睁看着再有人死于我的手下。我没有勇气……罗宾逊，我无法再继续了……我

---

① Pilot movie, *Kung Fu: The Way of the Tiger, The Sign of the Dragon*, aired February 22, 1972.

② Barry Allen, *Striking Beauty: A Philosophical Look at the Asian Martial Arts* (New York: Columbia University Press, 2015), 252.

也承担不了这份责任。”[1]此时斯特兰奇所体会到的不协调感，可以与思想家孔子（公元前 551—前 479 年）所强调的一个重要理念相呼应：个人责任感。当代哲学家达蒙·杨（Damon Young）如此写道：“孔子希望培养泛爱众而心系社会的人才。”[2]这些特征显然贯穿着医学领域，同时也存在于诸多武术思想中。

佛学与合气道大师约翰·史蒂文斯（John Stevens）写道，合气道创始人植芝盛平（Morihei Ueshiba）认为武术可以促进“人类和谐”，武术使“个人斩断并摧毁一切邪恶，重建美丽的世界，重现其天然的
214 纯洁”。[3] 此外，井上大师称自己的空手道体系为“唯心会”（Yuishinkai），代表着“为善良之人与善良心灵而建的组织”。井上强调称，武术能带动全世界以正道行事。法术之思维、医术之头脑、武术之思想，三者之间的哲学关联在奇异博士对抗“神秘法术大师”格兰（Grem）时凸显出来。战败后，奇异博士学到了“头脑就是工具…… 你只要让自己的思想开动起来，就能成功”。[4] 说起来倒是容易！

医学和武术的核心精神中都强调了不懈的练习和训练——再培养一点幽默感吧，这对医学和武术两个方面都有好处。刚开始训练

---

① *Doctor Strange*, vol. 2, ＃77 (June 1986)，收录于 *Doctor Strange*：*Don't Pay the Ferryman*。

② Damon Young, “Pleased to Beat You,”in *Martial Arts and Philosophy*：*Beating and Nothingness*, ed. Graham Priest and Damon Young (Chicago：Open Court, 2010), 3－14, at p. 11.

③ John Stevens, *Abundant Peace*：*The Biography of Morihei Ueshiba*, *Founder of Aikido*. (Boston：Shambhala Publications, 1987), 129.

④ *Doctor Strange*：*Mystic Apprentice* ＃1 (December 2016).

时,斯特兰奇还是个“可怜的”新手,对此他不服:“拜托!我才刚刚入门!”①这和持续实践与发现的思想不谋而合,就像道家思想家老子(公元前6世纪)《道德经》中的名言:“千里之行,始于足下。”②道家另一个核心思想——平衡——则在与电影搭配推出的漫画的训练场景蒙太奇中有所突出,旁白写道:

> 新弟子们刻苦训练。他们逼迫自己,让身体濒临崩溃的边缘。如此训练需要巨大的自律性……身体上、精神上。由此,它将反馈给精神以深远影响。因此,存在的万事万物,全部关乎平衡。③

这段话可以用来描述法术或武术——或医学院的训练!

以赛托拉克的深红魔带之名……我们来总结!

奇异博士道出了武术训练与医术培养的共通之处,他说:“‘不可能’?我早就学会了不在我这一行里用这个词。”④他代表了西方希

---

① 选自漫画小说 *Doctor Strange: Season One* (2012)。

② Lao Tzu, *Tao Te Ching*, Chapter 64,可见 http://classics.mit.edu/Lao/taote.html。

③ *Marvel's Doctor Strange Prelude* #2 (October 2016),收录于 *Marvel's Doctor Strange Prelude* (2016)。

④ *Doctor Strange*, vol. 4, #5 (April 2016),收录于 *Doctor Strange: The Way of the Weird* (2016)。

波克拉底与东方武士精神的真正融合，还带着些许纽约式的玩世不恭，表现出强烈的人之仁善。若将这几个元素独立出来，史蒂芬·斯特兰奇也许无法完全满足任何一个标准，但他设法以超级英雄的方式将其结合了起来。他的个人进化史向我们展现了一位旅人通过一段充满启悟的旅程，从非完人的医生成长为真正的法术、医学和武术大师，与此同时，他一直坚持着自己的坦率、机智与幽默——穿着60年代的酷炫浮夸制服。无须多言！①

① “无须多言！”（‘Nuff said）是斯坦·李的一句名言。——译者注

第六部分

『我是来谈判的』

20

多玛姆邪恶吗？
——圣奥古斯丁与黑暗维度

安德鲁·T. 温克

英雄的造就往往离不开反派的衬托：美国队长和红骷髅（Red Skull），夜魔侠和金并（Kingpin），蜘蛛侠和绿魔（Green Goblin），以及X战警（X-Men）和万磁王（Magneto）。每段关系的展开都是为了正邪对峙这个最大的冲突做铺垫。在漫画系列和2016年电影《奇异博士》中，莫度男爵（Baron Mordo）、梦魇等都是奇异博士的敌人，但其中最强大的反派当属黑暗领主多玛姆。我们理所当然地认定多玛姆是邪恶的一方，与英雄一方的代表奇异博士作对，可是如果换种方式去看待多玛姆的话，多玛姆其实只是既没有时间概念，又不了解我们这个现实的一种存在，是一股天生不懂得道德的自然力量。为了定义多玛姆究竟是否邪恶，首先需要了解邪恶的本质，为此，我们可以借助希波的奥古斯丁（Saint Augustine of hippo，354—430）所提出的三种邪恶分类加以理解。

一个可怕的理解

漫画于1964年加入了“多玛姆”这个角色，作为黑暗维度及其法力的统治者，多玛姆的力量堪比奇异博士汲取法力的对象维山帝。[①]在漫威宇宙中，多玛姆并不是恶魔或终极邪魔这样的存在——这种称号一般用在梅菲斯特(Mephisto)[②]身上——不过“多玛姆”很快成
220 了黑暗与毁灭性魔法的代名词。多玛姆企图将“我们”的宇宙吞并入黑暗维度，以提升自己的力量。过去这半个多世纪以来，他（假设这是个“他”）一直是奇异博士的劲敌，需要至尊法师动用百分之百的力量和智慧与之抗衡。

但是电影版本的多玛姆并没有这么强大，给观众提供的信息也少得可怜。首先，和漫画里一样，多玛姆存在于黑暗维度，用古一的话说，那是“蛮荒之力贪婪地蛰伏着，伺机等待”的黑暗之地。王也告诉奇异博士，多玛姆是宇宙的吞噬者，拥有无尽的野心，最想要征服的就是地球。其次，观众可以看到多玛姆拥有巨大的能量，赐予卡西利亚斯的法力也足以令对方超越其他法师（在漫画中，他经常给予莫度男爵能量），奇异博士必须借助阿戈摩托之眼的威力才能逼退多玛

---

① *Strange Tales*, vol. 1, ＃126 (November 1964), “The Domain of the Dread Dormammu!,”colleted in *Marvel Masterworks*: *Doctor Strange*, *Volume* 1 (2010).

② 梅菲斯特是漫威旗下的超级反派，是猎捕灵魂的恶魔，力量强大。——译者注

姆，使其放弃征服地球的计划。最后，鉴于多玛姆与奇异博士在电影第三幕中进行了对话，可以认定多玛姆是觉知存在，而不是无意识的力量体。与漫画的庞大体量相比，这点信息不算太多，不过已经是我们判断多玛姆是否邪恶的一个良好开端。

奥古斯丁与奇异博士，大同小异？

奥古斯丁的旅程与史蒂芬·斯特兰奇的蜕变之旅大同小异，最终都让一个世俗的人超越了物质领域，去响应更高层次的召唤。奥古斯丁曾任演讲术老师，人生的追求一度是美丽的女人和自己的荣耀；而这之后，智慧引导着他去研究新柏拉图主义（Neoplatonism）哲学作品，他由此踏上了成为人类历史上最伟大思想家之一的征程。这段经历就如他的自传《忏悔录》（*Confession*）中所描述的那样在米兰的花园里到达了高潮，当时有一个声音告诉他去读身旁的文字，那是圣保罗写给罗马人的书信（St. Paul's Epistle to the Romans）。① 保罗的感悟将奥古斯丁带向了基督教，他受职成为主教，成为信仰的智慧守护者，撰写了许多布道、信件和书籍，涵盖了从人类本质、宗教哲学到伦理学等不同主题的哲学思辨。

对奥古斯丁来说，思考邪恶本质上就是在思考罪（sin），因此他 221
用宗教的方式探讨恶，涉及上帝、天使等因素。我们无法用这种基督

① Augustine, *Confessions*, trans. F. J. Sheed (Indianapolis: Hackett Publishing Company, 2006).

教世界观研究多玛姆，却可以从中找到关键的相似之处来帮助我们展开分析。奇异博士的世界里不一定有原罪，但电影里也明确展现了人类存在缺点与残缺。很多人都有不足之处，比如斯特兰奇的自大与自私，以及古一攫取长生的不正当手段。奇异博士的世界和奥古斯丁的世界还有另一个共同点，那就是善与恶之间鲜明的区别。有一些举动本身道德界线模糊，例如使用阿戈摩托之眼介入自然秩序并逆转时间，其行为者保护世界的意图是显而易见的。最后，两个世界的苦难都是真切的。电影中，斯特兰奇一直承受着痛苦和挣扎，正如奥古斯丁在 4 世纪遇到的每一个人。

再说回多玛姆，奥古斯丁提供了三种去理解多玛姆的思路，具体来说，我们将探讨三种恶：一是形上恶（metaphysical evil），即缺失；二是自然恶（natural evil），就如席卷美国中西部地区并摧毁了无数农田家宅的龙卷风，或是东南亚可怕的海啸；三是道德恶（moral evil），这点贴合漫威宇宙中的大部分反派。

应在而未在之物

奥古斯丁对人类现实的一个重要见解就是对恶的理解。他对形上恶的定义已经成为一种标准，在他逝世后的几个世纪里依然引领着哲学家的争论。他提出，恶是一种缺失（privation）。其论述政治哲学与其他主题的著作《上帝之城》（*Concerning the City of God Against the Pagans*）是如此描述恶的：

> 天使背弃了上帝，便成了不纯洁的存在；万物皆如此，便如那“污灵”(impure spirits)。他们不再是主的信徒，主永恒的光将抛弃他们，留下一片黑暗。因为恶并非正面的物质，失去善者被称为“恶”(evil)。①

奥古斯丁认为，缺失即应在之物不在。他举了个例子，包括天使在内 222
的所有生物理应接受主之光芒的照耀，成为主的信徒，而当天使背离主的时候，一些东西就不再是其应有的样子，最基本的关联缺失了，这缺失就称为恶。

奥古斯丁的解释并不是特别具体，所以让我们举个例子。奇异博士的手套没长眼睛，这并不是一种缺失，因为手套无论如何也不应该长眼睛，就算是魔法手套也是同样的道理。如果王不小心把一只手套烧出了洞，那才是一种缺失，因为手套上不应该再有额外的任何洞，这个新洞可能会与手产生摩擦，引起不适或疼痛。简而言之，形而上的恶是缺乏应该存在的东西，而经历这种缺乏的人会因此而受苦。

这种恶的定义不完全适用于多玛姆的情况，不合理之处主要在于他的性质。他显然不是空间和时间结构中的巨大漏洞，而是一种存在，有躯体、有面孔，也有意识，在电影高潮与奇异博士的宿命会面中，双方还进行了沟通。就凭这点，多玛姆便不符合“缺失”的定义，因为他不代表这个世界任何应在而未在的部分。奥古斯丁的话也能

① Augustine, *Concerning the City of God Against the Pagans*, trans. Henry Bettenson (New York: Penguin Books, 1984), 440.

肯定这一点，他在《忏悔录》中写道，生物的恶来自缺乏应有的良善(goodness)。① 这意味着我们必须继续找寻另一种适用于多玛姆的恶的定义。

可怖的自然力量

我们接着探讨自然恶，主要包括龙卷风、海啸等自然灾害。哲学家相信，自然恶与道德恶(将在接下来的部分提及)的区别非常关键，尤其在争论关于上帝之善的问题的时候，这将是一个重要的落脚点。自然恶是那些来者不善，但未经人操纵(或者说无人可责备)的事件。例如，飓风席卷美国东海岸，摧毁佛罗里达州、佐治亚州和卡罗来纳州海岸线，夺走无数生命和财产，其背后并没有人为因素，也没有恶徒策划，无人需要为飓风的袭击负责——只有自然的力量，多股自然之力汇聚，最终导致人类和其他生物不幸受到伤害。

奥古斯丁对自然恶的看法源于他的理解，即恶因为罪而出现在
223 自然世界。在《忏悔录》中，他遵循基督教原罪的教义，认定第一个人类违背了上帝的命令才使世界上出现苦难，并提出恶是由自由意志造成的。② 这方面的罪破坏了自然界，正如它腐蚀了人类一样，可能带来摧毁城市的自然灾害和斯特兰奇那样的天才医生都无法治愈的疾病。

① Augustine, *Confessions*, 44.

② 同上，119。

自然恶的概念也无法满足我们定义多玛姆的目的，因为奥古斯丁的基督教假说根植于我们这个世界（和天堂），其中的恶几乎无法适用于多玛姆的家乡——黑暗维度。不过，虽然我们无法直接挪用奥古斯丁对恶之源的思考，但是可以借鉴他关于自然的结论。在自然秩序下，万物运转无需人力，诸如彩虹之类的美好事物非由人造，诸如地震等灾害也非由人为。这意味着自然恶的属性之一就是无人需要对这些有害或不法之事负责。

这是否符合电影中多玛姆的情况？既然黑暗维度背后关联的是宇宙的力量，那么自然恶似乎适用于此。然而，我们了解到多玛姆是有意识的存在，有自己的意图和目标，他是能够按照自己意愿行事的行为方，这又不符合我们对自然恶“无人策划，无人负责”的理解，所以自然恶还是出局了。

多玛姆道德败坏？

我们必须探讨的最后一类恶是道德恶。奥古斯丁所理解的道德恶即个人依据自由意志（free will）行事，而该行为会使某对象失去本应拥有的善物。《论自由意志》（*On Free Choice of the Will*）中提供了对其中一种恶行的思考，即通奸：“通奸之恶源自过度的欲望，若想要从外在显眼的行为中找寻恶，势必会很难。”①这里谈到了关键的

① Augustine, *On Free Choice of the Will*, trans. Thomas Williams (Indianapolis: Hackett Publishing Company, 1993), 5.

一点，驱使道德恶行的是夺人善物的欲望和施展恶行的动机，正是这种主观因素将道德恶与自然恶区分开。我们认定谋杀是一种恶行，因为它剥夺了受害者的生命之善物，且该行为受到了凶手某种夺人性命的欲望所驱使。杀人也可能在没有欲望的情况下发生，比如过
224 失杀人，但正因为缺乏欲望与企图，这种行为便无法算作道德恶。

根据这个定义，我们需要三个因素来证明多玛姆道德上的恶：他拥有自由意志，有攻击目标，并且企图对其目标造成伤害。如之前讨论的，多玛姆是有智慧、有意识的存在，所以可以合理假设他同样拥有自由意志。① 另外，王曾站立在通往三个圣所的门中间向奇异博士介绍过，多玛姆计划吞噬地球和其余的维度空间，剥夺每个生命的独立存在地位，这就是他的攻击目标和企图。至此，道德恶的三个要素都满足了，所以多玛姆似乎完全符合道德恶的范畴。

可是……还有一个问题，关于多玛姆的大部分信息都来自古一（或者王，但他可能也是从古一那里得知的）。电影中透露了，古一告知的有关多玛姆的信息并不完整，也就意味着其中一些信息可能都不真实。这其实是关于知识可靠性的认识论（epistemological）问题，对于本章来说有些超纲，不过我们只需关注这样一个事实，即我们没有任何关于多玛姆的公正、确切的信息。换言之，我们应该重新斟酌多玛姆侵略地球的真实意图。

本尼迪克特·康伯巴奇在为多玛姆配音之前肯定要问，多玛姆的动机是什么？我们预先就认定了多玛姆裹挟着恶意而来，因为超级英雄故事里最常见的就是“善对恶”的框架，受此影响，我们便倾向

① 因为每个人都有自由意志，不过这是另外一个论证主题。

于认定多玛姆是诡计多端的反派。但反之，如果实际上多玛姆只是缺乏道德观，他吞噬世界只是为了维持生计呢？在漫画中，行星吞噬者(Galactus)，或称世界吞食者(Devourer of Worlds)，就是以这种方式生存的。行星吞噬者是另一个漫威宇宙里的存在，一般在“神奇四侠”(Fantastic Four)的故事中登场。他会在宇宙中游荡并吞噬星球，不过并非出于愤怒或敌意，而是生存的必需。当他第一次出现在地球上方企图吸收能量时，也没有展现出任何企图伤害人类、引起仇恨的恶意，他只是冷静地准备“开饭”。[①] 阿斯加德的全父神奥丁(Odin)描述说他是种“自然的力量……就像太阳风，就像超级新星”，而“神奇四侠”的成员里德·理查兹(Reed Richards)甚至为其争辩，称行星吞噬者是“我们宇宙事物秩序”的必要部分。[②] 在漫画中，宇宙的化身“永恒”也证实了行星吞噬者服务于一个更高目的。[③] 行星吞噬者没有反派的意图，只是人们感觉他来者不善。无论是齐塔瑞 225
(Chitauri)这样战火纷飞的世界，还是柴达星(Xandar)这样的和平世界，吞噬起来都没什么区别——对他来说都只是食物罢了；只是对于星球上的住民来说，他就是最邪恶的反派。

---

① *Fantastic Four*, vol. 1, #48 (March 1966)，收录于 *Marvel Masterworks*: *Fantastic Four*, *Volume* 5 (2011)。

② *Fantastic Four*, vol. 1, #262 (January 1984)，收录于 *Fantastic Four Visionaries-John Byrne*, *Volume* 4 (2005)。

③ 同上。“永恒”是斯坦·李和迪特科创造的最令人震撼的角色之一，他的出场参见 *Strange Tales*, vol. 1, #138 (November 1965), “If Eternity Should Fail!,” collected in *Marvel Masterworks*: *Doctor Strange*, *Volume* 1。

事关生存，如何？

为了方便理解，可以用动物王国做个类比。狮子在旷野狩猎和捕食瞪羚，那不是恶行，只是生命循环的一个环节。生存的必需行为具有道德中立性。比如，如果莫度打断了刺客的手，这种行为就属于自卫，可以接受；但是，如果莫度杀死刺客然后食其残骸，性质就完全逆转了。西方文化对同类相食感到反感，就是因为人类明明还有其他许多方式可以养活自己。

若多玛姆就像行星吞噬者一样，吞噬地球这个维度只是因为生存的需要呢？对于生物为生存所采取的行为，我们很难予以道德上的评价，是否能够将我们对行星吞噬者（以及这个世界的肉食动物）做出的总结给予多玛姆呢？

然而，对多玛姆本质的这种解读因为电影“最后一战”中他的言行举动而遭到了颠覆，他表现出了满满的恶意和对奇异博士的出离愤怒，特别是在法师将他们彼此都拖入无尽的时间循环之后。多玛姆用悲惨命运和毁灭来威胁对方，完全表明他具有明确的意欲终结奇异博士生命的意图，并且一次又一次地付诸了行动，直到最终意识到如果不同意交易便无法打破循环时才停手。他的许多话语都充斥着怒意和恶意，例如，“你的世界归我了，和其他世界一样”。其中所透露出的想法远远超过了生存的需要和欲望，多了对权力和统治的追逐。这验证了我们最初的结论，即多玛姆最符合道德恶的范畴。

还有一点：对多玛姆道德恶的定义是否与体型有关？假设莫度

想在房间里打坐，有只苍蝇一直在他脑袋边嗡嗡作响，他试图忽略这噪音，但无济于事。几分钟后，苍蝇停在莫度脸上叮了一下，于是他在恼怒之下拍死了这只苍蝇。小小的苍蝇自然没有任何阴谋诡计，只有对食物的需求。换个角度看，多玛姆和奇异博士时间循环这一 226
战与此非常相似：多玛姆只是想捕食，可是一只可憎的害虫不断地分散他的注意力。在多数情况下（苍蝇自己的想法除外），拍苍蝇不会被上升到道德层面，而只是事物自然秩序的一部分。

这两种情况的差异与体型大小无关，而与“害虫”的本质有关。我们非常确定苍蝇没有智慧，但人类是有智生物，正是因为如此，我们往往认定杀人是错误的行为，而打苍蝇不是。多玛姆与奇异博士进行过对话，所以我们可以假设多玛姆意识到了奇异博士及他所代表的全人类都是有智慧的。如果多玛姆了解地球人的有智本质，同时依然企图吞噬地球并杀死他们，这就标志着他在道德上是邪恶的。

可怕的结论！

道德败坏的多玛姆似乎特别符合漫威的经典反派模式，不过他的确做了一件好事，就是促使我们思考世上造成痛苦斗争的各种恶。虽然多玛姆是虚构的，但在我们的世界里也有类似的恶。在整部电影中，在斯特兰奇双手被废后，克里斯汀·帕尔默和古一想方设法推着他去寻找操作双手之外的新方式拯救生命。笔者给你一个类似的挑战：既然可以用哲学来思考世界上的恶，你能找到一个填补空白的答案吗？

21

奇异博士与托尔斯泰：非暴力弟兄？

康士坦丁·巴甫利奥

认识一下史蒂芬·斯特兰奇，自负的神经外科医生，财富和名望的追求者，自身命运的操控者。在2016年电影《奇异博士》中，史蒂芬邀请了同事克里斯汀·帕尔默参加神经学协会晚宴，因为对方邀请他出席并演讲，不过克里斯汀拒绝了，她直言这场演讲满足的不是听众或医学的利益："史蒂芬，世界是围着你转的。"而在2007年的动画电影《奇异博士与至尊法师》(*Doctor Strange and the Sorcerers Supreme*)中，吉娜·阿特沃特医生(Dr. Gina Atwater)也对斯特兰奇说了类似的话："这家医院想方设法满足你那可怕的自我，我真是受够了。总该到了你回馈的时候了！"

在这一点上，斯特兰奇与俄国作家、哲学家列夫·托尔斯泰(Leo Tolstoy，1828—1910)有不少相似之处。托尔斯泰是一名出身贵族且著作等身的杰出作家，服役担任军官时表现出色，既受同龄人的尊重，又受女性的欢迎，无数次活跃在舞会和庆典上，所以可想而知，他自豪于自己的成就，并相信自己实至名归，人生因此而圆满。

但是到了中年时期，斯特兰奇和托尔斯泰都遭遇了重大的人生转折，这颠覆了他们的世界观，引导他们重新思考生命的意义。托尔斯泰开始强烈反对任何形式的暴力，甚至不认可用暴力抵抗恶行——奇异博士对抗神秘威胁的举动应该就在这个谴责范围内。不过，也许在奇异博士的世界里会有某些独特的因素能为这种抵御行为正名，从而帮奇异博士免受托尔斯泰的责备。

奇异的转变 229

斯特兰奇与托尔斯泰经历了变故，改变了对自己的看法，重新思考自己在世上的角色、地位。对于斯特兰奇来说，人生自那场车祸之后就走向另一个岔路，因为他不再拥有手术能力，便失去了自我定义和追名逐利的途径。很快，在前往卡玛泰姬并接受古一的神秘训练之后，他彻底推翻了对生命意义的过往看法。

托尔斯泰的转变则贯穿了一生。到 50 岁时，他逐渐意识到："在生活中醉生梦死，才能享受生活；一旦清醒过来，就不可能不发现生活就是欺骗，愚蠢的谎言！"①他清醒地认识到，继续那种被名与利牵着走的空虚生活不过是徒劳之功："我曾经活着，仿佛是活着，走着，走着，直到我走到悬崖边，看得清清楚楚，前面一片虚无，只有毁灭。"②最终每个人都将不复存在，所以普通的物质生活毫无意义：

---

① Leo Tolstoy, *A Confession* (1882), trans. Louise and Aylmer Maude, Chapter 4，可见 https://en.wikisource.org/wiki/A_Confession_(Maudes_translation)。

② 同上。

"疾病和死亡将会降临到（它们已经来了）我爱的人或我自己身上；什么都不会留下，只有恶臭和蛆虫。"①

托尔斯泰的这段话将斯特兰奇在发生事故后的心态刻画得明明白白：

> 我现在已经不在乎之前珍视的事物了，倒是对以前无动于衷的那些有了兴趣。就好像一个出门做生意的男人，到了半途突然觉得那笔生意无利可图，转头便折了回去；于是原来在他右边的东西现在都出现在了左边，而左边的都到了右边。②

但是一场可怕的车祸并不足以向斯特兰奇揭示这个世界超越物质的超然本质。在寻求西医治疗方案时，他傲慢不减，即使被引见给古一后，这态度也丝毫没有收敛。在电影里，古一告诉斯特兰奇"傲慢，害怕失败，导致你对最简单也最重要的事情一无所知，那就是生命的意义不在于你"，莫度也提醒他"忘掉你自以为知道的一切"。似乎托尔斯泰和古一这两个不同世界的人都给斯特兰奇上了相同的一课，帮助他理解生命终极而绝对的意义。

230 托尔斯泰在自传《忏悔录》（*Confession*）中记录了一个东方寓言。一个旅人跳入枯井躲老虎，却发现井底住着一只饿着肚子的龙，

---

① Leo Tolstoy, *A Confession* (1882), trans. Louise and Aylmer Maude, Chapter 4，可见 https://en. wikisource. org/wiki/A _ Confession _ (Maudes _ translation)。

② Leo Tolstoy, *What I Believe* (1886), trans. Constantine Popoff, Introduction，可见 https://en. wikisource. org/wiki/What_I_ Believe_(Tolstoy)。

所以他紧紧抓住井壁缝隙冒出的一截树枝，可是两只老鼠正在啃食树枝。处于危险中的男人还注意到树枝上的蜂箱正不断滴落蜂蜜，蜂蜜太美味了，他不由得摇动树枝想尝到更多，却进一步把自己推向了生命的危机。托尔斯泰写道：

> 我也抓着生命的枝条，知道死亡之龙在等着我，预谋把我撕成碎片，避无可避；可我无法理解为什么陷入了这种折磨人的境地。我试着舔掉曾经的能够安抚我的蜂蜜，但蜂蜜不再给我带来快乐了。①

斯特兰奇就处于这样的境地，为了继续他的利己主义和荣华生活，一味徒劳地“舔着西药的蜂蜜”。托尔斯泰用这则寓言指出，包括他自己在内，人们需要用自己的方式找到更深刻的现实感和意义，不过值得庆幸的是，斯特兰奇在卡玛泰姬开始了这种寻觅。

暴力之恶

托尔斯泰新思想的核心是反对历史上人类施行的暴力行为之恶。他相信，恶是对生命本身意义的破坏：“要理解生命的意义，首先必须要确保生活不是毫无意义且罪恶的。”②虽然他质疑以物质追求

---

① Tolstoy, *Confession*, Chapter 4.

② 同上，Chapter 11。

为中心的生活方式，但是他了解生存的重要性，所以凡是致伤或致死，从而威胁到生存的行为都是恶行：

> 很显然，人的生命永远没有意义。如果有理性的生活，那一定是另一种生活，一种不只为保障自身未来而活的生活。为了理性地生活，我们必须首先活着，让死亡无从毁灭我们的生命。①

本着这种精神，托尔斯泰将暴力视为一种恶。暴力总会使他人违背自己的意愿，并“通过苦痛或死亡的威胁迫使他人去做他们拒绝做的事情”。②

231 最严重的暴力就是杀戮，因为它否定了每条生命的神圣地位。这其中也包括由国家施行的暴力。托尔斯泰在1908年的日记中记录的《士兵军事法庭回忆录》写道，如果一个人真正思考了死刑的含义，便不可能执行这种刑罚，只有失去灵魂的国家机制在无意识或盲目执行的情况下才会出现死刑。他顺着这个思路，继而延伸到针对其他国家和人民的国家暴力的层面：

> 没有哪个将军，也没有哪个士兵，会自愿杀死数百名土耳其人或德国人并摧毁他们的村庄——不，如果不是身处战场，又不

---

① Tolstoy, *What I Believe*, Chapter 8.

② Leo Tolstoy, *The Law of Love and The Law of Violence* (1908), trans. Mary Koutouzow Tolstoy, Chapter 3，可见 http://www.nonresistance.org/docs_pdf/Tolstoy/Law_of_Love.pdf。

> 得不服从纪律，誓守忠诚，他们当中没有人愿意伤害随便哪一个人。残忍行径（由于我们复杂的社会机制）只在有许多人共同承担罪责，或无人意识到整场行为多么惨绝人寰时才会发生。①

因此，每个人都应该站在不抵抗恶的立场，拒绝一切违背他人意志的暴力行为。"你难道不知道，如果你通过暴力行为主张并行使抵抗的权力，来抵抗你所认为的恶，"托尔斯泰问道，

> 那么其他人也会坚持主张这项权力，用同样的方式来反抗他所认定的恶，然后世界将一直充满暴力？向别人展示更好的方法，这才是你应该做的。②

这个世界和其他世界的恶

托尔斯泰关于恶与暴力的这些深刻、诚挚的观点引出了一些更为关键的问题。恶的本质是什么？暴力的基础是什么？世界上这些恶的形而上"根基"又在哪里？值得高兴的是，奇异博士的世界为我们提供了另一个角度看待这些问题。

---

① Tolstoy, *What I Believe*, Chapter 4.

② George Kennan, "A Visit to Count Tolstoi," *The Century Magazine*, June 1887, 252 - 265, at p. 259, available at https://www.unz.org/Pub/ Century.- 1887 jun - 00252

在2016年的电影中，古一将斯特兰奇送入跨越多元宇宙诸多维度的灵魂之旅，并说存在着："那些黑暗的地方，蛮荒之力贪婪地蛰伏着，伺机等待。在这多元宇宙之中，斯特兰奇先生，你是谁?"不过这些世界和维度对多数人来说都遥不可及，它们拥有形而上的本质，同理，由此诞生的恶也拥有同样的本质。不久之后，斯特兰奇将成为至尊法师，去保护他所在的世界不受超自然之恶的侵扰，正如王告诉他
232 的："复仇者们保护世界不受物理性质的侵害，而我们法师抵御法术威胁。"像所有法师一样，斯特兰奇训练并掌握了足够与"否定、虚无之力"做斗争的力量。①

托尔斯泰认为，形而上的恶比物质层面的暴力行为更可怖。他后来写了一篇文章，本来主要着墨于国家政治，但我们可以简单地将其延伸到现实的形而上领域：

> 总的来说，政府允许将杀戮作为达成目的的手段。可怜的人们就被这个做法带偏了思想，还以为所有的罪行、抢劫、盗窃、谎言、折磨和谋杀都是非常自然的行为，是适宜付诸实践的。是啊！这些行为本身的确可怕，而它们引发的道德、精神和看不见的恶最是可怕。②

在理想情况下，只要消除了恶与暴力的形上"根基"，人类就能摆脱暴

---

① *Doctor Strange*, vol. 1, #175 (December 1968)，收录于 *Essential Doctor Strange*, *Volume* 2 (2007)。

② Leo Tolstoy, "I Cannot Be Silent" (1908)，可见 https://www.nonresistance.org/docs_pdf/Tolstoy/I_Cannot_Be_Silent.pdf。

力的束缚。

恶的形而上本质在斯特兰奇医生进入梦之维度（Dream Dimension）与试图掌控人类思想和灵魂的黑暗做斗争时有所体现——控制了思想就能控制灵魂，而掌控了二者，就有可能迫使人们屈服于恶的意志，正如动画电影中的那些思想受控的孩子们。漫画里，多玛姆、至尊撒旦尼什（Satannish the Supreme）等恶的化身企图控制人类的灵魂，就像另一个代表恶的存在桑杜（Xandu）所下的命令："安静！桑杜有命令了，你们就要遵从！我的意志就是你们的意志，因为桑杜是这么说的！"①出现这样的威胁后，奇异博士就会离开他的身体，以星灵形态对抗无形的形上之恶。

托尔斯泰用光明与黑暗的比喻戏剧化地描述善恶之间的冲突，写下"可怕的善恶斗争，在某个阶段，我们将看见光明与黑暗"。② 在奇异博士的世界里，法师的使命就是使用良善之"光"来阻止黑暗或黑法术毁灭世界，奇异博士的一个法术咒语就提到，

> 此刻让升起的力量之浪/从恒星诞生到最终灭亡/光明的救赎可能绽放/可见与不可见缠绕混合/揭示这一切何在、何形、何时——让黑暗终结！③

---

① *Amazing Spider-Man Annual*, vol. 1, #2 (October 1965), "The Wondrous World of Dr. Strange," reprinted in *Doctor Strange*, vol. 1, #179 (April 1969) and collected in *Marvel Masterworks: Doctor Strange*, *Volume* 1 (2003) and *Spider-Man/Doctor Strange: The Way to Dusty Death* (2017).

② Tolstoy, *What I Believe*, Chapter 5.

③ *Doctor Strange*, *Sorcerer Supreme* #3 (March 1989)，收录于 *Doctor Strange*, *Sorcerer Supreme Omnibus*, *Volume* 1 (2017)。

恶不仅来自其他世界的生物，也来自那些自愿与恶魔交易灵魂233 以获得控制他人意志的能力的人。在电影里，这句话说的就是“堕落”法师卡西利亚斯，而在漫画版本里则是指莫度男爵，他们与多玛姆交易，将自己的世界献祭给黑暗维度，从而换取他们想要的东西。两人都违背了他们作为法师的使命，不但没有保护世界抵抗邪恶，反而变成了恶的一部分。奇异博士对卡西利亚斯说：“看看你自己，多玛姆让你成了刽子手。他的国度究竟能有多好？”

托尔斯泰写到，因为人们牺牲自由和道德换取权力，所以社会本身是暴力的：“支撑当前社会秩序的是人民的自私和愚昧，他们为了微不足道的物质利益出卖自由和荣誉。”①尽管奇异博士世界的权力类型与托尔斯泰和我们世界的不甚相同——前者形而上且神秘，后者更具政治和社会性——但是原则都一样，越多恶人沆瀣一气，恶就愈发集中，与奇异博士对抗的形而上黑暗维度没有什么不同。正如托尔斯泰写道的：“可以这么说，通过欺骗形式相互关联成一个紧凑的身体，这具紧凑的身体中包含了世上所有的恶。”②

非暴力就是没有暴力！

托尔斯泰甚至提出不应该使用暴力来对抗恶，因为每一次暴行

---

① Leo Tolstoy, “Thou Shalt Not Kill” (1900)，可见 http://www.nonresistance.org/docs_pdf/Tolstoy/Thou_Shalt_Not_Kill.pdf。

② Tolstoy, *What I Believe*, Chapter 12.

都会形成、增加和强化恶：“‘不要抵抗恶’意味着永远不要抵抗恶，即永远不要向任何人施加暴力。”[①]我们必须终结各种形式的暴力，因为只有如此才能让灵魂摆脱恶的桎梏。他再次将社会现实作为这种形而上结论的例子，指出，

> 以为对抗了他人，保护财产和人身安全，就能保证自己的福利——多么错误的想法！我现在明白了，人所经受的恶大部分都源于这个想法。比起为他人工作，每个人都企图尽可能地少工作，还强迫别人为自己工作。我回想了其他人和我自己所做的恶行后发现，多数情况下，但凡产生了可以通过暴力来保障和改善自身条件的这种自信，恶就开始滋生。[②]

我们都知道，斯特兰奇在经过训练后成为法师，与恶斗争，不过他更习惯借助形而上或法术手段，而不是物理道具。在动画电影中，莫度问奇异博士是否拿过刀，这位前神经外科医生回答说：“为了救人，拿过。但从未曾为了杀人而拿刀。”肉身状态下的奇异博士往往
保持着非暴力的作风，但是在星灵界有所不同，那时他不会用物理手 234
法对抗邪恶生物，就从形而上层面消灭他们，摧毁他们的本源或将他们驱逐到其他维度。[③] 在漫画中，奇异博士和其他法师经常会重复

---

① Tolstoy, *What I Believe*, Chapter 2.

② 同上，Chapter 12。

③ 更多关于奇异博士克制使用身体暴力的探讨，参见本书第 19 章。

这样一句话："我们不要在这里使用暴力。"①在动画电影里，王对莫度说他们是法师，又不是战士，莫度则回答："可是我们在打仗。"他们都没错：这是场战争，一场只能由法师发动的对抗恶的形而上的战争。

托尔斯泰的非暴力抵抗思想在20世纪由圣雄甘地（Mahatma Gandhi，1869—1948）进行了调整，并成功地应用到印度独立战争中。伟大的俄国思想家尼古拉·别尔嘉耶夫（Nikolai Berdyaev，1874—1948）等哲学家称托尔斯泰的思想为"宗教无政府主义"（religious anarchism）。② 这个标签再合适不过，因为他的后期作品抨击了国家与私人财产，称它们是世上罪恶的主要源头：

> 以前珍视的所有东西——财富、财产、荣耀、自尊——在我眼中变得毫无价值……我不敢对同伴使用任何形式的暴力……亦不能参加任何权力行为，因为权力行为的目的是通过暴力来保护人的财产。我既不能做这个下定论的法官，也不能评判和谴责他人。③

托尔斯泰阐明了自己这个"无政府主义"的具体含义，呼吁停止纳税，停止服役或停止去任何国家行政部门工作。他写道，

① *Defenders*, vol. 1, #27 (September 1975)，收录于 *Essential Defenders*, *Volume* 2 (2006)。

② Nicolai Berdyaev, *The Russian Idea* (New York: Macmillan, 1948).

③ Tolstoy, *What I Believe*, Chapter 12.

> 无论是在政府的暴力行为中，在法庭上，在税务征收时，还是最为重要的在从军期间，都不要抵抗恶行，也不要参与恶行，那么世界上任何人都无法奴役你。①

可是如果不理解托尔斯泰有关人类灵魂之恶的真实本质的基本形而上学思想，就无法理解这种特定的无政府主义。

那么奇异博士呢？

无论如何，在奇异博士的世界里，至少法术或形而上意义上的暴力是制止恶所必需的举措。托尔斯泰会怎么看待这种只有使用法术力量才能打败恶的情况？他能否接受，还是会认定这有违他的理念？ 235

关键在于，我们需要明白托尔斯泰只是反对人类对人类施加暴力的行为。那么，如果恶根源于其他形式的现实呢？托尔斯泰会赞同使用暴力来抵抗形上恶的化身，拯救人类吗？

我们可以从托尔斯泰与美国记者、探险家乔治·凯南（George Kennan，1845—1924）的对话里找到一丝线索。谈话中，托尔斯泰驳斥了美国的“禁止中国移民”政策，指出该政策背离了美国的自由原则。

---

① Leo Tolstoy，“A Letter to a Hindu”（1908），可见 http://www.online-literature.com/tolstoy/2733/。

> 凯南：假设每年有十万人中国人来到加利福尼亚州，就会冲击我们太平洋沿岸的文明。
>
> 托尔斯泰：唔，那又怎么样呢？中国人享有和你们一样的权利。
>
> 凯南：但是你就不允许人们保护自己抵御那种外来入侵吗？
>
> 托尔斯泰：何来的外来之说？为什么要区分外国人和本国人？在我看来，不分什么俄罗斯人、墨西哥人、美国人还是中国人，大家都是兄弟。①

显然托尔斯泰反感将暴力的拳头挥向任何国籍的人民。

凯南随后问托尔斯泰，如果一名罪犯袭击了他人，他会怎么做。托尔斯泰先是从自己的非暴力哲学角度给出了回答，而后又类比了另一种生命形式：动物。凯南记录道：

> 我直接问了他，在没有其他办法的情况下，他是否会杀死一个打算谋杀无辜路人的劫匪。他的回答是："如果我看到一只熊要杀森林里的农民，我会朝熊的脑袋砸一把斧头，但我不会去杀一个准备做同样事情的人。"②

如果托尔斯泰同意杀熊救人，或许他也会赞同奇异博士用法术之暴力对抗多玛姆——更何况熊的行为不涉及道德因素，但多玛姆则必

---

① Adapted from George Kennan, "A Visit to Count Tolstoi," 263.

② 同上，256。

须为他的所作所为承担道德责任。① 托尔斯泰反对暴力之恶，但是他首先关注的是人类的灵魂，而不是其他生物——当然也不会在乎那些恶的化身！

托尔斯泰，至尊法师捍卫者 236

奇异博士和托尔斯泰都相信恶与暴力是人类面临的主要威胁，此外，两人都认为恶与暴力具有形而上的本质，认定人对人施加暴力是不可接受的行为。他们的主要区别在于非暴力抵抗的方法和手段：托尔斯泰选择了道德、社会和政治手段，而奇异博士则选择了法术。如果托尔斯泰在奇异博士的世界，他可能会打开《维山帝之书》，戴上阿戈摩托之眼，成为我们星球上抵御邪恶的法师捍卫者。在多重现实里，一切皆有可能！

---

① 更多关于多玛姆是否邪恶的探讨，参见本书第 20 章。

22

奇异博士、道德责任与上帝之问

克里斯托弗·P. 克罗夫特

如何成为至尊法师？掌握法术，这是必要前提，或许还需要经历一场严重的车祸，忍受多年的苦苦寻觅和严苛训练。此外还涉及与宇宙根本力量之间的特殊关系，毕竟至尊法师必须与多玛姆这样的外维度领主以及“永恒”这类宇宙化身抗衡。那么，法师该如何看待上帝(God)呢——不是指奇异博士的故事和更宏观的漫威宇宙中经常出现的“诸神”(gods)，而是万物的造物主上帝(Creator God)？而且，这位造物主上帝仅仅是“哲学家们的上帝”(god of the philosophers)那种超越形体和时间的非人格概念，还是人格化了的上帝？

身为至尊法师，奇异博士遇到过许多情况让他不得不仔细琢磨人格化上帝(personal God)这个概念。刚开始，他尚且意识到上帝是一种力量，犹在他所对抗的其他所有力量之上。不过后来，他忽视了上帝，屈从于禁忌的力量——几乎因此而一无所有。不妨让我们看看世上最智慧的哲学家们对上帝和宇宙客观秩序(objective order)概念的看法，我们会发现，如果奇异博士要成为他所应当成为的保护者与英雄角色，他必须认可万物之源(Source of All That Is)。

众神之神 239

古希腊哲学家亚里士多德在《形而上学》(*Metaphysics*)中提起了上帝,或者更具体地说是众神之神,认为其是整个宇宙的源起,支撑整个宇宙的运转,是世间万物存在与运动的“最初因”(first cause)和“第一推动者”(prime mover)。这种概念里的神其实与奇异博士的经历牵涉不多,因为这不是人格化的神,不是传统意义上的造物主。换言之,亚里士多德的上帝仅仅是种机械力,人无法向其寻求帮助,奇异博士也无法与之沟通往来。

托马斯·阿奎那的著作提供了一种更有助于理解的上帝形象,一种结合了亚里士多德哲学和基督教启示的神学综合体。在《神学大全》(*Summa Theologiae*)中,阿奎那提出了关于上帝存在的五个证明,凭借的是一些纯粹依靠理性得出的结论,只不过这些结论因上帝(通过希伯来和基督教经文)揭示的内容得到了进一步发展与解释。① 除了亚里士多德提供的有关最初因和第一推动者的概念之外,阿奎那还指出,上帝是一切存在之因,身具所有完美属性,也是控制万物运动的无上智慧。他强调上帝是一切良善的起源,因为上帝本身即纯粹的善良。亚里士多德哲学里那个创造了宇宙客观秩序的相同的存在是仁慈的——这深深影响着我们对道德的理解。

---

① Saint Thomas Aquinas, *Summa Theologiae*, 可见 http://www.newadvent.org/summa/, Ⅰ.2.3。

阿奎那认为，纯善的宇宙造物主就是道德法则的制定者。从这个意义上讲，道德法则并不是独立于宇宙物理定律的相对结构：正如上帝建造了科学定律一样，上帝也设计了控制理性存在生命方式的永恒不变的客观法则。上帝的完整法则都包含在阿奎那所描述的永恒法则（eternal law）中，所有关乎创造的律法都存在于永恒的上帝思想中。① 仅凭我们有限的凡人智慧无法完全理解这法则，所以上帝使他的法律通过自然法则和神圣法则为我们所知。神圣法则由启示揭示，而我们能够借由理性独立地了解自然法则，因此理性可以让我们认识自然和周围世界，这个说法不无道理。② 自然法则同样适用于由一个善良的立法者创造的客观道德秩序，所以道德认知也可以通过理性掌握。

240 虽然漫画中没有明确证据表明奇异博士是阿奎那思想的支持者，但确实可以看到，现实客观秩序和由此产生的道德义务之间存在着紧密关联。当至尊法师必须非常直接地与造物主上帝，即万物之源打交道时，这点显得尤为明显。

① Saint Thomas Aquinas, *Summa Theologiae*, Ⅰ-Ⅱ. 91. 1.

② 同上，Ⅰ-Ⅱ. 91. 2。

奇异的宗教

漫威宇宙中有一部分角色因自身对神的信仰或与上帝的关系而独树一帜,甚至这可能就是他们最显眼的标签(当然,除了那些本身就是神祇身份的角色)。例如,漫威时不时会提起最新的惊奇女士卡玛拉·克汗(Ms. Marvel, Kamala Khan)信仰伊斯兰教,夜行者(Nightcrawler)和夜魔侠(Daredevil)是天主教信徒,偶尔会提到幻影猫凯蒂·普莱德(Kitty Pryde)和受人喜欢的蓝眼睛石头人(blue-eyed Thing)信仰犹太教。

但是任何传统信仰都不适合斯特兰奇,他似乎就是个被拉入现实超验认识之旅的世俗科学从业者。在接受法术训练后,他见到了类似神祇的存在,可他身上仍然缺少任何传统意义上的"信仰"迹象。① 不过他确实与维山帝有特殊的联系,三位准神赋予了他法力并将他纳入了保护范围。奇异博士的导师古一,维山帝"秩序"的前任一员(没有披露更多的细节),似乎也是从他们那里汲取力量。很难将奇异博士与维山帝的关系定义为"宗教性质",多数时候他对三位的"祈祷"并不算是法术,仅仅是种惊叹罢了。

不过传统信仰的缺乏并没有妨碍奇异博士在一些重要时刻想起上帝,他说出西方一神论(monotheisitic)的传统表述时,就是明确承

① 但是,幻视觉得"或许可以认为他展现的态度是带有宗教性质的",参见 *Infinity Crusade* #1 (June 1993),收录于 *Infinity Crusade Volume* 1 (2008)。

认了造物主上帝。在这种时候，他要么是请求这位“至高力量”助他实现某种目的，要么是在权衡了自己在宇宙中的角色后向这位至高力量表示尊重，这样也表示他认可了亚里士多德的第一推动者概念。此外，相互矛盾的更高力量与更高权威出现了形而上的混合，但是在奇异博士的宇宙中似乎存在着客观的善恶概念，这点对于人们如何评判自己召唤“邪恶力量”的后果来说尤为重要——如果造物主尚且没有定义善恶概念，那根本谈不上如何去评判。

241 为了阐明奇异博士与造物主上帝的关系，并说明他为何必须承认这一存在才能有效履行其至尊法师角色，我们不妨了解一下奇异博士的三段经历。首先从一个最不常见的对手开始……

主 VS 吸血鬼领主

奇异博士对战吸血鬼领主德古拉的经历令人印象深刻。当时德古拉攻击并杀害了奇异博士的忠实仆从王，逼得法师展开调查，然后顺藤摸出凶手。① 见到吸血鬼时，奇异博士恳请对方复活王，为此他一直避免杀伤对方，在战斗中甚至一直压制着实力。只可惜他失算了，德古拉强大得出人意料，不但制伏了奇异博士，还喝了他的血，最后杀了他。

---

① 这个故事共有两部分，详见 *Tomb of Dracula*, vol. 1, #44 (May 1976)以及 *Doctor Strange*, vol. 2, #14 (May 1976)；均收录于 *Essential Doctor Strange*, *Volume* 3 (2007)。

奇异博士死了，德古拉在夜幕下沉思。旁白写道："这世上德古拉只害怕两件事：十字架——和法术，对他而言，二者的杀伤力一样可怕！"①可是故事却告诉我们，二者的威力完全不对等。至尊法师已经尝试了用法术对抗德古拉，却无法得手，他需要另一种方法来击败这个敌人。

奇异博士的尸体被扔进一座坟墓，等待时机就会转变成吸血鬼，从此处于德古拉的控制之下。可是他的灵魂以星灵形态存在，因此他得以继续谋划打败这个吸血鬼。当奇异博士的身体复活后，他作为吸血鬼和巫师的两种天性不断交战，阻止他向德古拉发起战斗…… 直到德古拉嘲弄道："我是你的主！"

这句话提醒了奇异博士，他明白自己应该做一件从未做过的事：呼唤此间宇宙的上帝。他意识到："那位——力量所有者——在这里，我召唤你——我遇到过——那么多神！从来——未曾像此刻这般——需要力量！以四字神名（Tetragrammaton）的名义，耶和华！哦，伟大的未显现（Unmanifest），倾听我的恳求！"②奇异博士呼唤造物主上帝，叫出了耶和华的名字（"四字神名"，即《出埃及记》中构成上帝之名的四个辅音），以其作为统领所有其他力量的力量。就在那时，他的触碰灼伤了德古拉，引发的爆炸湮灭了这个吸血鬼，燃烧出耀眼的十字光芒。随后趁着体内的神圣力量仍未消散，奇异博士治愈了王 242
和他自己，然后感叹道："感谢上帝，德古拉从此再也无法伤人了！"③

---

① *Doctor Strange*, vol. 2, #14.

② 同上。

③ 同上。

在濒临失败的危机中，在受造的身体与法力的失调中，至尊法师呼唤了强大胜过其他神祇的上帝，并巧妙地利用德古拉的弱点十字架赢得胜利。若没有采用这个方法，他将落入不死领主的掌控；而采用了这个方法，也就意味着他接受了阿奎那关于宇宙里存在纯善、客观更高力量的理念。

回到初始

在一次耗时更久的历险中，奇异博士与外域眼魔舒玛-哥拉斯(Shuma-Gorath)进行了长时间的战斗，战况最激烈时，导师古一被害，而他的灵魂升华、并入了宇宙——正是奇异博士作为至尊法师必须去保护的这个宇宙。① 经过一阵反思，奇异博士向心上人克莉解释道，

> 活着就是要去影响这个宇宙！人的行为——人的存在——改变了与其相遇的每条生命！宇宙代表了万物！宇宙任一部分的变动都会影响到整体！生命是宇宙赋予的最珍贵礼物……由奇异博士来守护这礼物。②

---

① 这段惊悚历险的灵感来源于美国作家罗伯特·E. 霍华德(Robert E. Howard)，刊于 *Marvel Premiere* ＃3－10 (July 1972—September 1973)，收录于 *Doctor Strange Epic Collection*：*A Separate Reality* (2016)。

② *Marvel Premiere* ＃12 (November 1973)，收录于 *Doctor Strange Epic Collection*：*A Separate Reality*。

虽然我们不能轻易将“宇宙”等同于“上帝”，但是可以明确感受到奇异博士为了他所认识到的客观秩序，即永恒法则，所担负的责任。

奇异博士随后找到自己的老对手，也是老师关心的另一个好学生莫度，告诉他自己已经接任了古一的位置。不过在此之前，他遇到了一位声称要找莫度报仇的吉人赛女人，因为莫度偷了一本法术之书，即古老的《卡里奥斯特罗之书》，这本书（在电影里也是条关键线索）能给予拥有者穿越时间并改变现实的能力。奇异博士和莫度碰头后，分别回到了十八世纪的巴黎去拜见此书的作者。对方其实没有想象中那么富有魅力，而且卡里奥斯特罗坦承自己是来自三十一世纪的时间旅行者，名叫塞斯-奈格（Sise-Neg），也就是“创世纪”（Genesis）字母的倒排，这个设计根本不是巧合。①

赛斯-奈格说明了自己的计划，称他希望回到造世之初，那里有更多“散逸法力”供他控制与操纵，有助于他实现成为上帝的终极目标：“创世之初的全能存在，还有个什么称呼来着？也就是上帝！在离去的关头，让我告诉你们，先生们。”②这句话中粗略涉及一些形而上学：赛斯-奈格对“上帝”的定义显然只停留在时间之初就在的那个“全能”存在，不同于亚里士多德或阿奎那关于上帝为最初因或不动的推动者的概念，也没有对时间之初的本身进行解释。总而言之这是个失败的解读，赛斯-奈格不久就会意识到。 243

---

① 赛斯-奈格的故事详见 *Marvel Premiere* ＃12 – 14（November 1973—March 1974），收录于 *Doctor Strange Epic Collection*：*A Separate Reality*。

② *Marvel Premiere* ＃13（January 1974）.

由此便开启了一场史诗般的回溯之旅，他们将溯源到时间之初，路上只停留过三次。第一次时，赛斯-奈格探测到大量的法术能量。为了成为上帝，他需要汲取“一切可知的知识”，所以他前去调查能量来源，原来是传说中的巫师梅林（Merlin）身上的能量。刚好在那片地区出现了一位骑士，赛斯-奈格便使用法术召唤了一条龙去对付对方。奇异博士请求他心怀怜悯：“你希望成为上帝，难道你这个上帝不关心人类吗？”赛斯-奈格则答道：“我凌驾在人类之上。”[①]奇异博士的问题提到了上帝的本质，这个回答并不妥当，因为正如奇异博士所说以及阿奎那所认为的那样，上帝是纯善的，因此上帝应该心怀所有人。这位至尊法师加入了战斗，牵制住龙并帮助骑士击败它——这位骑士其实就是正朝亚瑟王宫前进的兰斯洛特（Lancelot du Lac）。

莫度借用此事给赛斯-奈格上了关于自由、后果与道德的一课：

> 斯特兰奇对他人的同情救了兰斯洛特一命，而兰斯洛特对吉尼维尔王后（Queen Guinevere）赤诚的爱却将很快毁掉卡美洛（Camelot），这可是人类最崇高的梦想之一！人类任性的天性为自己撒下了毁灭的种子！人无法控制自己！他们需要由强大的人来控制！

这段话中有几点值得注意。首先，卡美洛被称为人类最崇高的梦想之一。至于卡美洛“梦想”究竟是什么，众说纷纭，不过也不妨将其视

---

① 本章所有赛斯-奈格的话均引自 *Marvel Premiere* ＃14（March 1974）。

为纯洁和高尚生活的基督教美德的一种展现，或者用阿奎那的话说，它是一种按照自然法和神圣法则所揭示的永恒法则生活的方式。诚然，莫度指出奇异博士的英雄壮举将导致这个梦想的毁灭，但更为重要的是，他认为这是客观意义上的高尚之举。莫度随后说道，人类因自己的自由意志而堕落，而且他们无法控制自己，这是对基督教原罪 244
教义的有力总结。这点只有在他们三人都参与的客观秩序现实背景下才说得通，尤其能在故事高潮中起到点睛作用。

圣经故事的奇异版本

他们的第二站是一座古代城市，城市里的人们都在"罪恶和堕落"中迷失。莫度认为出现这种情况，他们就有充分的理由杀死所有市民，而奇异博士则认为"罪不是谋杀的借口"。从字面上看，罪是对上帝法则的违背——即便只是将其理解为违反了自然法则中的正当理性——使奇异博士所选择的言语成为对客观秩序及其隐含作者的又一次呼唤。

赛斯-奈格将莫度和奇异博士的哲学分歧都看在眼里，他使用人类形象去与市民交谈。之后发生的事情类似《创世记》的第 19 章中索多玛(Sodom)和蛾摩拉(Gomorrah)的邪恶市民威胁两位天使，遭到上帝灭城的故事。这趟旅程中发生的一幕没有原故事那么卑鄙，人们威胁道"让他瞧瞧陌生人在我们这儿会遭受什么"！此后，事态就完全偏离了《圣经》文本："死神祭司"被召唤出来，指挥大家徒手撕裂这些陌生人。看够了的赛斯-奈格告知市民，他们已经激怒了上帝。在这个神圣的名字宣读出来的同时，城市就被摧毁了。少数幸存者得以逃脱，这时他们的嘴里才念叨出《圣经》里那些城市的名字，吓到了奇异博士。

他们抵达时间源头前的第三站是史前时代，恐龙与原始人类同时期生活着——完全是漫画的风格。这里也是外宇宙眼魔舒玛-哥拉斯的居所。原始人类不敌这邪魔，所以奇异博士请求赛斯-奈格说："他们是你的祖先……他们可关系到你的存在！说来说去，你和他们其实就是一体！"这句话引出了赛斯-奈格的某些想法，所以他插手其中，纵然无法消灭对方，也让舒玛-哥拉斯陷入了数千年的沉睡。之后，这位准神说道："现在我只剩下一件事要做
245 了——这一次不是毁灭，而是创造——创造一个避风港——一个花园——为了两只幸存的猿人！他们再也不会感到害怕……"于是，赛斯-奈格创造了伊甸园。

最后，新神和他的两个旅伴抵达了时间之初。奇异博士与莫度见证了宇宙创造历程不断回溯，最终止于"完全黑暗"，赛斯-奈格在这片黑暗中大声畅言。不过他已经由自己的神化经历得到了启发，不再是原来的宇宙征服者了。

> 我一直都错了！我曾希望按照自己的想象重造宇宙，这计划太可悲了！我达成了神性，但在这个过程中，我已经了解到了真相——只要有一个人可以看透彻，就能明白一切都是其应是的样子！现实永远和谐。人类不完美，却是这个维度最接近完美的存在！我无法做出任何改进，所以我将重造宇宙——造成以前的样子！时间逆流，并与我在此开始！每当你想起这个，不要想到那

个叫赛斯-奈格的人，而是神——那个名为创世纪的神！

之后故事很快就迎来了结尾，奇异博士和莫度回到了当下，后者为所见所闻感到精神性紧张，但前者并未受到影响。

显然有一个问题：赛斯-奈格真的成为上帝了吗？我认为没有。这位法师的确拥有了“接近神的”非凡力量，但是最后在形而上意义上跪伏在了必然已经存在的一种更高的力量前，也就是最初因，最初因建立了创造的秩序，不过凭借的是良善而不是权力。赛斯-奈格将一切恢复到计划开始之前的样子，也就意味着抹去了历史上他所做的一切，包括毁灭索多玛和蛾摩拉或创造伊甸园。宇宙继续存在，不是因为赛斯-奈格，而是因为那个首先推动它的神。

如果我们进一步思考究竟他们之中谁真的“似神”，其实应该关注一下莫度和奇异博士。莫度渴望掌控他人，他感受了万事万物之始，结果变得精神紧张；他滥用了意志，从而失去了自由，因为自由只有按照上帝的永恒法则才能正确行使。而奇异博士从未偏离他告诉克莉的关于造物之良善的观察，他坚信在没有严重后果的情况下不能忽视或违反物理秩序（physical order）和道德秩序（moral order），并指出上帝的本质是仁慈统治和保护创造。根据阿奎那的说法，奇异博士符合这个使命的要求，说明奇异博士是几个人当中最接近神的。

246

骄横是佐姆降临的先声①

漫威宇宙从未彻底阐释恶魔的本质，但毋庸置疑它们存在，而且它们的性质在客观意义上与阿奎那所说的善相悖。你或许想不到，我们可以从奇异博士与大家都喜爱的绿色大块头浩克的碰面中接触到这些宇宙道德观。那一次，浩克的一群所谓朋友（包括奇异博士）为了防止他在地球伤人，把他扔到了一个遥远的星球上。浩克在那里找到了生命的目标，有了爱人和家庭，但是一切都被一场爆炸夺走了，而爆炸归根结底也是那群朋友引起的。浩克认定这些朋友毁掉了他的自由和新寻觅的幸福，所以他带着愤怒返回地球复仇。②

见到老朋友时，奇异博士先在绿巨人的脑海中与冷静的布鲁斯·班纳进行了沟通，希望布鲁斯从自身角度聊聊这个故事。之后，他对已经发生的事情表示了怜悯，并保证会让事情回到正轨，随后伸出手把布鲁斯扶起来。可就在这时，布鲁斯再次变身绿巨人并击碎了奇异博士的所有手骨，造成的伤害原样作用在了奇异博士的现实身体上，他因此无法施展法术躲避浩克手下的攻击，所以不得不采取极端手段。奇异博士无视了仆从王的反对，打开一个盒子并吟诵道：

---

① 标题来自一句英语俗语"Pride Goeth before the fall"，最早出自《圣经》中"Pride Goeth before the destruction, and a haughty spirit before a fall"（骄横是毁灭的先声，傲慢是陨落的先导）。——译者注

② 这些故事在2005至2007年的多本漫画中刊载，并收录于 *Hulk: Planet Hulk Prelude*（2010），*Hulk: Planet Hulk*（2007），以及 *World War Hulk*（2008）。

“以永恒的名义……以拉戈多尔之戒(Rings of Raggador)之力……无论这灵魂多么邪恶……佐姆(Zom)必将再次降临。”①佐姆是象征混乱与毁灭的强大生物,拥有庞大的力量,一度只有宇宙级别的存在才能制止他。②

借助了佐姆的力量,奇异博士终于能够与浩克抗衡,可是他不再是原来那个口齿伶俐、彬彬有礼的法师,言语反而像狂怒版浩克(而这个故事里的浩克冷静又智慧),行为举止亦没有丝毫理性或技巧可言,只充斥着邪恶的毁灭性力量。在他违反阿奎那阐述的宇宙立法者制定的道德秩序时,他就失去了自由和人性。即便有了佐姆的力量,奇异博士还是败了。

佐姆蛰伏在奇异博士体内,而后在复仇者联盟的战斗中现身,由于佐姆对奇异博士的影响,这场战役以残酷的方式终结,这时奇异博士才意识到自己究竟做了什么:

> 我不得不召唤比平时更为黑暗的力量……我以为能够掌控 247
> 那力量,可是我失败了。是我太自大,之前让我走上最开始那条路的也是这种自大……我也没有完成作为这个维度至尊法师应该完成的任务……我需要为我所做的一切赎罪。③

---

① *World War Hulk* #3 (August 2007),收录于*World War Hulk*。

② 佐姆首次登场参见 *Strange Tales*, vol. 1, #156 (May 1967),收录于*Marvel Masterworks*: *Doctor Strange*, *Volume 2* (2013)。

③ *New Avengers Annual*, vol. 1, #2 (Febuary 2008),收录于 *New Avengers*: *The Trust* (2008)以及 *New Avengers by Brian Michael Bendis*: *The Complete Collection*, *Volume 3* (2017)。

他明白必须按照上帝制定的宇宙法则施展法术，正是借助宇宙法则他才得以抵抗德古拉和赛斯-奈格。奇异博士在忏悔之下放弃了至尊法师的头衔，不过这次赎罪没有持续太久，最终他又得回了这个称号，并不是因为他倒退回了赛斯-奈格故事中的那种思维方式，而仅仅是因为就算使用了禁忌法术，他的本意仍然充满了英雄性。对道德法则的纯粹主观解读在此处取代了上帝所建立的客观法则。①

法术与深奥法术

在刘易斯（C. S. Lewis，1898—1963）创作的经典奇幻系列小说《纳尼亚传奇》中，这位英国教授将上帝的永恒法则称为“超海帝王”

---

① 开启多元宇宙大事件的2015年漫画《秘密战争》（*Secret Wars*）中，奇异博士所扮演的角色也与本章有关联，不过此处无法展开太多细节了。可以看到奇异博士没有终止使用黑暗法术：“如果我要因为这些决定受到谴责，那不如让罪名变成——使用了至尊法师的所有可调用的资源。”（*New Avengers*，vol. 3，#14，February 2014，收录于*New Avengers：Other Worlds*，2015。）他说黑与白的法术没有什么不同，区别只在于使用的代价。这意味着宇宙中没有真理、秩序或良善，只有作用于纯粹机械性造物的个人意志。利用这个理由以及出售灵魂所获得的力量（字面意思），奇异博士推动了整个世界的毁灭，最终让狂妄的毁灭博士（Doctor Doom）重造了一整个以自己为上帝的宇宙，他则成为其副手之一。不过后来他与地球上犹存的英雄们一起阻止毁灭博士时，对方杀死了他。（*Secret Wars* #4，September 2015，收录于*Secret Wars*，2016。）如果他早先宣誓做出的忏悔更加真诚，那么事情可能会有所不同。可惜奇异博士向现实的相对主义屈服了，而忽略了他以前见证的整体：上帝的永恒法则。

(Emperor Beyond the Sea)的"深奥法术"(deep magic)。① 创造本身内含着一种魔法。人可以选择顺应它,然后体验到幸福;也可以选择掌控它,而这会给自己和他人带来痛苦。这似乎也是漫威宇宙中法术的意义,只不过其中的神学含义很少被直白点明。我们可以在奇异博士的故事里观察到这个等式的两面,他的法术有时就被视为这种深奥法术的表现,需要靠谱地协调人类自由与造物主所建立的自然秩序。

我们固然不是奇异博士这样的法师,却也需要将自己的生命之法融入宇宙的深奥法术中。我们是人,能凭借天赋的自由意志来决定是否要认可并维护所有生命之间的联系,保护生命的价值,或者我们可以转而以所有代价汲取黑暗法术之力,并试图将个人意志凌驾于他人意志之上。奇异博士在成为法师之前和很久之后都尝到过这种傲慢的代价,愿我们从他人生早期的教训中受到启发,并以他后来的经历为戒。

---

① C. S. Lewis, *The Chronicles of Narnia* (New York: HarperCollins, 2010),包括 1950 至 1956 年间发表的七本小说。

阿戈摩托全知之眼的索引

（索引中的页码为原著页码，检索时请查本书边码）

① 经查，原页没有 Chris Aaron 这个人，是克里斯·巴查洛和杰森·亚伦，所以此处做顿号处理。——译者注

图书在版编目(CIP)数据

《奇异博士》与哲学 ：另一本禁忌之书 / (美) 马克·D. 怀特主编 ；仇舒一译. — 南京 ：南京大学出版社，2020.8
(哲学与流行文化丛书)
ISBN 978-7-305-23155-1

Ⅰ. ①奇… Ⅱ. ①马… ②仇… Ⅲ. ①文化哲学 Ⅳ. ①G02

中国版本图书馆 CIP 数据核字(2020)第 075142 号

Title: Doctor Strange and Philosophy: The Other Book of Forbidden Knowledge by William Irwin and Mark D. White
ISBN: 9781119437949

江苏省版权局著作权合同登记 图字:10-2019-036 号

出版发行 南京大学出版社
社　　址 南京市汉口路 22 号　　邮　编 210093
出 版 人 金鑫荣

丛 书 名 哲学与流行文化丛书
丛书主编 [美]威廉·欧文
书　　名 《奇异博士》与哲学:另一本禁忌之书
主　　编 [美]马克·D. 怀特
译　　者 仇舒一
责任编辑 沈清清

照　　排 南京南琳图文制作有限公司
印　　刷 江苏凤凰扬州鑫华印刷有限公司
开　　本 850×1168 1/32 印张 12 字数 270 千
版　　次 2020 年 8 月第 1 版 2020 年 8 月第 1 次印刷
ISBN 978-7-305-23155-1
定　　价 68.00 元

网　　址 http://www.njupco.com
官方微博 http://weibo.com/njupco
官方微信 njupress
销售热线 (025) 83594756
